DERRUMBANDO UN MITO

INSTITUCIONES EXITOSAS EN LATINOAMÉRICA CONTEMPORÁNEA

DERRUMBANDO UN MITO

INSTITUCIONES EXITOSAS
EN LATINOAMÉRICA CONTEMPORÁNEA

Dante Avaro
Daniel Vázquez Valencia
(Compiladores)

t ESEO

Derrumbando un mito : instituciones existosas en Latinoamérica contemporánea / compilado
  por Daniel Vázquez Valencia y Dante Avaro. - 1a ed. - Buenos Aires : Teseo: 2010.
  330 p. ; 13x20 cm. - (Ciencias políticas)

  ISBN 978-987-1354-44-3

  1. Sociología de las Instituciones. I. Vázquez Valencia, Daniel, comp. II. Avaro, Dante, comp.
  CDD 306

Índice:

PARTE I: INSTITUCIONES COMO PROCESOS
POLÍTICOS.

PARTE II: INSTITUCIONES COMO
ORGANISMOS PÚBLICOS.

PARTE III: INSTITUCIONES Y POLÍTICA:
EL LADO OBSCURO DE LAS INSTITUCIONES.

Prefacio

> Las instituciones reflejan un aprendizaje colectivo y colaborativo sobre cómo entendemos nuestros intereses y motivaciones, cómo regular nuestra vida en común sin necesidad de suponernos ni ángeles ni demonios. Sin embargo, sin ser demonios ni ángeles, las motivaciones, intereses, predisposiciones y miradas sobre lo que nos interesa cambia, y de modo radical, dejándonos huérfanos, necesitados y compelidos a construir nuevas experiencias societales y nuevos aprendizajes. En definitiva, nuevas instituciones. Cuesta asumir que los cambios institucionales requieren de la moral, pero ¿también requerirán de ángeles y demonios? (DA, 2008).

La idea de *Derrumbando un mito: instituciones exitosas en Latinoamérica contemporánea* surge en julio de 2007. Luego de algunos meses de trabajo la idea se materializó en un proyecto. Desde un inicio *Derrumbando un mito* fue concebido como un proyecto de docencia. La intención que ha motivado a los compiladores fue mostrar didácticamente un lado diferente de la crítica a las instituciones latinoamericanas: la capacidad de responder 'exitosamente' a ciertos problemas públicos que ponían o podrían haber puesto en jaque a las sociedades de referencia.

Luego de un primer contacto con los autores y las autoras, se abrió un arduo trabajo entre éstos y los compiladores. Los textos que los autores y las autoras ofrecen aquí fueron trabajados durante 6 meses, y después se procedió a un intercambio entre los objetivos originales sugeridos por los compiladores y lo producido por los autores y las autoras. Más de tres intercambios entre autores y compiladores -que dieron

lugar a diversas modificaciones e incorporaciones- produjeron los textos que aquí presentamos.

Queremos agradecer la magnífica predisposición de las
autoras y autores para la realización de este proyecto. La ex-
celente recepción a las sugerencias y la flexibilidad profesional para incorporar estrategias didácticas fueron un pilar
fundamental para la consecución en tiempo y forma de este
proyecto.

Por último, queremos agradecer los comentarios realizados por dos lectores anónimos que evaluaron y dictaminaron
este proyecto antes de que se convierta en libro.

A todos los colegas que hicieron posible este proyecto va
nuestro reconocimiento, y con él nuestro agradecimiento.

DA y DVV
Ciudad de México, Mayo de 2008

Introducción

Obsesionarse con el pasado es una actitud cruel para con la vida que mantenemos en común. Ignorarlo es detestar por innecesaria la memoria, nuestra capacidad de registro público. Mirar el futuro sin las cicatrices que portamos del pasado es temerario, quizá irresponsable, pero abandonar el presente a la cicatrización de las heridas de(s)preciando la bandeja del futuro nos vuelve irascibles. Renunciar a estar en el futuro nos vuelve temerosos, nos hace refugiar en el presente, negando el mañana por el lamento del ayer que murmura trémulo en nuestro oído. Sin embargo, mañana será como hoy, el mañana es muy largo, tediosamente largo y extenso, distante, a menos que hoy hayamos avanzado sobre él. Quizá el futuro no nos guste porque, en el fondo de la cuestión, pensamos que le gustaremos. Mientras en el horizonte estemos nosotros, el futuro será nuestro. Y definitivamente no nos soltará, jugará con nosotros, hasta que encuentre una nueva generación o un nuevo juego, o ambos. (DA, 2008)

-I-

Alguna vez escuchamos que lo que diferencia al apático del entusiasta -siempre hablando de cuestiones políticas y públicas- es que mientras el apático no encuentra ninguna motivación relevante para dedicarle tiempo a los asuntos públicos, el entusiasta vive pensando que la turbulencia política en la que vive no se repetirá, y por tanto no quiere quedar fuera de este, aunque pequeño, valioso trozo de (su/nuestra) historia. Apático y Entusiasta viven, y ciertamente conviven más allá de un *modus operandi*, en un territorio social, persiguen similares anhelos, se motivan por intereses parecidos, interactúan en territorios institucionales compartidos, se lamentan y desdeñan por cuestiones comunes, transitan con la esperanza de una vida mejor y hacen juntos lo que los "Hombres hacen entre Hombres" para mantener una sociedad política: actúan.

Lo cierto es que Apático y Entusiasta *conviven* en la Región y en estos últimos años han sido testigos de turbulencias (muchas, aunque no las suficientes desde la perspectiva de Apático), y protagonistas de un *continuum* civilizatorio (insuficiente, desde la perspectiva de Entusiasta). No es que Apático no se haya estremecido por (y en) las turbulencias; del mismo modo sería una farsa suponer que Entusiasta no se ha sentido defraudado por la falta de turbulencias en estos últimos veinte y tantos años. Y porque Apático y Entusiasta hacen y actúan entre sí, es que las discusiones públicas (los argumentos, reflexiones y narraciones) sobre las turbulencias (y sus notorias ausencias) conforman, *performan* y encarnan a lo que Apático y Entusiasta construyen discursivamente sobre el (su) mundo en común. Situaciones, sucesos, eventos y actos turbulentos y civilizatorios (modernizaciones compulsivas) interpelan constantemente a Apático/Entusiasta buscando generar una densidad narrativa y discursiva sobre el horizonte que constantemente ellos se esfuerzan en trazar. Es así como la narrativa sobre el futuro obliga a Apático/Entusiasta a argumentar y entrelazar figuras y contornos sobre

lo que existe y sobre lo que puede o podrá existir dentro y
fuera de la turbulencia, dentro y fuera de la modernización
compulsiva. Las narrativas sobre el horizonte, sus argumentos y sus artefactos de prueba (mudos testigos objetivos) se
entrecruzan, bucean en la vida en común buscando otros
Apáticos/Entusiastas, promoviendo y advirtiendo sobre el
futuro mundo en común y anticipando escisiones sobre el
mismo.

Los 'artefactos de prueba' son decisivos: delimitan y construyen problemas exagerando las turbulencias algunas veces; otras, mediatizando las bondades de la modernización
compulsiva. Los artefactos de prueba, dispositivos de testeo
entre lo que nos disgusta del mundo por venir, delimitan y
configuran mundos posibles para el horizonte que desean
penetrar. Estos dispositivos de prueba o testeo entre aquello que amargamente nos disgusta y sobre lo que deseamos
normativamente, establecen, requieren, marcan y demarcan
las herramientas que la *ratio* puede utilizar para gobernar sobre aquello que no nos gusta, preocupa y deseamos cambiar.
Los dispositivos de prueba devienen instrumentos que en las
manos de los actores, y de su accionar decisivo, devengan
resultados: eventos en el horizonte en común (productos de
la política, de la vida en común). Es así como los artefactos y
las herramientas delimitados y demarcados por una *ratio* que
dicta y predice resultados probables y posibles, calculando
riesgos y estrategias, se lanzan al territorio social interpelan-
do a apáticos y entusiastas, buscando ser la amalgama que
sella y da (con)textura al horizonte, al sacrificio compartido,
al futuro de la vida en común.

Lamentablemente para algunos, las amalgamas -y sus instrumentos y artefactos que las posibilitan y soportan- duran
poco; afortunadamente para otros, los resultados devenga-
dos son un corrosivo ácido que carcome los duros aceros del
cálculo y permeabiliza la ratio hacia nuevos escenarios no
contemplados o previstos. Lo que ayer fueron artefactos cer-
teros, cálculos y previsiones útiles para contornear el horizonte, faros que brindaban una luz acogedora para enfrentar
los sacrificios individuales y comunes, hoy se convierten en

'herramientas de uso común', carente de un pletórico significado compartido y, sin el desbordante exceso necesario para
enfrentar los nuevos desafíos, se convierten en 'picos y palas'
que sólo permiten volver a cavar en la conformación de los
nuevos desafíos, en el bardeado del nuevo horizonte, aquel
que se movió, se corrió, o simplemente se desdibujó con el
andar, con el actuar en común.

-II-

Sin ánimos explicativos, sino tan sólo figurativos, supone-
mos a los efectos de este trabajo que el período que se abre
con el Plan Bela Balassa y se consolida con el Consenso de
Washington aportó suficientes 'artefactos' e 'instrumentos' para solidificar las amalgamas que permitieron sellar y
dar forma (con texturas y estéticas incluidas) al gran ciclo
de reformas estructurales que se llevaron a cabo en la Región. Específicamente durante la denominada tercera etapa
del Consenso de Washington, intitulada la hora de las reformas de segunda generación, se postuló la profundización
de la agenda sobre las reformas, ya que se contaba con un
arsenal potente de artefactos e instrumentos para modelar
la naturaleza esquiva y problemática que había azotado durante al menos dos décadas a la Región. Fue así que los 'artefactos', 'herramientas' y 'pruebas de testeo' se aglutinaron
y adquirieron una nueva relevancia dentro una agenda de
reformas institucionales. De esta forma volvió de la mano
de los análisis neoinstitucionales el problema del régimen
democrático, que había estado sepultado durante los trabajos
de la primera ola de reformas estructurales. Ya concluida la
etapa de las privatizaciones fáciles el decisionismo presidencialista y sus potencialidades carismáticas para contener los
reclamos populares sobre las reformas estructurales emprendidas, pasaron a engrosar el cementerio de las ideas, y ahora
fue la calidad de las instituciones el elemento requerido para
asegurar los programas de sintonía fina necesarios para las
reformas de segunda generación (cambios y mejoramientos
de las instituciones). Calidad democrática implicó, entonces,

'empoderamiento' de los ciudadanos, a la vez, que revitaliza-
ción (construcción o re-construcción) de la sociedad civil y
la construcción de unos nuevos saberes administrativos ca-
nonizados por el paradigma de la nueva gerencia del sector
público. La calidad democrática dejó la fórmula presidencial
decisionismo-cooptación-paternalismo de lado para pasar a
analizar cómo la racionalidad política debe dar cuenta de sus
actos (el fenómeno del *accountability*). La forma del régimen
político necesario para concebir y ejecutar las reformas estructurales dejó paso a la calidad del régimen democrático
para sostener legítimamente las reformas emprendidas. El
problema del agenciamiento mandante-mandatario reavivó
los dilemas institucionales clásicos de un sistema republi-
cano eminentemente presidencialista. Así, los sistemas de
check and balance cedieron lugar a la visión stigleriana de los
políticos, trastocando las supuestas virtudes republicanas en
un prejuicio (basado en una desconfianza sana y natural, o en
una democracia *negativa*) hacia el sistema político organizado y sus instituciones básicas. De este modo, con el supuesto
de que los políticos son meros buscadores de rentas (el *rent-
seeking* de Krueger) no sólo se reafirma la tesis del "Estado Adversario", sino que se cuela también el problema de
las instituciones como determinantes del crecimiento. Una
nueva oleada de publicaciones reforzó la idea de que las instituciones son claves en los procesos de reforma amigables
con el mercado. El diseño de las instituciones tiene que ver,
in toto, con los derechos de agenciamiento sobre la riqueza
y sus flujos. Fue así como se comenzó a prestar atención a
las instituciones del sistema financiero, sus mecanismos de
azar moral, de selección adversa y su incorrecta (des)regu-
lación, como elementos cruciales para que a través del sistema crediticio y la legislación sobre pequeños accionistas
se pudiera mejorar la desigualdad de activos y sus flujos en
América Latina. Nuevos estudios econométricos mostraron
la incidencia de la falta de inversión en capital humano y los
problemas de desempleo, que conjuntamente con una incorrecta política distributiva pro-rico reforzó la imposibilidad

de contar con un mercado de crédito para financiar la educación (capital humano) entre los sectores más perjudicados (desventajados) de las sociedades latinoamericanas. Fue así como a mediados de los noventa se reconoció que el descuido por los derechos de propiedad llevó a una ineficaz política social, problemas en los sistemas de incentivos institucionales y una subutilización del sistema financiero para revertir la desigualdad y la inequidad. Una vez dado el proceso de privatizaciones fáciles, y los mecanismos políticos de cooptación que la hicieron posible, se comenzó a hablar de *accountability*, de empoderamiento de los ciudadanos, de reforma fiscal, y de derechos de propiedad y sus mecanismos regulatorios. Fue así como se pasó de la cuestión de la eficiencia al problema de la calidad de las instituciones, ya que éstas son decisivas para asegurar el crecimiento y la equidad.

Sin embargo, hace algún tiempo (quizá por gusto de registrar en nuestras bitácoras, se remonte al momento en que tuvo lugar el escasamente citado Consenso de Barcelona) los 'artefactos de testeo y prueba' que tuvimos (casi incuestionablemente) durante los años noventa comenzaron a dispersarse, generando un familia extensa de 'artefactos' que no sin arduo trabajo se pueden reunir nuevamente en variedades más o menos familiares de amalgamas. Amalgamas que se usan para sellar diferentes y contrastables horizontes en la Región.

-III-

A todo esto cabe preguntarse: ¿qué es una institución? La Enciclopedia de Instituciones Políticas *Blackwell* conceptúa este término como una forma estable de actividad, y la distingue de los procedimientos y estructuras que regulan esa actividad y que permiten su mantenimiento e incluso la presuponen. De esta forma, se distingue a la acción de la regla o estructura que determina o guía a la acción: la regla estructura o guía es una institución; la acción, no (1991: 290-291). Por su parte Elinor Ostrom (1986: 3-4) observa que mientras William Riker define institución como reglas de comportamiento, Andrew Schotter la define como una conducta estandarizada más que como una regla del juego. Pues bien, esta divergencia se va a mantener en los distintos tipos de neoinstitucionalismo que se han conformado, y por ende en los enfoques de los mismos.

La idea de institucionalización señala un proceso por medio del cual un orden o patrón social ha alcanzado una propiedad o estado social (Jepperson, 1991: 193). De esta forma, las instituciones autorizan y controlan, se refieren a la concreción de acciones necesarias, permitidas o prohibidas que incluyen acciones programadas o respuestas comunes a situaciones específicas todas las cuales implican cierta coerción aunque no posean medios formalizados de sanción. Aquí un segundo e importante problema: la omnicomprensión del concepto institución. Si la institucionalización es una propiedad o estado social distinto de una acción no institucionalizada o espontánea, entonces ¿qué, para que sea una institución, puede funcionar dentro de lo previsto como 'normalidad' en la sociedad?[1] Un importante dilema que plantea la omnicomprensión del término institución es que un patrón institucionalizado de acción puede ser tanto una elección gubernamental o una práctica legislativa como el hecho de estacionar el auto en el lugar correspondiente (y no en medio de la avenida), o subir al transporte público y pagar el peaje en lugar de no pagarlo. Así, si bien se subió en la escala de generalidad estirando las posibilidades del término de forma tal que dentro del neoinstitucionalismo entraron muchas y diversas corrientes, su costo fue la pérdida connotativa del concepto permitiendo el establecimiento de diversas reglas fundamentales a partir de diversos marcos institucionales.

Otro punto elemental que debemos mencionar es que, si bien el análisis institucional se ha tornado preponderante en América Latina, las relaciones de poder se mantienen en el

---

[1] Ronald Jepperson intenta distinguir las formas profundas de reproducción (internalización de valores), las pautas culturalmente establecidas y las instituciones. Sin embargo, esta posibilidad parece poco clara si observamos los objetos de estudio del neoinstitucionalismo sociológico y normativo.

centro de la ciencia política. Los estudios institucionales no erradican las luchas de poder que venían estudiándose desde la estructuración social en los debates del elitismo, el pluralismo, la segunda y tercera dimensiones del poder o el corporativismo; únicamente codifican de forma diferente dichas relaciones.

En la construcción y accionar cotidiano de las instituciones hay relaciones de poder. La construcción de una institución distribuye pérdidas y ganancias de distintos tipos de recursos (económicos, políticos, de influencia, temporales, espacios de participación, etc.). También durante el desarrollo de una institución se identifican puntos débiles que son utilizados por los actores a partir de la conformación de distintas relaciones de cooperación, conflicto o indiferencia. Este es otro de los puntos que interesa destacar en este libro: la construcción de relaciones de poder institucionalizadas.

En esta instancia vale preguntar: ¿cómo ingresó el neoinstitucionalismo a la academia latinoamericana? Mientras que en el mundo anglosajón el neoinstitucionalismo llegó como una reacción a los excesos de la teoría de la acción racional, a Latinoamérica lo hace como reacción a los excesos de la "Teoría de la Dependencia". En el primer caso, el neoinstitucionalismo explica por qué la voluntad racional no es el único elemento que nos permite entender la realidad; dicha voluntad se encuentra delimitada por estructuras, por instituciones formales e informales, conscientes e inconscientes. En cambio, en el segundo caso trata de sostener que, pese a estas estructuras, la voluntad existe y cuenta. Los hombres no son sólo seguidores de pautas institucionalizadas, sino también entes con capacidad creativa e innovadora. En los acápites anteriores dejamos claro que, desde la *real politik*, el neoinstitucionalismo surge para analizar los modelos democrático y económico desde la eficiencia de las instituciones que los constituyen, y no desde el replanteamiento de este tipo de modelos: ni la democracia liberal-procedimental-representativa ni el modelo económico neoliberal están en discusión; las instituciones que los constituyen, sí.

Hasta ahora hay seis corrientes reconocidas del neoinstitucionalismo:[2] el normativo, de la elección racional, el empírico, el histórico, el sociológico y el económico. Esta tensión entre la voluntad y la estructura institucional, entre la
institucionalización formal e informal, entre la conciencia e
inconsciencia tanto de las instituciones formales e informales como de la conformación de la voluntad, se mantendrá
en la caracterización de las perspectivas neoinstitucionales
mencionadas. Por supuesto, tanto en la institucionalización
consciente como inconsciente se observan expresiones de
poder en sus distintas dimensiones.

-IV-

Los principales representantes del neoinstitucionalismo normativo (NN) son James G. March y Johan P. Olsen. Su
punto de partida es la crítica al conductismo mediante cinco
argumentos (Peters, 1999: 33-36 y March y Olsen, 1989: 43):
son contextuales, subordinan la política al contexto sin tener
claro que en la política hay reglas, a veces escritas y a veces
no, que son distintas a las económicas. Son reductores, re-
ducen el comportamiento colectivo al individual sin tomar
en consideración que muchas veces la suma de los comportamientos individuales no es igual al comportamiento colectivo. Son utilitarios, valoran las decisiones por lo que ellas
producen para el individuo en vez de considerar que representan cierto valor intrínseco y propio. Son funcionalistas,
conservan un espíritu ingenuo que supone que todas las sociedades van de más simples a más complejas. Y, finalmente, son instrumentalistas, el análisis de la conducta se centra
más en los resultados que sobre el proceso. De esta guisa,
el NN busca reemplazar estas cinco características del con-

---

[2]No ignoramos que existen diversas taxonomías del neoinstitucionalismo. Por
ejemplo, para Rodolfo Vergara hay neoinstitucionalismo en la economía, la sociología y la ciencia política. Hall y Taylor lo proponen en la historia comparada,
el racionalista, el económico y el sociológico. Guy Peters identifica seis tipos: el
normativo, el de la elección racional, el histórico, el empírico, el sociológico y el
internacional.

ductismo y de la elección racional por una nueva visión que coloque la acción colectiva en el centro del análisis recuperando el espacio que las normas y los valores habían cedido a las explicaciones utilitarias del individualismo metodológico (Peters, 1999: 67).

Así, el NN busca recuperar a las instituciones mediante una preocupación normativa[3] definiendo a la institución como el conjunto de reglas, valores normativos y en especial de rutinas que inducen la lógica de lo adecuado por encima de la lógica consecuencial. Las instituciones se derivan de su estructura de significación social que se forma naturalmente a medida que interactúan en la sociedad por lo que el cambio institucional se presenta como un proceso de aprendizaje donde se obtiene mayor información del entorno y luego viene un proceso de adaptación. En cuanto a la interacción individuo-institución, en el NN es claro que las instituciones afectan y limitan al individuo pero no hay mucha claridad en cuanto a cómo los individuos afectan a las instituciones (sólo se señala el caso del liderazgo). Y, finalmente, en el NN una institución ha cumplido su cometido si logra la integración normativa mediante la creación de valores comunes (Peters, 1999: 49-69).

El neoinstitucionalismo de la elección racional (NER) cuenta con varios y reconocidos exponentes entre los cuales destacan William Riker, Keneth Shepsle, Barry Weingast, James Buchanan, Gordon Tullock, Joseph Colomer y actualmente, con un novedoso modelo de jugadores de veto, George Tsebelis. El NER abreva de dos lugares distintos: de la elección social a partir del teorema de la imposibilidad de Arrow y de los diversos teoremas creados como el de Black, Plott, Mckelvey y Tullock; y del análisis de las legislaturas para comprender sus equilibrios. De hecho, los órganos políticos logran equilibrios inducidos por las instituciones en

---

[3] En palabras de Peters (1999: 45): los "..... supuestos individualistas eran inherentemente incapaces de encarar las cuestiones más importantes de la vida política, ya que no podían integrar la acción individual con las premisas normativas fundamentales o con la naturaleza colectiva de la actividad política más importante."

contextos de racionalidad limitada; es este equilibrio, junto con la manipulación y el diseño de las instituciones, el principal objeto de estudio del NER.[4]

Hall y Taylor ubican cuatro características del NER: 1) los actores relevantes han fijado un conjunto de preferencias y se comportan instrumentalmente para maximizarlas; 2) ven la política como una serie de dilemas de acción colectiva; 3) dan un énfasis al papel de la interacción estratégica (mediante el cálculo) en la determinación de resultados políticos; y 4) el NER analiza la existencia de una institución refiriéndose al valor que sus funciones poseen para los actores afectados por dicha institución. Esto supone que los actores crean a la institución para consolidar este valor, el cual es más frecuentemente conceptualizado en términos de ganancias obtenidas de la cooperación. Por lo tanto, el proceso de creación institucional normalmente gira alrededor de acuerdos voluntarios de los actores relevantes donde la institución queda sujeta a un proceso de selección competitiva que le permitirá sobrevivir si brinda más beneficios a los actores relevantes que las formas institucionales alternas.

Para el NER el elemento principal es dilucidar la relación de las instituciones con los individuos por medio de los incentivos. La institución es analizada como la serie de incentivos que fijan las condiciones de racionalidad restringida, es decir, que restringen los fines o modifican los medios, las cuales emergen para solucionar problemas de acción colectiva o surgen por el deseo de imponer la voluntad de uno sobre los demás y cambian a partir de los problemas generados por el propio diseño institucional. En cuanto a la interacción individuo-institución, el NER maneja una lógica bidireccional donde las instituciones moldean la conducta de los indi-

---

[4]El NER analiza al poder a partir de "la capacidad de una persona o un grupo para controlar las acciones y elecciones de los demás; o, mejor aún, para lograr los resultados deseados independientemente de las acciones o elecciones de ninguna otra persona (....) Tener un puesto dentro de estas instituciones, o tenerlas bajo control, le otorga a determinadas personas una mayor capacidad para imponer al mundo su voluntad, a expensas de que otros carezcan de acceso a tales recursos de poder institucionalizados" (Goodin, 1996: 31).

viduos y los individuos moldean sus instituciones por lo que el diseño es consciente: los individuos comprenden y buscan controlar las consecuencias de la institución (Peters, 1999: 84-98).

En lo que hace al neoinstitucionalismo empírico (NE), sus principales representantes son: Arend Lijphart, Juan Linz, Giovanni Sartori, Dieter Nohlen, Alfred Stepan y Scott Mainwaring junto con Matthew Soberg Shugart.[5] Las principales preocupaciones que dieron forma a esta corriente partieron de la tercera ola democrática y de la necesidad de establecer formas de gobierno funcionales para evitar crisis de legitimidad de los nuevos gobiernos democráticos: ya logramos la democracia ¿cuál es la mejor forma de gobierno? Particularmente muchos de sus debates se centraron en los pro y contra del parlamentarismo, el presidencialismo y el semipresidencialismo.

Entre las características generales de esta corriente tenemos la evaluación de efectos a partir de un gran desarrollo empírico y donde el objeto de estudio se centra en las instituciones formales que determinan el régimen político. Lo más importante es analizar cuando unas estructuras son más eficientes por lo que el énfasis está puesto en el efecto externo de las instituciones formales gubernamentales y no en los valores internalizados. En cuanto a la interacción individuo-institución el NE es unidireccional, es decir, son las instituciones las que determinan en gran parte al comportamiento individual.[6] Contrariamente al punto anterior, los individuos, y en este caso particularmente las élites políticas,

---

[5] Si bien estos dos autores entran al debate lanzado en el NE, lo hacen desde un enfoque diferente: analizan principalmente los poderes asignados a los presidentes y los distintos tipos de partidos y sistemas de partidos de cada democracia latinoamericana. En este sentido se acercan mucho al trabajo realizado por el neoinstitucionalismo de la acción racional e incluso sirven de plataforma a lo que más adelante será la teoría de jugadores de veto de George Tsebelis. No obstante, por la continuidad del debate, preferimos dejarlo en esta clasificación del neoinstitucionalismo.

[6] Con excepción de Scott Mainwaring y Matthew Soberg el neoinstitucionalismo empírico trabaja con variables de alta agregación donde los actores individuales tienen poco espacio para modificar, en el análisis, las tendencias de eficiencia-

pueden elegir y modificar distintas formas institucionales.
De hecho el énfasis del enfoque está en este punto: el diseño
de la institución y, especialmente, el diseño de la buena institución, aquella que logra un mejor desempeño (Peters, 1999:
136-146).[7]

En el neoinstitucionalismo histórico (NH) algunos de sus
principales representantes son Peter Hall, Rosemary Taylor,
Kathleen Thelen y Steinmo Sven. Explican Hall y Taylor
que el NH se desarrolló como respuesta a las teorías grupa-
les de la política y del estructural-funcionalismo elaboradas
durante los 60 y 70. Con el primer grupo teórico tienen en
común que "el conflicto entre grupos rivales, generado por
la escasez de recursos, se sitúa en el corazón de la política,
pero buscaron mejores explicaciones para la distinción de los
resultados políticos nacionales y para las desigualdades que
señalan estos resultados" (1998: 16). La salida fue poner mayor atención al conflicto entre las estructuras de las organizaciones institucionales de la política y de la economía. Del
estructural funcionalismo el NH heredó la idea de sistema
de partes en interacción; vieron a la organización como el
principal factor que estructura el comportamiento colectivo
y que genera resultados distintivos.

Ahora bien, hay dos tipos de institucionalismo histórico a
partir de sus enfoques: de cálculo y cultural (Hall y Taylor,
1998: 18-20). El enfoque de cálculo centra su análisis en los
aspectos de comportamiento humano, considera que la acción
es instrumental y está basada en el cálculo estratégico. Las
instituciones afectan el comportamiento al dar a los actores
un mayor o menor grado de incertidumbre en el presente

---

ineficiencia establecidas por el propio régimen político.
[7]No pasamos por alto que la teoría elaborada por George Tsebelis en torno a los
jugadores de veto en mucho se confronta con el neoinstitucionalismo empírico
modificando el enfoque con el que se aborda el objeto de estudio. No interesa
tanto el ordenamiento parlamentario, presidencial o semipresidencial sino una
disección más "fina" que nos permita observar cuántos y cuáles jugadores de veto
hay en cada organización. Sin embargo, por las características y presupuestos
de la teoría de Tsebelis nos parece que es más afín al neoinstitucionalismo de la
elección racional que al empírico.

y en el futuro. Así, entre más contribuya una institución a la resolución de dilemas de la acción colectiva será más robusta. El enfoque cultural pone énfasis en el grado en que el comportamiento no es un asunto completamente estratégico sino que parte de una visión más global y universal del individuo. Aquí las instituciones dan pautas morales o cognoscitivas para la interpretación y la acción afectando y generando identidades, auto-imágenes y preferencias. En este sentido las instituciones serían resistentes al rediseño porque estructuran las propias elecciones sobre la forma que el individuo probablemente actuará.

El NH da un prominente papel al poder y a las relaciones asimétricas de poder ya que esta escuela centra su atención en la manera en que las instituciones distribuyen el poder de manera desigual entre los grupos sociales. Otro elemento que caracteriza al NH es el uso de la técnica de la "dependencia del curso" para descartar que las mismas fuerzas operativas generan los mismos resultados en todas partes. Por el contrario, todas las fuerzas están mediadas por características contextuales (Hall y Taylor, 1998: 21), o, en términos de Guy Peter: "La idea básica es que las decisiones políticas que se tomen al formar una institución o al iniciar una actividad tendrán una influencia prolongada y definida sobre la política dominante" (1999: 99).

El NH define a las instituciones como los procedimientos formales o informales, rutinas, normas y prácticas insertadas en la estructura organizacional de la política o de la política económica (Hall y Taylor, 1998: 17). También pone un mayor énfasis en la persistencia de las organizaciones que en los hechos de su creación y analizan el cambio como una forma de equilibrio intermitente. No ponen acento en la reacción individuo-institución ni al diseño institucional mientras que el objetivo principal es explicar la persistencia de las instituciones (Peters, 1999: 103-119).

Fue en los años setenta cuando los sociólogos comenzaron a enfrentar la distinción entre aquellas partes de un mundo social que reflejan una racionalidad formal de medios y fines

y otras partes de un mundo social que muestran un conjunto
diverso de prácticas asociadas con la cultura. El neoinstitucionalismo sociológico (NS) comenzó discutiendo que muchas de las formas y procedimientos institucionales no eran
adoptados por ser más eficientes sino que estas formas y procedimientos obedecían a prácticas culturalmente específicas
–parecidas a las ceremonias y mitos creados por muchas sociedades– asimiladas dentro de las organizaciones como un
resultado de procesos asociados con la transmisión de prácticas culturales más generalizadas.

Existen, de acuerdo con Hall y Taylor (1998: 30), tres características fundamentales en el NS: 1) tiende a definir a las
instituciones de forma tal que incluyan las reglas y procedimientos formales pero también a los sistemas de simbología,
las pautas cognoscitivas y los patrones morales que proporcionan los marcos de significación que orientan la acción humana. Por lo tanto rechaza aquella concepción que divide a
las instituciones y la cultura porque son complementarias.
2) Los individuos que han sido socializados en roles institucionales particulares interiorizan las normas asociadas
con estos roles y, de esta manera, las instituciones afectan
el comportamiento. Si bien el NS no sugiere que los individuos sean irracionales, lo cierto es que plantean un mundo de
organizaciones donde los individuos buscan definir y expresar su identidad en formas socialmente convenidas más que
maximizar por medio de acciones estratégicas su bienestar.
Y 3) sostiene que las organizaciones a menudo adoptan una
nueva práctica institucional no sólo por que se progrese en
la eficiencia de los medios y fines de una organización sino
porque incrementa la legitimidad social de la organización o
de sus participantes.

En el NS la institución es entendida como un libreto cog-
nitivo, se trata de estructuras que el individuo utiliza para
conocer y desenvolverse. En este sentido Robert Goodin
afirma que la variable clave del NS es lo colectivo ya que su
marca distintiva "radica en el énfasis puesto en la manera en
la que la pertenencia a grupos más amplios moldea la con-

ducta individual" (1996: 20).

En el Institucionalismo Económico (IE) el autor más reconocido es Douglas North, aunque muy cerca de él están los coordinadores del *Handbook* de Sociología Económica Neil Smelser y Richard Swedberg así como James Coleman quien desde el análisis del capital social ha estudiado como se articulan las instituciones con la racionalidad limitada y como afectan el funcionamiento de la economía.[8] Este tipo de institucionalismo se generó como un movimiento de oposición a la ortodoxia neoclásica y se construyó en forma de análisis histórico-económicos.

Se debe tener presente, explica North, que los mercados son imperfectos, la información incompleta y los costos de transacción elevados por lo que hay una situación de incertidumbre para el ejercicio del cálculo racional. En consecuencia, los actores recurren a otros recursos como la ideología, las teorías y modelos determinados históricamente y otros para interpretar la realidad. El objetivo de las instituciones es precisamente reducir el nivel de incertidumbre, los costos de transacción y posibilitar el intercambio; logran el objetivo restringiendo las posibilidades de elección. Lo que hay son actores racionales atrapados en circunstancias definidas históricamente con construcciones mentales subjetivas, quienes al actuar modifican de manera paulatina su contexto institucional. Así, la economía institucional "consistía en examinar las maneras en las cuales la acción colectiva puede ser encarnada institucionalmente y, de esa manera, puede moldear y limitar la elección individual subsiguiente" (Goodin, 1996: 21).

Como puede observarse, cada una de las seis corrientes normativas analizadas se adhiere a distintos presupuestos y principios en su análisis:

---

[8] En este sentido se encuentra su ya célebre ejemplo del papel del capital social en el mercado de los diamantes.

Tabla 1: reglas fundamentales de los neoinstitucionalismos						
	NN	NER	NE	NH	NS	IE
Instituciones no verbalizables que generan acciones inconscientes	X			X	X	
Instituciones verbalizables bajo racionalidad estratégica[9]		X		X		X
La institución como conducta	X			X	X	
La institución como regla		X	X	X		X
Atención a las instituciones informales	X			X	X	X
Atencióna las instituciones formales		X	X	X		X
Mayor énfasis en la estabilidad	X			X	X	X
Mayor énfasis en el diseño y cambio institucional		X	X			

Lo cierto es que las confrontaciones mencionadas en realidad ubican los extremos de las posibilidades epistemológicas pero no todos los neoinstitucionalismos se encuentran en los extremos. El siguiente gráfico tal vez puede dar una mejor idea:

Gráfica 1: rutas de los neoinstitucionalismos

A partir de todo lo anterior podemos hacer dos afirmaciones: 1) en realidad no hay un neoinstitucionalismo sino varios con muy distintos puntos de origen, horizontes de llegada, preocupaciones de resolución, métodos de análisis y presupuestos. No obstante, 2) puede y de hecho hay un

---

[9]Entendida como la maximización del bienestar individual a través de un cálculo

acercamiento que logra integrar algunas variables de los distintos institucionalismo pero no a todos ellos en un solo conjunto. Cuando las diferencias entre las distintas corrientes se dan en los presupuestos de la teoría difícilmente podremos integrar las variables de análisis de cada corriente sin hacer "estallar" a alguna de las dos teorías. En este sentido, el neoinstitucionalismo normativo, el sociológico, y el histórico de enfoque cultural al compartir uno de los principales presupuestos, el acatamiento institucional tanto consciente como inconsciente, es más sencillo que logre interactuar sin romper con ninguna de las lógicas propias de cada neoinstitucionalismo[10] y logrando combinar técnicas de investigación, metodologías de análisis y enfoques.[11]

Algo semejante sucede entre el neoinstitucionalismo de la acción racional, el económico, el histórico con enfoque de cálculo y el empírico[12] quienes comparten como presupuesto la acción racional estratégica.[13] Más aún, la comunicación ya se está dando entre el NER y el NE. En la páginas que anteceden hicimos notar que el debate presidencialismo, parlamentarismo o semipresidencialismo fue retomado por Scott Mainwaring y Matthew Soberg Shugart con la aplicación de un enfoque y técnicas de análisis muy cercano al neoinstitucionalismo de la elección racional. De hecho este acerca-

---

siempre y necesariamente consciente, aunque limitado por los problemas de información, que lleva implícito un actuar egoísta y estratégico.

[10] Incluso, siguiendo a Guy Peters (1999: 47), los institucionalismos normativo y sociológico comparten antecedentes ubicados en los textos de Max Weber y Émile Durkheim.

[11] Algunos fenómenos serán mejor estudiados con estos presupuestos como la tercera dimensión del poder de Steven Lukes y John Gaventa, los problemas de identidad y racismo o hechos tan cotidianos como el no pasarse un alto a media noche cuando no hay autos en contrasentido.

[12] Sumamos al neoinstitucionalismo empírico ya que si bien guarda silencio respecto al tipo de racionalidad de sus agentes, la afirmación de este hecho no vulnera ni hace estallar la lógica de su análisis. La siguiente barrera importante son los objetivos de cada neoinstitucionalismo.

[13] Mientras el NER y el NE están más conectados por buscar el diseño eficiente de las instituciones, la comunicación de estos dos con el institucionalismo económico será un poco más complicada puesto que éste se interesa por el análisis de la estabilidad que reduce la incertidumbre. En este sentido será más sencillo que el IE se comunique con el NH.

miento abrió la puerta para el estudio de jugadores de veto
que posteriormente realizó George Tsebelis y que desde el
NER lanzó un importante desafío al NE para "aumentar el
zoom" sobre la visión de los análisis sobre el régimen político.

-V-

Tomando en cuenta las distintas corrientes y perspectivas
institucionales así como la amplia posibilidad para identificar y analizar a una institución, en *Derrumbando un mito:
instituciones exitosas en Latinoamérica contemporánea* estudiare-
mos a las instituciones como:

Parte I: procesos políticos donde se ve a la institución
como un conjunto de actores gubernamentales interactuan-
do con otros poderes fácticos económicos y sociales, con el
objetivo de cumplir una meta. Esta primera parte del libro
está integrado por dos capítulos:

Capítulo 1. *Cuando la política sirve: la negociación boliviana
de los contratos de hidrocarburos.*

La negociación de contratos de hidrocarburos en Bolivia
entre 2005 y 2006 se produjo en un contexto en que el sistema
de partidos se derrumbó y emergió un partido dominante,
el Movimiento al Socialismo, dispuesto a implementar una
nueva agenda de reivindicaciones económicas y sociales.
A pesar de ello, esta fuerza política tuvo que hacer frente
a las posiciones de las empresas petroleras y de los organismos internacionales, actores que gozan con un gran poder
negociador. La reforma petrolera resultante es producto de
la interacción de este conjunto de agentes. En este trabajo,
se realiza inicialmente una contextualización general de la
situación económica y política boliviana que influyó en los
resultados finales del proceso de reforma en materia de hidrocarburos. Posteriormente se expone la nueva normativa

vigente que abrogó el proceso de capitalización emprendido en 1996 y se explica por qué se la adoptó.

Capítulo 2. *La negociación de la deuda argentina 2003-2005: navegando entre poderosos.*

Luego de la crisis de diciembre del 2001 Argentina se encontraba con dos graves problemas económicos: recuperar la senda del crecimiento y llenar las famélicas arcas estatales. Para entonces el bloque económico argentino estaba dividido en dos: uno por la devaluación y otro por la dolarización de la economía. Frente a esto, el gobierno de Eduardo Duhalde primero y el de Néstor Kirchner después optaron por la devaluación apuntalando al grupo de la oligarquía pampeana que tenía preponderancia productiva. Con esta decisión, y un contexto internacional favorable, lograron echar a andar la economía en el último trimestre de 2002 y tener la autonomía financiera suficiente para encarar de forma sólida la negociación de la deuda tanto frente a los organismos financieros como a los acreedores privados logrando una quita de más del 60%.

En el desarrollo de este capítulo, la unidad de análisis es la toma de decisiones gubernamentales en torno a la negociación de la deuda Argentina entre 2002 y 2005. En el texto se da contestación a las siguientes interrogantes: cuál era la situación política y económica de Argentina al momento de declarar el *default* de la deuda externa y al comenzar la negociación de la misma, quiénes eran sus principales acreedores y cuáles eran las estrategias que ellos impulsaban para exigir el cumplimiento del pago de la deuda, cuáles fueron las principales estrategias del gobierno Argentino para conseguir la negociación de la deuda y, finalmente, cuáles son los elementos clave (contextuales, nacionales e internacionales) que hicieron posible que esta negociación se desarrollase.

Parte II: organismos públicos. Tomado como el más usual de los sentidos que se ha dado al concepto de institución, equiparándolo al actuar de un organismo público específico. Esta segunda parte del libro está integrada por dos capítulos:

Capítulo 3. *La Universidad Nacional Autónoma de México: saliendo del infierno para recuperar la senda.*

El análisis muestra el éxito de los académicos en la institución UNAM en un argumento circular en perspectiva histórica que inicia y cierra en el conflicto del 2000-2007, iniciado con una huelga estudiantil. Asocia éste a la presencia de los académicos en su desarrollo institucional frente a las tensiones sociales enfrentadas como el conflicto por su autonomía (1929-1945), las demandas que el desarrollo industrial del país le presentó (1945-1970) y lo referente a la crisis del desarrollo de este milagro mexicano (1940-1968). Los ubica en las políticas de desarrollo del sistema de educación superior a través de sus instituciones, su expansión, diversificación y coordinación, para resaltarlos por su influencia en los mecanismos de política educativa que tienen que ver con gobierno, toma de decisiones y coordinación de las tribus académicas en la literatura actual del tema. El objetivo central es analizar la capacidad institucional de los académicos en la UNAM para adaptarse a los tiempos adversos e inciertos del entorno sociocultural y sobreponerse a ellos con resultados de cambio y adaptación dinámica en el contexto social.

Capítulo 4. *Impacto positivo de la labor de la Comisión Interamericana de los Derechos Humanos en la democracia y los derechos humanos en el continente a partir, y a pesar, de los Estados americanos.*

Desde el momento de su creación, la CIDH ha contribuido de forma muy importante a la protección de los derechos humanos y al desarrollo de la democracia en el continente americano. La labor de la Comisión ha contribuido a poner fin a varias dictaduras, ha salvado muchas vidas, ha logrado importantes cambios legislativos en varios países del continente, ha puesto en relieve los valores de la democracia y ha elaborado un importante cuerpo de jurisprudencia, entre otros logros. Fue la misma Comisión quien ha impulsado su propio desarrollo, interpretando de manera progresista sus facultades y obligando en los hechos a los Estados americanos a ampliar los márgenes de su ámbito de competencia. Sin embargo, su labor no ha estado exenta de presiones e intentos por minar sus facultades y su independencia, lo que continúa poniendo en riesgo lo avanzado en sus casi 50 años de existencia.

En este texto se identifican los elementos que permitieron que una institución supranacional, la Comisión Interamericana de Derechos Humanos, pudiera tener éxito a pesar de la falta de coerción de sus recomendaciones y de los intereses diversos que presentan los Estados que conforman la Organización de los Estados Americanos, organismo al que pertenece.

Parte III: el lado obscuro de las instituciones, donde se da énfasis a la búsqueda de ventajas por medio de la identificación de puntos débiles de la institución llevada a cabo por actores gubernamentales y sociales auto-interesados rumbo a la segunda vuelta institucional. De hecho, el capítulo anterior ya introduce la posibilidad del uso político de una institución para ejercer poder sobre otros actores. A ese ejemplo sumamos el siguiente:

Capítulo 5. *Una institución acosada por la política: el Instituto Federal Electoral mexicano.*

En México hay una larga historia electoral. Sin embargo, hasta antes de 1997 no existía un organismo autónomo encargado de organizar los procesos electorales y tampoco existía una legislación que se propusiera impulsar el acceso equitativo de los partidos políticos a los medios de comunicación. La ausencia de una institucionalidad electoral democrática, en el caso mexicano, se condensa en la inexistencia de un órgano electoral autónomo, el IFE. Este es, ni más ni menos, el organismo encargado de administrar el conflicto político durante los tiempos de competencia electoral entre los actores interesados. Se trata de una institución determinada por las otras instituciones que integran el sistema político y a las que también afecta, en tanto que es el árbitro de la competencia político-electoral.

La hipótesis que se expone en este documento es que el Instituto Federal Electoral es una institución que se mueve en un espacio en el que existen interacciones de actores gubernamentales, políticos y sociales que buscan obtener ventajas identificando los puntos débiles de la institución. Consecuentemente, al reto de organizar y vigilar los procesos electorales, que es su cometido por antonomasia, el Instituto Federal Electoral suma la existencia de dos puntos que lo hacen vulnerable: la manera en que se procesan y realizan los nombramientos de los miembros del Consejo General —cuya finalidad es garantizar autonomía e imparcialidad— junto con las dificultades para asegurar el desarrollo de procesos electorales equitativos.

Por medio de estos cinco capítulos, en *Derrumbando un mito: instituciones exitosas en Latinoamérica contemporánea* queremos: 1) hacer patente que en Latinoamérica hay instituciones (procesos políticos y organismos públicos) que funcionan y que deben subrayarse; 2) explicar por qué esas instituciones son consideradas exitosas, cuál es el contexto en el que se desenvolvieron y cuáles son los elementos que permiten explicar su éxito pese a la existencia de dos décadas pérdidas en América Latina (los 80 y los 90); 3) remarcar que la reconstrucción latinoamericana a partir del modelo político democrático-liberal y del modelo económico neoliberal implica algo más que las instituciones que los constituyen es también la institucionalización de relaciones de poder donde los actores políticos aprenden a navegar.

Bibliografía

Bogdanor, Vernon (Editor) (1991), *The Blackwell Encyclopedia of political institutions*. Oxford: Blacwell Reference.

Buchanan, James y Gordon Tullock (1980), *El cálculo del consenso. Fundamentos lógicos de la democracia constitucional*. Madrid: Espasa-Calpe. (Primera edición en inglés 1962).

Coleman, James (1994), "A rational choice perspective on economic sociology" en Neil Smelser y Richard Swedberg (editors) (1994), *The Handbook of Economic Sociology*. Princeton (N.J.): Princeton University Press. Págs. 166-180.

Coleman, James (2001), "Capital social y creación de capital humano" en *Zona Abierta*. Núm. 94/95 Madrid. Págs. 47-79. (Primera edición en inglés 1988).

Colomer, Josep (2001), *Instituciones Políticas*. Barcelona: Ariel.

Colomer, Josep y Gabriel Negretto (2003), "Gobernanza con poderes divididos en América Latina" en *Política y Gobierno*. Vol. X. Núm. 1. Primer Semestre. México. Págs. 13-59.

Goodin, Robert (1996), "Las instituciones y su diseño" en Robert Goodin (Comp.) (1996), *Teoría del diseño institucional*. Barcelona: Gedisa. Págs. 13-37.

Goodin, Robert (Comp.) (1996), *Teoría del diseño institucional*. Barcelona: Gedisa.

Hall, Peter A. y Rosemary C. R. Taylor (2000), "La ciencia política y los tres nuevos institucionalismos" en *Enfoques contemporáneos en Ciencia Política. Revista conmemorativa del Colegio Nacional de Ciencias Políticas y Administración Pública*. México. Págs. 15-54. (Primera edición en inglés 1998).

Jepperson, Ronald (1991), "Instituciones, efectos institucionales e institucionalismo" en Walter Powell y Paul Dimaggio (1991), *El nuevo institucionalismo en el análisis organizacional*. México: FCE. Págs. 193-215.

Juan Linz y Arturo Valenzuela (1997), *Las crisis del presidencialismo. Vol. 1. Perspectivas comparadas*. Madrid: Alianza Universidad.

Larry Diamond y F. Plattner (1999), *El resurgimiento global de la democracia*. México: IIS-UNAM.

Lijphart, Arend (1997), "Presidencialismo y democracia mayoritaria: observaciones teóricas" en Juan Linz y Arturo Valenzuela (1997), *Las crisis del presidencialismo. Vol. 1. Perspectivas comparadas.* Madrid: Alianza Universidad. Págs. 25-143. (Primera edición en inglés 1994).

Lijphart, Arend (2000), *Modelos de democracia: formas de gobierno y resultados en treinta y seis países.* España: Editorial Ariel. (Primera edición en inglés 1999).

Linz, Juan (1997), "Democracia presidencial o parlamentaria: ¿qué diferencia implica?" en Juan Linz y Arturo Valenzuela (1997), *Las crisis del presidencialismo. Vol. 1. Perspectivas comparadas.* Madrid: Alianza Universidad. Págs. 25-143. (Primeras versiones del ensayo 1984 y primera edición en inglés 1994).

Linz, Juan (1999), "Las virtudes del parlamentarismo" en Larry Diamond y F. Plattner (1999), *El resurgimiento global de la democracia.* México: IIS-UNAM. Págs. 133-140.

Linz, Juan (1999), "Los peligros del presidencialismo" en Larry Diamond y F. Plattner (1999), *El resurgimiento global de la democracia.* México: IIS-UNAM. Págs. 103-118.

Mainwaring, Scott y Matthew Soberg Shugart (2002), *Presidencialismo y democracia en América Latina.* Buenos Aires: Paidós. (Primera edición en inglés 1997).

March, James y Johan Olsen (1997), *El redescubrimiento de las instituciones. La base organizativa de la política.* México: Fondo de Cultura Económica. (Primera edición en inglés 1989).

Neil Smelser y Richard Swedberg (editors) (1994), *The Handbook of Economic Sociology.* Princeton (N.J.): Princeton University Press.

Nohlen, Dieter y Mario Fernández (1991), *Presidencialismo versus parlamentarismo. América Latina.* Caracas: Nueva Sociedad.

North, Douglas (1990), *Instituciones, cambio institucional y desempeño económico.* México: FCE.

Ostrom, Elinor (1986), "An agenda for the study of institutions" en *Public Choice.* No. 48. Págs. 3-25.

Peters, Guy (2000), *El nuevo institucionalismo. Teoría institucional en ciencia política.* Barcelona: Gedisa. (Primera edición en inglés 1999).

Powell, Walter y Paul Dimaggio (1991), *El nuevo institucionalismo en el análisis organizacional.* México: FCE.

Riker, William (1982), *Liberalism against Populism. A Confrontation between the Theory of Democracy and the Theory of Social Choice.* Long Grove

(Illinois): Waveland Press.

Sartori, Giovanni (1994), *Ingeniería constitucional comparada. Una investigación de estructuras, incentivos y resultados*. México: Fondo de Cultura Económica. (Primera edición en inglés 1994).

Sartori, Giovanni (1997), "Ni presidencialismo ni parlamentarismo" en Juan Linz y Arturo Valenzuela (1997), *Las crisis del presidencialismo. Vol. I. Perspectivas comparadas*. Madrid: Alianza Universidad. Págs. 167-184. (Primera edición en inglés 1994).

Shepsle, Kenneth (1992), "Institutional equilibrium and equilibrium institutions" en Herbert Weisberg (1992), *Political science. The science of politics*. New York: Agathon Press. Págs. 51-81.

Shepsle, Kenneth y Barry Weingast (1984), "When do rules of procedure matter?" en *The Journal of Politics*. Vol. 46. No. 1. Febrero. Págs. 206-221.

Shepsle, Kenneth y Marks Bonchek (1997), *Analizing Politics. Rationality, Behavior and Institutions*. New York: WW Norton & Company.

Stepan, Alfred y Cindy Skach (1997), "Presidencialismo y parlamentarismo en perspectiva comparada" en Juan Linz y Arturo Valenzuela (1997), *Las crisis del presidencialismo. Vol. I. Perspectivas comparadas*. Madrid: Alianza Universidad. Págs. 185-209.

Thelen, Kathleen y Sven Steinmo (1992), "Historical institutionalism in comparative politics" en Sven Steinmo, Kathleen Thelen, y Frank Longstreth (1992), *Structuring politics: historical institutionalism in comparative analysis*. Cambridge: Cambridge University Press. Págs. 1-32.

Tsebelis, George (2002), *Veto players. How political institutions work*. NY: Russell Sage Foundation and Princeton University Press.

Tsebelis, George y Eduardo Alemán (2004), "Presidential conditional agenda setting in Latin America" en *Midwest Political Science Association*, Marzo.

Tullock, Gordon (1967), "The general irrelevance of the general impossibility theorem" en *The Quarterly Journal of Economics*. Vol. 81. No. 2. Págs. 256-270.

Vergara, Rodolfo (1997), "El redescubrimiento de las instituciones: de la teoría organizacional a la Ciencia Política" en March, James y Johan Olsen (1997), *El redescubrimiento de las instituciones. La base organizativa de la política*. México: Fondo de Cultura Económica. Págs. 9-40. (Primera edición en inglés 1989).

Weingast, Barry (1996). "Political Institutions: Rational Choice perspectives" en Robert Goodin y Hans Dieter (1996), *A New Handbook of Political Science*. Oxford: Oxford University Press. Págs. 167-190.

Weisberg, Herbert (1992), *Political Science. The Science of Politics*. New York: Agathon Press.

Cuando la política sirve:
la negociación boliviana de los contratos de hidrocarburos
por
Mario Torrico

NACIONALIZADO

PROPIEDAD DE LOS BOLIVI

AS

URAL

Cuando la política sirve: la negociación boliviana de los contratos de hidrocarburos

Mario Torrico Terán

1. La importancia del petróleo y del gas en el mundo

Todo en la naturaleza requiere energía para sobrevivir y crecer, y los grupos humanos no son una excepción. Es así que el progreso de la humanidad ha estado y está íntimamente ligado al hallazgo y desarrollo de fuentes de energía. Los combustibles fósiles que yacen en el subsuelo y producen significantes cantidades de energía al ser transformados vía combustión han sido los recursos de energía más importantes en los últimos siglos, en particular el consumo de carbón, petróleo y gas natural. De ellos, el más utilizado históricamente ha sido el carbón, que hasta los cincuenta fue la fuente más utilizada a nivel mundial, cediendo posteriormente su lugar de privilegio al petróleo y sus derivados. El gas natural, por su parte, ha visto paulatinamente incrementado su consumo a partir de la década del sesenta. Según datos oficiales, en 2004 el 86% de la energía mundial fue producida por combustibles fósiles (38% por petróleo, 25% por carbón y 23% por gas), el 7% por energía hidráulica, el 6% por energía nuclear y el 1% por otras fuentes (U.S. Department of Energy, 2006).

A pesar de que el carbón es el recurso más abundante con que se obtiene energía, su combustión genera grandes cantidades de dióxido de carbono, gas al que se acusa de ser el causante principal del calentamiento global. Es así que las preocupaciones ambientales ocasionan que se descarte una mayor producción de carbón para cubrir las crecientes necesidades de energía mundial. El petróleo, por otro lado, ha adquirido un lugar preponderante gracias a su alta densidad de energía, su facilidad de transporte y su relativa abundancia. Sin embargo, también ocasiona impactos negativos de importancia al medioambiente, por lo que se evalúa una reducción futura en su consumo. La combustión de gas natural, en

cambio, produce menos dióxido de carbono por unidad de
energía que el carbón y el petróleo (45% menos que el carbón
y 30% menos que el petróleo) sin dejar de ser eficiente, lo que
podría ocasionar que este recurso se convierta a futuro en la
principal fuente de energía mundial. A esto contribuye el
que en los últimos años los precios del petróleo han tendido
al alza, reflejando el agotamiento gradual de sus reservas y el
elevado costo de nuevas exploraciones que requieren técnicas más desarrolladas, complejas y costosas.

2. Importancia hidrocarburífera de Bolivia en el continente

Para la región sudamericana el consumo de carbón no constituye una opción real debido a que apenas alberga el 1% de
las reservas mundiales, razón por la cual se recurre principalmente al uso de petróleo y, en los últimos años, de gas
natural. En particular, los países del sur del continente (Argentina, Brasil, Chile y Uruguay) demandan cada vez mayores cantidades de gas natural para la generación de energía
eléctrica destinada a los grandes centros urbanos e industriales. De ellos, Argentina es el que tiene un sistema gasífero
más maduro y diversificado, aunque las escasas inversiones
en exploración realizadas hacen peligrar su abastecimiento
en el mediano plazo, al punto que frecuentemente existen
problemas energéticos en algunas provincias y se incumplen
los compromisos de exportación a Chile. El mercado brasileño, por otro lado, es abastecido actualmente con dos tercios
de oferta interna y un tercio con gas de Bolivia, y sus potenciales reservas alternativas se encuentran aguas afuera,
por lo que son más costosas de extraer. Así, la expansión del
uso de gas natural en Brasil está en función del aumento de
sus compras externas. Chile, por su parte, orientó su matriz
energética en dirección del gas natural aún cuando no tiene
reservas importantes, lo que lo hace dependiente de las importaciones de este recurso.

Dadas las reservas de gas natural en Sudamérica, Venezuela y Bolivia se constituyen actualmente (y mientras no

se produzcan nuevos hallazgos) en las únicas opciones de abastecimiento de esta fuente de energía debido a que son los países que tienen mayores reservas y a que su capacidad de consumo interno es muy inferior a las mismas. Sin embargo, la distancia que separa a Venezuela de los mercados del sur coloca a Bolivia en ventaja comparativa para abastecer de gas al Cono Sur. Puesto que Bolivia, a diferencia de Venezuela, no cuenta con grandes reservas de petróleo, y considerando que el que se produce es liviano (por lo que no puede ser utilizado para la producción de diesel), el gas natural constituye el único recurso importante que este país puede explotar en términos ventajosos frente al resto de los países sudamericanos.

Debido a la permanente crisis social y política que vive Bolivia desde 2000, y en vista del proceso de nacionalización de hidrocarburos iniciado en mayo de 2006, los países de la región han comenzado a considerar seriamente la posibilidad de obtener gas natural de otros países. Así, han surgido dos proyectos alternativos para eliminar los peligros de una crisis energética ante una eventual imposibilidad de importar gas boliviano: i) la construcción de un anillo energético que utilice las reservas peruanas de Camisea para abastecer los mercados de Argentina, Chile, Brasil, Uruguay y Paraguay ; ii) la construcción de un gran gasoducto que parta de Venezuela y conecte la red de gasoductos del sur para satisfacer el consumo de los países mencionados. El problema con estos proyectos es el elevado costo que implicaría la conexión de gasoductos entre todas las naciones involucradas además que, de contar con los recursos económicos para ello (lo que encarecería el precio del gas), estas opciones alternativas no son de corto plazo, lo que contrasta con las necesidades inmediatas que tiene el Cono Sur. Prueba de ello es que prácticamente se han abandonado las negociaciones para llevar adelante alguno de estos proyectos. Por todo esto, tal parece que Bolivia no puede ser excluida de las búsquedas de mayores fuentes de energía en la región sudamericana.

3. Regulaciones estatales en materia hidrocarburífera

Muchos de los países que cuentan con grandes cantidades
de recursos naturales estratégicos no pueden beneficiarse
de ellos ni de las ganancias que estos podrían arrojar. Esta
realidad es al parecer continuamente evidenciada en los
países en desarrollo. Así, según Pendleton-Melby-Stuart-
Davison y Bishop (2003) la producción y exportación de
petróleo y gas está estrechamente asociada a la pobreza, corrupción, gastos militares, bajo crecimiento e incluso guerra civil en los países subdesarrollados. Para romper esta
tendencia es necesario que los países negocien contratos de
concesión con las empresas petroleras (puesto que no tienen capacidad económica para hacerse cargo del negocio
petrolero) que sean ventajosos para ambas partes y pueda
proveer de riqueza a su población. Al respecto, McGuigan
(2007) rescata la experiencia de Noruega, país que es el tercer exportador mundial de petróleo y ocupa el primer lugar
en el Índice de Desarrollo Humano del PNUD. Este país,
señala, también posee una economía diversificada donde la
manufactura y el transporte marítimo son importantes, y
en donde los ingresos generados por la exportación de petróleo han sido reinvertidos en la economía y en servicios
sociales eficientes, además de que un porcentaje de ellos fue
transferido al Fondo de Petróleo del Estado e invertido en
bonos y acciones extranjeras para proporcionar una fuente
de ingresos para el futuro. ¿Cómo se logró esto? Según esta
autora, a través de la participación directa del Estado en la
exploración, producción y cobro de regalías e impuestos,
con mayor preponderancia en regalías. Además, la empresa
noruega de propiedad estatal, Statoil, participa directamente en la extracción petrolera y en diversos contratos de riesgo compartido bajo el arreglo del Interés Financiero Estatal
Dirigido.
    El argumento de McGuigan parece apuntar a que el Es-
tado debe ineludiblemente involucrarse en toda la cadena de
producción de petróleo si acaso desea obtener beneficios de

ellos. Sin embargo, la realidad nos muestra que esto no es indispensable. Como afirma la misma autora:

> "Existen muchas maneras a través de las cuales los gobiernos perciben ingresos de su sector de hidrocarburos. Algunos controlan la exploración y producción a través de empresas de propiedad estatal. Si bien en la mayor parte de los casos son las empresas petroleras extranjeras las que se encargan de la extracción del petróleo y el gas, la propiedad y control generalmente es estatal. Algunos otros gobiernos han conformado consorcios entre empresas estatales y privadas, en cuyo caso la empresa estatal proporciona un porcentaje del capital de inversión a la vez que recibe un porcentaje de las ganancias. En el caso en que el Estado otorgue licencias a empresas privadas para extraer petróleo y gas, éste exige el pago de regalías. Las regalías son la medida más simple dentro del régimen fiscal del sector. Una empresa pagará al gobierno un porcentaje fijo del valor total de hidrocarburos producidos. Adicionalmente, los gobiernos pueden exigir el pago de impuestos a las empresas petroleras, los que al margen de las tributaciones estándares, incluyen impuestos especiales sobre ingresos de petróleo y gas. Mientras algunos países prefieren mantener regalías altas con el objetivo de reflejar la propiedad nacional sobre los carburantes, otros consideran más benéfico mantener en niveles elevados el pago de impuestos empresariales. También es posible introducir mecanismos que permitan elevar la tasa impositiva si las ganancias en la producción aumentan. En el caso de no existir tal mecanismo, los gobiernos suelen introducir nuevos impuestos excepcionales (*windfall taxes*). Esto cuando los precios del petróleo se incrementan" (McGuigan, 2007: 19-20).

En términos generales, McGuigan señala que los regímenes fiscales para la industria del petróleo son revisados con
frecuencia, lo que obviamente no es del agrado de las empresas petroleras, quienes enfrentan riesgos significativos en
proyectos de exploración, por lo cual suelen ejercer presiones
para asegurar la estabilidad de los regímenes impositivos.
Tomando esto en cuenta, todo apunta a que será la fortaleza
de los Estados la que determine si los beneficios de los hidrocarburos serán de dominio de las grandes corporaciones
o podrán tener efectos positivos en las economías nacionales de los países poseedores de estos recursos. Dicha fortaleza será a su vez función de los incentivos que enfrentan
los principales actores políticos y económicos locales, los que
estarán influidos por las instituciones políticas imperantes.
Así, la razón por la que usualmente se observa la asociación
entre riqueza petrolera y pobreza en el mundo en desarrollo
se debe a la debilidad institucional de los Estados que les impide negociar y hacer cumplir contratos que les rindan beneficios.

4. Caracterización política y económica boliviana

La evolución de la economía y la sociedad bolivianas se explica
en parte por la conformación económica y demográfica
del país desde el período incaico. Desde los tiempos más
remotos, la población boliviana se ha concentrado en las
zonas altiplánicas y en los valles (sobre todo en las primeras),
en tanto que las tierras orientales habían conservado hasta
hace algunas décadas atrás (y en algunos casos lo siguen
haciendo) el carácter de regiones vírgenes y abandonadas,
casi al margen de la economía. Primero fue la comunidad
primitiva, la agricultura colectivizada y el origen mismo de
la raza pobladora lo que determinó esta singular distribución
demográfica. Más tarde, la economía minera. Desde los
primeros años de la Conquista, las cumbres andinas y el
Altiplano se convirtieron en los asientos más famosos
de la época colonial. Potosí es el símbolo de esa economía

concentrada en torno a los yacimientos de metales preciosos, en que la agricultura mantenía un nivel de atraso permanente y las ciudades surgían en las bocaminas o en los caminos que llevaban a ellas; en que las fortunas emigraban al extranjero y en que solo quedaba pobreza y ciudades vacías al sobrevenir el inevitable empobrecimiento de las vetas.

En las épocas posteriores a la Colonia y hasta no mucho tiempo atrás, Bolivia fue esencialmente un país minero. Agotada la plata, apareció el estaño, cuyo auge se inició a fines del siglo XIX, y así la economía siguió girando en torno al producto de las minas con intensidad no menor que en la época colonial. El descubrimiento de ricos yacimientos estañíferos y el alza de las cotizaciones de este metal significaron, sin embargo, un cambio en algunos aspectos de la economía boliviana, puesto que al alterarse el volumen y la composición de sus exportaciones produciendo un aumento en los ingresos del país que se prolongó por varias décadas, se llegó a alcanzar una mayor vinculación de la economía nacional con la economía mundial. Asimismo, el capitalismo moderno comenzó a imponer algunas de sus modalidades en esta nueva era. En lugar de la mita[1] surgió el trabajo asalariado, los ingenios modernos sucedieron a las azoguerías primitivas y, en reemplazo de los primitivos senderos para recuas, caminos de hierro comenzaron a conducir el mineral a los puertos.

Pero aparte de la economía minera, poco cambió la fisonomía del país. En el campo, donde habitaba la gran mayoría de la población, persistían los sistemas de cultivo y las relaciones sociales de la época colonial y precolombina. Al ser la minería privativa del Altiplano, seguía concentrándose allí la vida del país, continuando abandonadas y sin comunica-

---

[1] La mita era un sistema laboral originario de la región andina consistente en la selección de personas (normalmente campesinos) para emplearlas en un trabajo a favor de un go bernante. El sistema fue aplicado por los españoles en los virreinatos americanos para la producción minera. Así, los pueblos de indios tenían que prestar una parte de su población al servicio de la mita, la cual no implicaba sueldo para el mitayo puesto que éste era sostenido (aunque en condiciones de supervivencia y semi-esclavitud) por el Virreinato o por el Estado.

ción las tierras llanas. Los beneficios de la minería y hasta
las empresas mismas (concentradas en pocas manos) se do-
miciliaban en el exterior gozando de la protección del Estado
oligárquico vigente. Así, apenas una industria incipiente y
una clase media urbana en unas pocas ciudades se movían
dentro de la economía monetaria.

La Guerra del Chaco con la República de Paraguay
(1932-1935) marcó la vida boliviana y determinó el curso de
su historia hasta el presente, puesto que aparte de costar a
Bolivia ingentes vidas y gastos, y una porción considerable
de su territorio, originó una profunda y prolongada crisis política interior. El ansia de transformación económica y social
de las nuevas generaciones políticas se enfrentó a la realidad
ineludible de una nación empobrecida, generándose así una
crisis de legitimidad del Estado que se acentuó por una crisis
económica que sobrevino y que derivó en un proceso inflacionario por demás agudo.

La crisis económica, política y social culminó con la revolución de abril de 1952 liderada por las clases medias urbanas
y el campesinado, organizados en torno al Movimiento Nacionalista Revolucionario (MNR), partido que había logrado producir un discurso interpelatorio –que logró encontrar
asidero social– contra el Estado oligárquico y la camarilla
minero-feudal que manejaban el país. Esta revolución representa un punto de inflexión en el devenir histórico de Bolivia puesto que significó la modernización capitalista y la
integración ciudadana y regional de Bolivia. La adopción de
medidas llamadas a alterar profundamente la estructura económica y social tradicional del país, como la nacionalización
de las minas, la reforma agraria, el voto universal, así como
los diversos planes de diversificación económica, repercutie-
ron en todos los órdenes de la vida boliviana.

La revolución buscó la transformación económica del
país, y para ello se planteó reforzar la industria mediante la
transferencia de excedentes mineros (que ya eran de propiedad pública) hacia los sectores industriales y, principalmente, hacia la zona de Santa Cruz, que así se convirtió en

un importante polo de desarrollo. La explotación petrolera a través de Yacimientos Petrolíferos Fiscales Bolivianos (YPFB), empresa petrolera pública fundada en 1936,[2] debía ser un proceso que acompañe estos cambios. De esta forma, el Estado boliviano se convirtió, al igual que en varios países latinoamericanos en la misma época, en el motor del desarrollo nacional.[3] Adicionalmente, a través de la revolución el bloque de poder oligárquico desapareció, y por primera vez en la historia se intentó construir una identidad nacional. No obstante, debe mencionarse que el proyecto nacionalista de construcción de una identidad nacional fue cultural y políticamente homogeneizador y, por ende, profundamente autoritario. Basta mencionar que la reforma educativa llevada a cabo sólo contemplaba la enseñanza en el idioma castellano, desconociendo la importancia del resto de las lenguas originarias.[4]

No obstante los resultados favorables obtenidos en términos de crecimiento económico, a finales de la década del setenta comenzaron a aparecer los primeros problemas del modelo económico intervencionista al entrar en crisis el período de amplia liquidez y fácil acceso a los recursos financieros de los organismos privados que había determinado un considerable incremento de la deuda externa. Este panorama se vio aun más complicado ante el posterior cierre del mer-

---

[2]YPFB se fundó una vez concluida la Guerra del Chaco cuando se comprobó que durante el conflicto la Standard Oil, empresa que tenía la concesión para explotar los hidrocarburos, había transportado ilegalmente petróleo a la Argentina utilizando un oleoducto clandestino. Inmediatamente se expropiaron las plantas de dicha empresa y se la expulsó del país. Este fue el primer episodio de nacionalización de hidrocarburos de la historia boliviana. Años después, la Standard Oil ganó un juicio internacional al Estado boliviano, por lo que éste tuvo que pagar una indemnización millonaria.
[3]Sin embargo la economía boliviana nunca alcanzó a industrializarse ni siquiera a nivel de manufactura liviana. Así, bien puede decirse que en Bolivia no se dio el proceso de industrialización por sustitución de importaciones que se observó en otros países de la región y que generalmente se piensa fue un proceso generalizado en América Latina.
[4]Oficialmente se reconocen 36 etnias originarias en territorio boliviano, y los principales idiomas nativos son el quechua y el aymara. Para una revisión de lo sucedido en este período se recomienda Torrico (2006a y 2006b).

cado internacional de capitales, el deterioro de los términos de intercambio de los productos de exportación bolivianos, y el escaso grado de industrialización que se había alcanzado. Como resultado, la economía boliviana vivió la peor crisis de su historia, con niveles de inflación anuales de hasta cuatro dígitos.

A todos los factores mencionados se pueden añadir un sinnúmero de conflictos sociales y políticos que ocasionaron el aceleramiento y la profundización de la crisis, dando lugar al hundimiento de este modelo de desarrollo. De esta forma, y ante una situación cada vez más dramática, en 1985 se dio paso al surgimiento del modelo de economía de mercado, que se propuso eliminar la injerencia estatal de la economía bajo el supuesto de que la asignación de los escasos recursos nacionales por parte del Estado fue irracional, ocasionando la distorsión de la economía, la emergencia de sectores productivos ineficientes, la preservación de grupos de poder que usufructuaban de las arcas fiscales y una extrema vulnerabilidad con el exterior debido al atraso tecnológico y a la aguda dependencia financiera que se derivaba de la debilidad productiva. En contraposición, se asumió que el mercado permitiría una asignación de recursos eficiente que derivaría en un desarrollo sostenido, por lo cual se emprendió un proceso de reformas estructurales encaminado a abrir la economía mediante la reducción de los instrumentos arancelarios y de las trabas a la inversión extranjera. De este proceso resalta la privatización y capitalización de las empresas públicas.

Las transformaciones que ocurrieron a nivel económico tuvieron su correspondencia con cambios sustanciales acontecidos a nivel político, debido a que la crisis económica amenazaba con hacer fracasar la democracia recientemente reconquistada no sólo por los costos resultantes, sino también por el caos social y político que se generó.[5] La crisis económica y la crisis política provocaron dos traumas que han marcado la evolución política y económica en Bolivia: i) el

---

[5] El comportamiento de los partidos obedeció a un factor de tipo institucional.

trauma de la hiperinflación, ii) el trauma de la parálisis estatal y la ingobernabilidad. Es así que a partir de 1985 se destinaron los mayores esfuerzos para eliminar la posibilidad de que emerjan nuevamente los fantasmas que propiciaron la debacle económica y el caos político que caracterizaron al gobierno anterior. Estabilidad macroeconómica y gobernabilidad fueron entonces los principales objetivos a alcanzar y preservar, y en función de ellos se implantó un ordenamiento económico basado en una estricta disciplina fiscal y en una política económica de mercado, y un ordenamiento político centrado en la conformación de pactos y coaliciones de partidos que le aseguren al Ejecutivo la mayoría legislativa necesaria para la aprobación de sus políticas. Así, neoliberalismo y democracia pactada surgen simultáneamente y, como bases de este nuevo ordenamiento, se perciben como la única opción posible a seguir. De esta manera, la estabilidad económica y política es considerada como un activo nacional contra el cual nadie puede atentar, lo que permite a los partidos rebasar sus fronteras ideológicas y pactar unos con otros con el justificativo del pragmatismo y la responsabilidad nacional de preservar la estabilidad.[6]

El engranaje que hacía que la Democracia Pactada funcione era la distribución del poder entre los partidos de la coalición gobernante. Así, la capacidad que tenía el presidente para gobernar estaba en función de la disposición de una mayoría parlamentaria, la cual a su vez dependía de que los partidos socios de gobierno satisfagan sus pretensiones de

---

[6]En Bolivia la Constitución establece que la elección del presidente queda en manos del congreso, que deberá elegir entre los dos aspirantes más votados en caso de que ningún candidato presidencial obtenga la mayoría absoluta de votos (es decir, la segunda vuelta es congresal). Esto ha tenido dos consecuencias: 1) la proliferación de partidos que buscan un buen porcentaje de votos en la ronda electoral que les permita negociar en términos ventajosos su apoyo en la ronda congresal (por lo cual el sistema de partidos boliviano ha sido muy fragmentado), 2) la dispersión del voto entre las numerosas fuerzas políticas (en las elecciones de 1997 y de 2002, los ganadores alcanzaron sólo el 22% de los votos). Estas dos consecuencias provocaron que ningún partido pueda gobernar sin el apoyo de otros, lo que generó gobiernos de coalición parecidos a los que se observan en las democracias parlamentarias europeas.

poder y enriquecimiento. No obstante el creciente desgaste popular de los partidos a raíz de la creciente corrupción que los pactos políticos permitían y protegían, este patrón de comportamiento le dio a Bolivia la continuidad democrática más extensa de su historia. En términos económicos, la situación también era alentadora debido al equilibrio fiscal alcanzado y a un crecimiento de la economía muy estable y superior a la media latinoamericana. Si bien la mayor parte de la población permanecía en la pobreza, ésta no había surgido con el neoliberalismo, el cual mostraba mejores resultados que el intervencionismo estatal. En consecuencia, a fines de los noventa se había logrado garantizar la estabilidad económica y la gobernabilidad política, lo que permitía ser optimistas respecto al futuro. ¿Qué salió mal?

El reparto de las instituciones del Estado por parte de los partidos y el encubrimiento de los escándalos de corrupción que profundizaron el rechazo hacia la clase política, fue aprovechado en los noventa por líderes populares que fundaron partidos propios y se presentaron ante el electorado como nuevas opciones a los "partidos tradicionales".[7] Estos partidos llegaron a obtener el apoyo de una tercera parte de los votantes en las elecciones de 1993, 1997 y 2002, lo que les dio un gran poder negociador. Sin embargo, a pesar de haber crecido con una posición contraria a la lógica de pactos, estos nuevos partidos terminaron insertándose en diversas coaliciones de gobierno, y así dejaron de ser percibidos como una opción renovadora de la política. No obstante, el electorado continuaba buscando opciones alternativas, y ese vacío sería llenado por Evo Morales y el Movimiento al Socialismo (MAS).

Debido a la erradicación forzosa de la hoja de coca impuesta por Estados Unidos a finales de los ochenta, los campesinos, y en especial los cocaleros, se convirtieron en un ac-

---

[7] Max Fernández, empresario cervecero, fundó Unidad Cívica Solidaridad (UCS); Carlos Palenque, dueño de una red de televisión, fundó Conciencia de Patria (Condepa); Manfred Reyes Villa, ex-militar y alcalde de Cochabamba, fundó Nueva Fuerza Republicana (NFR).

tor cada vez más relevante de la política. A pesar que Bolivia es un país predominantemente indígena, este sector siempre estuvo subordinado en su acción política a la Central Obrera Boliviana (COB), matriz sindical de los trabajadores, lo que relegó las reivindicaciones indígeno-campesinas a un segundo plano, detrás de demandas de tipo salarial. Las reformas estructurales de la economía hirieron de muerte a la COB, la que se convirtió en un actor completamente prescindible, lo que facilitó a que el movimiento campesino tome un lugar central en la lucha popular. Con la convicción de que su superioridad numérica en la población les sería favorable, a fines de los noventa los campesinos decidieron participar en las elecciones generales por primera vez a través de un partido político propio.[8] Dicho partido articuló un discurso que culpaba a los partidos tradicionales, a la lógica de pactos y al neoliberalismo de toda la miseria y exclusión en la que vivía el grueso de la población, y además incluyó en su plataforma una serie de reivindicaciones étnicas dirigidas a acabar de una vez por todas con las excluyentes estructuras estatales que permitieron e incluso fomentaron el racismo contra los indígenas. De esta forma, el Movimiento al Socialismo (MAS), y su líder, Evo Morales, empezaron a socavar las bases de la estabilidad que imperaba desde 1985, y a partir de 2000 lograron convulsionar y paralizar el país en reiteradas ocasiones. La respuesta de los políticos fue intentar aislar al MAS formando un gran bloque que incluía a todos los partidos tradicionales y a los que alguna vez habían intentando mostrarse como opción renovadora, lo que evidenció que los partidos habían constituido un bloque que iba más allá de las coaliciones políticas y que no estaba dispuesto a cambiar su lógica de comportamiento. Este hecho no hizo más que confirmar que el MAS era la única alternativa a la lógica política imperante, lo que le permitió ganar las elecciones presiden-

---

[8]Este partido debió llamarse Asamblea por la Soberanía de los Pueblos, sin embargo, debido a problemas administrativos los dirigentes campesinos no pudieron registrar este nombre, por lo que tuvieron que tomar prestado el nombre de un partido ya registrado, el Movimiento al Socialismo (MAS).

ciales de 2005, con las que finalizó un período de gran inestabilidad política en el que se sucedieron cinco presidentes en cinco años.

5. La producción de hidrocarburos bajo propiedad estatal

Las primeras actividades hidrocarburíferas en Bolivia se iniciaron a fines del siglo XIX, y el hallazgo de importantes reservas llamó la atención de la mayor empresa del mundo, la Standard Oil, que en 1922 obtuvo la concesión del gobierno boliviano para explotar el petróleo. Con la nacionalización del petróleo de 1936 se creó Yacimientos Petrolíferos Fiscales Bolivianos (YPFB), empresa estatal que se encargó desde entonces de la exploración, explotación, refinamiento, transporte, almacenamiento, distribución y exportación de gas natural y petróleo, actividades que realizaba de forma directa o contratando a empresas extranjeras para la provisión de determinados servicio técnicos. YPFB se constituyó en la empresa más importante de Bolivia y en la fuente principal de ingresos del Tesoro General de la Nación (TGN), por lo que durante la crisis económica de los ochenta se estableció que transfiera el 65% de sus ingresos al Estado, que en aquella época tenía serios problemas fiscales.[9] Esta medida ocasionó a YPFB una drástica reducción de recursos para reinversión productiva y, en especial, para exploración de nuevas reservas, lo que imposibilitó el incremento de la producción hidrocarburífera, el mejoramiento del transporte y la distribución de gas natural y petróleo. Es significativo señalar que el aporte de YPFB entre 1990 y 1996 fue en promedio el 46% de los ingresos del Estado boliviano, a pesar de que en esos años la participación porcentual de los hidrocarburos en el total exportado era sólo del 17%.

Las restricciones financieras que impuso el Estado a YPFB para que expanda sus operaciones y servicios permitieron que

---

[9]Entre 1985 y 1996 YPFB aportó al Estado boliviano 3,813 millones de dólares y apenas pudo contar con 2,053 millones para solventar todas sus operaciones durante esos once años.

la empresa petrolera sea calificada como ineficiente y dieron el justificado para su venta. Sin embargo, el proceso de venta de las principales empresa públicas en Bolivia adoptó una característica peculiar distinta a la observada en la mayoría de los países latinoamericanos.

6. El proceso de capitalización de hidrocarburos

Para entender la lógica detrás de la venta de las empresas públicas en Bolivia debe exponerse el diagnóstico de la economía que se realizaba en círculos oficiales. En los planes de desarrollo de los gobiernos de Jaime Paz Zamora (1989-1993) y de Gonzalo Sánchez de Lozada (1993-1997), se señalaba que el enfoque de liberalización de la economía, aplicada para revertir la crisis provocada por la ineficiencia estatal del modelo de capitalismo de Estado, había obtenido importantes logros que devolvieron al país la confianza de la comunidad internacional. Se afirmaba, además, que este conjunto de políticas de apertura venían respaldadas por experiencias internacionales favorables (Asia Oriental, España, Portugal, Grecia) en las que habrían demostrado su efectividad, motivo por el cual debía seguir profundizándose el camino iniciado en 1985. Analizando el contexto internacional, se sostenía que la presencia de bloques de países capaces de afectar fuertemente las relaciones comerciales y la tendencia hacia la globalización de los mercados habrían ocasionado que el comercio mundial crezca en forma más dinámica que el producto mundial, por lo que debía ineludiblemente cambiarse el carácter de la inserción internacional boliviana (que estaba basada en la exportación de materias primas) a través de una transformación productiva, todo ello en un marco de estabilidad de precios y apertura de la economía. Este cambio implicaba una paulatina transformación del perfil de la estructura de las exportaciones, logrando una participación más significativa de bienes con mayor grado de elaboración.

Para que el proceso de transformación productiva tenga éxito, se señalaba que se debían introducir nuevas tecnolo-

gías al aparato productivo, para lo cual era muy importante
la atracción de Inversión Extranjera Directa (IED). La IED
generaría saltos tecnológicos que incrementarían la produc-
tividad en determinadas ramas de la producción y que podrían propagarse al resto del aparato productivo. Es decir, la
inserción internacional y la transformación productiva no
podrían ser alcanzadas si Bolivia continuaba al margen de
los flujos económicos internacionales, en especial, si no lo-
graba ser destino de las corrientes de IED. En este sentido, y
con el objetivo principal de diseñar una estrategia para atraer
a la inversión extranjera, el gobierno de Sánchez de Lozada
concibió el proceso de Capitalización de las empresas públicas.

El proceso de capitalización se caracterizaba por un novedoso mecanismo en el que los inversionistas privados o socios estratégicos aportaban un monto igual de capital fresco
a los activos de las empresas públicas, que ingresaban como
capital inicial aportado.[10] Este sistema permitía mantener
el 50% del paquete accionario de dichas empresas en manos
del Estado boliviano, y además los dividendos de las capitalizadas serían invertidos y administrados como fondos de
pensiones en beneficio de todos los bolivianos que al 31 de
diciembre de 1995 habían cumplido 21 años o más. ¿Por qué
no se optó simplemente por privatizar dichas empresas? Sos-
tengo que la capitalización fue concebida con un doble propósito, uno electoral y otro de factibilidad política en su aplicación. Electoralmente era más redituable presentar al público
un mecanismo por el cual las empresa públicas continuarían
siendo de propiedad estatal a la vez que recibirían el capital
que necesitaban para mejorar y ampliar sus operaciones, y
políticamente la capitalización encontraba menor oposición
que la privatización, que significaba simplemente la venta

---

[10]McGuigan (2007) sostiene correctamente que lo interesante del negocio fue que
los inversionistas no estaban obligados a pagar ese 50% del valor de mercado de
la empresa al Tesoro boliviano, sino que se les permitió utilizar esas sumas como
inversiones en la exploración y producción petrolera. Es decir, las empresas extranjeras que llegaron a Bolivia comenzaron a administrar y a tomar decisiones
en las empresas públicas más importantes sin pagar un peso por ello.

total de estas empresas. En un contexto político y social en el que la privatización no pudo prosperar (el gobierno de Paz Zamora insistió con esta medida sin lograr importantes resultados), la capitalización pudo ser implementada a partir de 1993, cuando Sánchez de Lozada asumió la presidencia. Es así que durante este gobierno se capitalizaron las seis empresas estatales más grandes: Empresa Nacional de Electricidad (ENDE), Empresa Nacional de Ferrocarriles (ENFE), Empresa Nacional de Telecomunicaciones (ENTEL), Empresa Nacional de Fundiciones (ENAF), Yacimientos Petrolíferos Fiscales Bolivianos (YPFB) y Lloyd Aéreo Boliviano (LAB).

Para capitalizar YPFB, se dividió a la empresa en otras tres —dos dedicadas a la exploración y explotación (Chaco y Andina), y una dedicada a la comercialización (Transredes) —las que posteriormente se vendieron a empresas extranjeras. Adicionalmente, se aprobó una nueva ley de hidrocarburos (Ley 1689 de 30 de abril de 1996) que excluyó a YPFB de cualquier tipo de participación en la cadena de producción hidrocarburífera. Así, el artículo 1 de la mencionada ley señalaba lo siguiente: "El derecho de explorar y de explotar los campos de hidrocarburos y de comercializar sus productos se ejerce por el Estado mediante Yacimientos Petrolíferos Fiscales Bolivianos (YPFB). Esta empresa pública, para la exploración, explotación y comercialización de hidrocarburos, celebrará necesariamente contratos de riesgo compartido, por tiempo limitado, con personas individuales o colectivas, nacionales o extranjeras". De esta forma, se prohibió expresamente un rol activo del Estado en la producción de hidrocarburos, y como afirman Poveda y Rodríguez (2006), YPFB fue convertida en una oficina administradora de contratos de riesgo compartido y en licitadora de concesiones de operación a favor de agentes privados, debido a que toda la cadena de producción hidrocarburífera estaba controlada por agentes privados transnacionales.

Para atraer al capital extranjero, la nueva ley de hidrocarburos incorporó un régimen impositivo que clasificaba a

los campos de petróleo y gas como existentes o nuevos, clasificación que, según McGuigan (2007), se encontraba fuera
de la terminología técnica acostumbrada en el sector hidrocarburífero, la misma que se refiere a reservas comprobadas,
probables y potenciales. Oficialmente las reservas certifica-
das de gas en el momento de la capitalización fueron de 5.69
trillones de pies cúbicos (TPC), las que fueron catalogadas
como existentes. Esta clasificación se realizó en virtud del
trato impositivo diferenciado que se aplicó. A los campos
existentes se aplicó una regalía del 50% de la producción y a
los campos nuevos una de sólo 18%.[11] Esto se hizo para alen-
tar a las empresas extranjeras a invertir en exploración y aumentar la producción de gas y petróleo boliviano.

Las regalías que pagaban los campos nuevos fueron muy
inferiores en comparación no sólo a las que aportaban los
campos existentes, sino también a las que prevalecieron anteriormente. Antes de la capitalización YPFB pagaba como
regalías el 31% de su producción; sin embargo, por ser una empresa estatal, este porcentaje podía ser incrementado, como
efectivamente sucedió desde el inicio de la crisis económica
de los ochenta hasta 1996. Además, las empresas privadas
activas en Bolivia antes de la capitalización que trabajaron
en sociedad con YPFB estaban sujetas a una regalía del 50%
sobre el valor de su producción y a un impuesto empresarial
del 40%.

Adicionalmente a las regalías, se estableció un impuesto
especial suplementario para la industria petrolera del 25% del
valor de producción que debía aplicarse a niveles extraordi-
narios de ganancias que pudieran surgir si los precios alcanzaban niveles altos y/o si había un alza significativa en los

[11]Las regalías de los campos existentes se distribuían de la siguiente forma: 11%
se destinaba al departamento donde se realizaba la producción, 1% iba para los
departamentos de Beni y Pando (los más pobres del país), 32% era dirigido al
Tesoro General de la Nación (TGN), 6% se destinaba a cubrir el presupuesto
administrativo de YPFB. Las regalías de los campos nuevos, por su parte, se
distribuyeron así: 11% se destinaba al departamento donde se realizaba la producción, 1% iba para los departamentos de Beni y Pando, 6% era dirigido a cubrir el
presupuesto administrativo de YPFB. En consecuencia, la diferencia estribaba en
el 32% que los campos nuevos dejaban de pagar al TGN.

niveles de producción. Este impuesto se denominó Surtax, y fue creado para compensar al Tesoro por la pérdida de 32% de sus regalías bajo la clasificación de reservas nuevas en caso que las empresas petroleras tengan estas ganancias extraordinarias. Comparando con otros países, McGuigan señala que el Surtax boliviano de 25% es relativamente modesto, ya que en Noruega y en el Reino Unido este impuesto especial fue una fuente mayor de ingresos estatales gracias a que se fijó una tasa del 50 y del 75% respectivamente. Sin embargo, esta comparación carece de sentido si tomamos en cuenta que hasta 2004 el Surtax no fue pagado por ninguna empresa, lo que demuestra la escasa supervisión y regulación que existe sobre las empresas petroleras.

Es en estas condiciones que a finales de 1996 se llevó a cabo el proceso de capitalización de YPFB y las siguientes empresas adjudicatarias empezaron a operar en 1997: Amocco (que adquirió la empresa Chaco y que después fue absorbida por British Petroleum), YPF-Pérez-Pluspetrol (consorcio después absorbido por Repsol-YPF y que operó la empresa Andina), y Enron-Shell (que se adjudicó la empresa Transredes).

7. Resultados de la capitalización de hidrocarburos

Para evaluar los resultados que arrojó la capitalización de hidrocarburos debemos, en primer lugar, analizar la contribución de este sector al Tesoro General de la Nación. Ya se ha señalado que hasta 1996 YPFB fue obligada a entregar al TGN el 65% de sus ingresos, lo que convirtió al sector hidrocarburífero en el más importante en términos fiscales para el Estado. Es así que entre 1990 y 1996 el 46% de los ingresos corrientes del Estado en promedio provenían de YPFB. Luego de la capitalización la importancia de este sector para el Tesoro disminuyó ostensiblemente, debido a la disminución de las regalías que se exigía en la Ley 1689 a las empresas petroleras que comenzaron a operar en Bolivia y a que ninguna de ellas pagó el Surtax, impuesto con el que se pretendía com-

pensar al TGN por la reducción en sus ingresos petroleros.
Es así que entre 1997 y 2006 los hidrocarburos sólo contribuyeron en promedio con el 17.4% de los ingresos corrientes del
TGN, lo que significó una enorme brecha que tuvo que ser
cubierta principalmente por impuestos al consumo.

En cuanto a su participación en las exportaciones, se puede
afirmar que los hidrocarburos han tenido un comportamiento cíclico desde antes de la capitalización a la fecha, habiendo pasado por fases en que se constituyeron en el principal
sector exportador (1982-1987) y también por períodos en los
que su aporte a las exportaciones fue especialmente pobre
(1993-1999). Sin embargo, a partir de 2000 se produjo un boom
exportador de hidrocarburos gracias al inicio de venta de gas
natural a Brasil, por lo que este rubro se constituyó desde
2004 (y debido también a que en ese mismo año se firmó
un contrato de venta de gas natural a Argentina) en el más
importante dentro de las exportaciones, al punto que en 2005
y 2006 la mitad de lo exportado provenía del sector hidrocarburífero. Este auge tuvo un gran impacto positivo en el valor
de las exportaciones bolivianas, las que empezaron a crecer
sostenidamente (y también a depender) de la exportación de
hidrocarburos, como a continuación se muestra.

Gráfico 3
Exportaciones totales y exportación de hidrocarburos
(en millones de dólares)

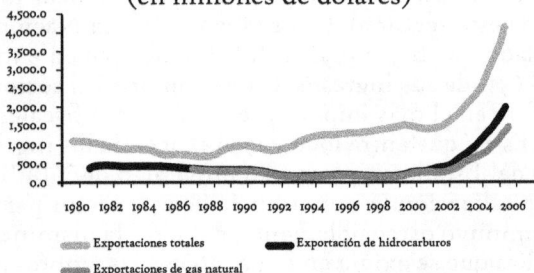

Fuente: Udape, 2007

Estos datos guardan estrecha relación con el crecimiento

experimentado por el rubro de hidrocarburos, ya que de un crecimiento anual promedio de 0.72% entre 1981 y 1996 (antes de la capitalización), el sector disfrutó un crecimiento promedio anual de 9.15% entre 1997 y 2006 (después de la misma). Es decir, antes de la capitalización los hidrocarburos crecían menos que la economía en su conjunto (que entre 1981 y 1996 creció en promedio al 1.66% anual), y después de la misma crecieron mucho más que la economía nacional (que entre 1997 y 2006 creció en promedio al 3.26% anual) ¿Esto significa que los hidrocarburos son los responsables del mejor desempeño económico en el período posterior a la capitalización?

Esta pregunta no se puede responder ni afirmativa ni negativamente debido al corto período de tiempo que ha transcurrido desde el inicio del *boom* exportador gasífero, pero evidentemente en los últimos años ha habido un mayor dinamismo tanto de los hidrocarburos como de la economía en su conjunto. Esto se debe a que tanto los precios como los volúmenes de exportación de gas natural han tendido al alza. Aunque el gas natural no exhibe un incremento en su precio tan importante como el petróleo, vale la pena tomar en cuenta que en el momento de la capitalización se cobraba 1.2 dólares por cada mil pies cúbicos de gas natural y en diciembre de 2006 el precio promedio era de 4.4 dólares. En cuanto a la cantidad exportada, se observa que en 2006 se exportó 5.6 veces más gas natural de lo que se exportaba al momento de la capitalización.

Los incentivos impositivos otorgados a las empresas extranjeras luego de la capitalización tuvieron el efecto esperado, ya que éstas emprendieron una intensa actividad de exploración. Es así que de un nivel de reservas de gas natural de 5.69 TPC al momento de la capitalización, en 2003 se certificaron 54.9 TPC, cifra que colocó a Bolivia en el segundo lugar en Latinoamérica (sólo Venezuela se ubica por delante) en cuanto a reservas de gas. Actualmente el nivel de reservas se ubica en 48.7 TPC.

El conjunto de datos exhibidos distan de ser exhaustivos,

pero proporcionan una buena idea del dinamismo que han
tenido los hidrocarburos en el período posterior a la capitalización. Las exportaciones de hidrocarburos (en especial
de gas natural) han aumentado ostensiblemente, el sector ha
crecido de forma importante, los precios cada vez son más
favorables, y las reservas se han incrementado de forma tal
que la planificación de proyectos de exportación y de industrialización de largo plazo se ha hecho cada vez más viable.
A pesar de que todo este dinamismo acompaña un mejor desempeño de la economía nacional boliviana, el Estado boliviano se ha beneficiado, en términos fiscales, muy poco de la
mayor producción hidrocarburífera. Como se ha visto, hoy
en día el sector petrolero es mucho menos importante para el
Tesoro de lo que era antes de la capitalización, lo que indica
que los términos del negocio entre el Gobierno boliviano y
los inversionistas no tenían ventajas notables para Bolivia.
Ello ha generado, en los principales actores políticos no partidistas, la percepción de que la explotación de las reservas
de gas descubiertas no beneficia a la mayoría de la población, ya que serán aprovechadas únicamente por las empresas extranjeras que operan en Bolivia.[12] Por este motivo, las
impugnaciones al proceso de capitalización en los primeros
años de este siglo han sido continuas y han provocado entre
2003 y 2006 un clima de inestabilidad política extrema.

8. La Guerra del Gas y la demanda de nacionalización

En 2003 el gobierno de Gonzalo Sánchez de Lozada anunció la implementación de un proyecto de exportación de gas
natural a Estados Unidos a través de territorio chileno. Este

---

[12]Las empresas petroleras que actualmente realizan actividades en Bolivia son
las siguientes: Repsol-YPF, Bristish Gas Corporation, British Petroleum, Dong
Won Corporation, PAE E&P, Matpetrol, Petrobras, Petrolex, Pluspetrol, Tec-
petrol, Total, Maxus, Canadian Energy, y Vintage Petroleum. De todas estas
empresas, las más importantes para Bolivia son Repsol-YPF y Petrobras. En 2005
Repsol-YPF produjo el 38% del total de petróleo y el 21% del total de gas, y Petrobras produjo el 40% del petróleo y el 58% del gas, es decir, ambas empresas se
reparten cerca del 80% de la producción de gas y petróleo en Bolivia.

anuncio no fue bien recibido por la población, y los principales actores políticos no partidistas (sindicatos, campesinos, estudiantes, comités cívicos) se dispusieron a resistir la medida en las calles. Esta reacción se debió principalmente a dos motivos: 1) el fuerte resentimiento boliviano hacia Chile producto de la pérdida de la salida al mar con este país en la Guerra del Pacífico de finales del siglo XIX, 2) la percepción de que este proyecto generaría ganancias millonarias a las empresas extranjeras involucradas (y a los políticos que estaban facilitando el negocio) y no reportaría beneficios para la población. El resultado fue un enfrentamiento violento (que fue denominado Guerra del Gas) entre el ejército y los manifestantes en las ciudades de La Paz y El Alto, que provocó más de sesenta muertos y centenares de heridos en octubre de 2003. En vista de que el conflicto y la violencia tendían a empeorar, Sánchez de Lozada y algunos de sus ministros tuvieron que renunciar y huir del país. El sucesor en la presidencia fue el vicepresidente, Carlos Mesa, quien no tuvo más que ceder a la presión social y aceptar el conjunto de demandas de los sectores movilizados, entre las cuales se encontraban la nacionalización de los hidrocarburos.

Para dar mayor legitimidad a la medida, Mesa convocó en julio de 2004 a un referéndum nacional con el objetivo de que el conjunto de la población ratifique la voluntad de nacionalizar los hidrocarburos. En dicha consulta se hicieron las siguientes preguntas:[13]

1. ¿Está usted de acuerdo con la abrogación de la Ley de Hidrocarburos N° 1689 promulgada por Gonzalo Sánchez de Lozada?

2. ¿Está usted de acuerdo con la recuperación de la propiedad de todos los hidrocarburos en boca de pozo para el Estado boliviano?

3. ¿Está usted de acuerdo con refundar YPFB recuperando la propiedad estatal de las acciones de los bolivianos en

---

[13] El referéndum sobre el gas incluyó cinco preguntas. La que no incluimos aquí es irrelevante para analizar la política de hidrocarburos, ya que tiene que ver con la posibilidad de utilizar el gas para acceder a una salida al mar.

las empresas petroleras capitalizadas, de manera que pueda participar en toda la cadena productiva de hidrocarburos?

4. ¿Está usted de acuerdo con que Bolivia exporte gas en el marco de una política nacional que cubra el consumo de las bolivianas y bolivianos, fomente la industrialización del gas en territorio nacional, cobre impuestos y/o regalías a las empresas petroleras llegando al 50% del valor de producción de gas y petróleo a favor del país; destine los recursos de la exportación e industrialización del gas principalmente para educación, salud, caminos y empleos?

Analizando una por una las preguntas, resulta obvia la inclusión de la primera, ya que para emprender una reforma radical se deben abrogar las disposiciones que daban respaldo al orden de cosas anterior. La segunda pregunta requiere una explicación más detallada. La Ley 1689 señalaba que "quienes celebren contratos de riesgo compartido con YPFB para la exploración, explotación y comercialización de hidrocarburos adquieren el derecho de prospectar, explotar, extraer, transportar y comercializar la producción obtenida". Bajo esta reglamentación, el Estado boliviano había dejado de tener capacidad de influencia en cualquier ámbito de la producción de hidrocarburos, aun cuando constitucionalmente éstos son de dominio directo del Estado. En consecuencia hubo un gran debate sobre lo que significa "nacionalizar". Por un lado, había quienes sostenían que esta medida no era necesaria debido a que la Constitución estipula la propiedad estatal sobre los recursos naturales, por otro existían sectores que señalaban que la nacionalización implicaba la expropiación sin indemnización de los campos petroleros operados por las empresas extranjeras y, finalmente, la visión del gobierno de Mesa era que los hidrocarburos son de propiedad estatal en su estado natural, es decir en el subsuelo, y que al extraerlos la Ley 1689 le otorgaba la propiedad de los mismos a las empresas, motivo por el cual se inclinó por proponer la recuperación de la propiedad de los hidrocarburos en boca de pozo, es decir en el lugar donde son medidos el petróleo, el gas natural, el gas licuado de petróleo y demás hidrocarburos resultantes de la explotación en el campo, después que los mismos han sido adecuados para ser transportados. Es así que en la perspectiva del gobierno nacionalización significaba recuperación de los hidrocarburos en boca de pozo.

La tercera pregunta tiene que ver con el hecho de que en la capitalización se estipuló que los dividendos de las capitalizadas debían ser invertidos y administrados como fondos de pensiones en beneficio de todos los bolivianos que al 31 de diciembre de 1995 habían cumplido por lo menos 21 años. Con este monto de dinero a partir de 1997 se pagó un bono anual (denominado Bonosol) a todos los ancianos mayores de 65 años de aproximadamente 200 dólares. A través de esta pregunta se pretendía utilizar estos dividendos como capital para que YPFB vuelva a participar en la producción de hidrocarburos, lo que además implicaba la desaparición del Bonosol.

La cuarta pregunta estaba dirigida a conseguir la aprobación social para exportar gas natural (que fue lo que provocó la guerra del gas) siempre y cuando se asegure un mayor monto de impuestos y regalías (máximo 50% del valor de la producción) a las empresas extranjeras en favor del Estado. En esta pregunta se incluyó demagógicamente que los recursos de exportación irían para educación, salud, caminos y empleos simplemente para asegurar la aprobación de la misma.

Los resultados del referéndum fueron ampliamente favorables al gobierno, puesto que todas las preguntas propuestas recibieron el respaldo mayoritario de los votantes. Con este respaldo, Carlos Mesa se dispuso a aprobar una nueva ley de hidrocarburos, motivo por el cual fue forzado a renunciar a la presidencia en un nuevo episodio de convulsión social y crisis política organizado por los sectores que rechazaban cualquier medida que no implicara la expropiación sin indemnización de las empresas petroleras que operan en Bolivia. No obstante, en abril de 2005 el Congreso aprobó una nueva Ley de Hidrocarburos (Ley 3058) que contenía gran parte de las iniciativas presentadas por Carlos Mesa en el referéndum de 2004.

La Ley 3058 elimina la diferencia entre reservas existentes y nuevas que introdujo la Ley 1689 y aplica una regalía del 18% del valor de la producción a todas las reservas (este nivel de regalías se aplicaba anteriormente sólo a las reservas nuevas). Adicionalmente, se elimina el Surtax y se incluye un impuesto (Impuesto Directo a los Hidrocarburos-IDH) del 32% sobre el valor de la producción, lo que hace que en la práctica el IDH opere como una regalía.[14] Es así que el pago sobre el valor de la producción llega al 50%, lo que sin duda beneficia las arcas del Estado en comparación a la situación anterior. Con esto se dio respuesta a la pregunta 4 del referéndum.

Respecto a la propiedad de los hidrocarburos, la Ley 3058 señala: "Por mandato soberano del pueblo boliviano, expresado en la respuesta a la pregunta número 2 del Referéndum Vinculante de 18 de julio de 2004, se recupera la propiedad de todos los hidrocarburos en Boca de Pozo para el Estado Boliviano". Este hecho dejó inconformes a muchos sectores que demandaban la expropiación sin indemnización. Además, dicha ley estableció la refundación de YPFB "recuperando la propiedad estatal de las acciones de los bolivianos en las empresas petroleras capitalizadas, de manera que esta empresa estatal pueda participar en toda la cadena productiva de los hidrocarburos". Con ello se dio respuesta a la pregunta 3 del referéndum.

Analicemos un poco el contenido de la Ley 3058. Resulta obvio que con los dividendos de las empresas capitalizadas YPFB no puede participar en la producción de hidrocarburos, ya que para la exploración y explotación de los mismos se requieren miles de millones de dólares, capital que esta empresa no posee incluso siendo destino de los dividendos señalados. Por ello, la nueva ley establece que el principal rol de YPFB será el de agregador, vendedor y administrador en

---

[14]Se utilizó este mecanismo debido a que en los contratos firmados con las empresas extranjeras en 1996 se prohibió al Gobierno boliviano efectuar cambios en las regalías.

Contratos de Exportación de Gas Natural, y que las empresas productoras que obtengan mercados de exportación de Gas Natural por negociación directa, establecerán con YPFB la asignación de volúmenes correspondientes para la agregación. Ello significa que las empresas extranjeras seguirán operando en Bolivia, y que el papel del Estado será fiscalizar y controlar las operaciones privadas. Esto no es ni malo ni bueno, y el resultado final dependerá de la eficacia con la que el Estado ejerza esta labor.

¿Por qué el gobierno de Mesa no se animó a expropiar las empresas extranjeras que operan en Bolivia? McGuigan (2007) señala que se debió a la presión que ejercieron el FMI y el gobierno de Estados Unidos. Según esta autora, Bolivia habría firmado ciertas garantías en la quinta revisión de su programa *Stand-By* con el FMI a inicios del 2005, que incluían un compromiso general de mantener un marco atractivo para los inversionistas extranjeros y respetar los contratos firmados con las petroleras. Por otro lado, sostiene que el ex embajador de EE.UU. en Bolivia, David Greenlee, habría afirmado que una revisión del régimen de hidrocarburos —en particular, en dirección de la nacionalización— acarrearía "problemas serios" para el país y "tendría consecuencias". A estas presiones se sumaron las empresas que operan en Bolivia, las que participaron en reuniones con ministros e hicieron llegar informes sobre el tema al Congreso. Dichas empresas incluso se opusieron a la Ley 3058 alegando que era una norma confiscatoria que iba a desalentar nuevas inversiones, por lo que amenazaron con retirar sus inversiones del país y recurrir a los juzgados comerciales internacionales para resolver disputas.

Considero que sin duda hubo presiones externas para que el gobierno no expropie a las empresas petroleras, pero es también realista suponer que de haberse producido la expropiación, el Estado boliviano no habría podido explotar los hidrocarburos, ya que no tiene capacidad financiera para ello. Por ambos motivos, la solución adecuada fue efectivamente la que se tomó: incrementar los aportes económicos al te-

soro por parte del sector petrolero al tiempo de garantizar
una adecuada fiscalización y las condiciones para que estas
empresas continúen operando. La validez de esta afirmación
será evidenciada en el último epígrafe de este documento
cuando analicemos por qué Evo Morales optó por continuar
con la política de hidrocarburos marcada en la Ley 3058.

9. La Nacionalización de hidrocarburos del gobierno de Evo Morales

En el plan de gobierno que presentó Evo Morales para lanzar
su candidatura presidencial en 2005 se señala que es necesaria "la nacionalización efectiva de los hidrocarburos", y que
en caso de que el MAS se constituya en gobierno "el Estado
recuperará la propiedad de la producción de todos los hidrocarburos (gas natural, petróleo y condensados)". Esto significa que en la perspectiva del Movimiento al Socialismo las
medidas adoptadas por la Ley 3058 no implicaron una verdadera nacionalización de hidrocarburos. Pocos meses después
de asumir la presidencia, y cumpliendo con su compromiso
preelectoral, Morales emitió el Decreto Supremo 28701 de
Nacionalización de los hidrocarburos, que en sus partes relevantes establece lo siguiente:

1.   Se nacionalizan los recursos naturales hidrocarburí-
feros del país. El Estado recupera la propiedad, la posesión y
el control total y absoluto de estos recursos.
2.   A partir del 1 de mayo del 2006, las empresas petroleras que actualmente realizan actividades de producción de
gas y petróleo en el territorio nacional están obligadas a entregar en propiedad a Yacimientos Petrolíferos Fiscales Bolivianos YPFB, toda la producción de hidrocarburos.
3.   YPFB, a nombre y en representación del Estado, en
ejercicio pleno de la propiedad de todos los hidrocarburos
producidos en el país, asume su comercialización, definiendo
las condiciones, volúmenes y precios tanto para el mercado
interno, como para la exportación y la industrialización.

4. Durante el período de transición, para los campos cuya producción certificada promedio de gas natural del año 2005 haya sido superior a los 100 millones de pies cúbicos diarios, el valor de la producción se distribuirá de la siguiente forma: 82% para el Estado (repartido de la siguiente manera: 18% de regalías y participaciones, 32% de Impuesto Directo a los Hidrocarburos IDH y 32% a través de una participación adicional para YPFB), y 18% para las compañías (que cubre costos de operación, amortización de inversiones y utilidades).

5. Para los campos cuya producción certificada promedio de gas natural del año 2005 haya sido menor a 100 millones de pies cúbicos diarios, durante el período de transición, se mantendrá la actual distribución del valor de la producción de hidrocarburos.

6. Se transfieren en propiedad a YPFB, a título gratuito, las acciones de los ciudadanos bolivianos que formaban parte del Fondo de Capitalización Colectiva en las empresas petroleras capitalizadas.

Como puede advertirse, el decreto de nacionalización de Morales se basa en la Ley 3058 aprobada en el gobierno de Carlos Mesa. A pesar del *show* montado por el MAS durante la emisión de dicho decreto (se desplegaron tropas militares en los campos petroleros, y sobre los logotipos de algunas empresas petroleras se pusieron letreros que decían "Nacionalizado, propiedad de los bolivianos") y de lo que estipula su punto 1, lo cierto es que el D.S. 28701 refrenda el rol de YPFB de agregador, vendedor y administrador en Contratos de Exportación de Gas Natural establecido en la Ley 3058. Demás está decir que este decreto no estipula la expropiación de los activos de las empresas petroleras extranjeras, y que también refrenda los porcentajes de regalías y de impuestos que se estableció en la Ley 3058. Adicionalmente, en el punto 6 se advierte que se reafirma lo señalado por dicha ley en lo relativo al capital que se utilizará para la refundación de YPFB (que provendrá de los dividendos de las capitalizadas). Tan sólo el punto 4 ofrece una novedad, al establecer que en los campos en los que existe una gran producción de gas natural (que en Bolivia son dos) el Estado recibirá el 82% del valor de la producción durante el período de transición. Esto significa que una vez firmados nuevos contratos con las petroleras, los niveles de regalías e impuestos de estos campos vuelven a los niveles fijados por la Ley 3058. Sin duda, la inclusión de este artículo fue una estrategia del gobierno para presionar a las empresas a ajustarse a las normativas de la ley señalada.

Algo que logró el Decreto de Nacionalización y que no había conseguido la Ley 3058 fue forzar a las empresas petroleras a suscribir nuevos contratos por medio de los cuales se obliguen a pagar los nuevos niveles de regalías e impuestos. Sin duda, con este decreto se ganó eficacia, pero no se inició un nuevo camino ni se rectificaron las políticas de hidrocarburos fijadas en la ley señalada. Es así que bien se puede afirmar que ambas normativas son complementarias.

El verdadero carácter de la nacionalización emprendida por Morales no ha sido pasado por alto, es así que el CEDLA[15] (2006) señala que bajo la superficie del discurso de nacionalización, en el fondo se encuentra la reafirmación de la política exportadora del gas natural como materia prima en poder de los consorcios multinacionales, y que esta medida no tiene nada que ver con la demanda social planteada durante los conflictos de octubre de 2003 y mayo-junio de 2005, a saber, la nacionalización entendida como expropiación sin indemnización de los activos y de las inversiones realizadas por las empresas transnacionales en el sector, asumiendo el Estado –a través de YPFB— el control total de toda la cadena de los hidrocarburos. Este hecho ha ocasionado que algunos sectores retiren su apoyo al MAS manifestando que este partido habría traicionado al pueblo. ¿Por qué Morales no se animó a expropiar los activos de las empresas petroleras y se limitó a refrendar lo estipulado en la Ley 3058?

Al igual que en el caso de Carlos Mesa, considero que Morales tuvo que sopesar los beneficios y los costos de la medida

[15] Centro de Estudios para el Desarrollo Laboral y Agrario.

que iba a tomar. Por un lado estaba sin duda la presión externa y la de las petroleras, por otro la presión de algunos sectores pidiendo la expropiación, y finalmente el hecho de que el
Estado no tiene posibilidades financieras para hacerse cargo
del negocio petrolero. Confiado en su amplio respaldo popular, optó por proseguir la política adoptada en 2005, a la que
llamó nacionalización. Además, no pudo poner otro nombre
a su medida debido a su promesa preelectoral de nacionalizar
los hidrocarburos y a la presión política de sus grupos afines
que hacía prácticamente ineludible emprender la "nacionalización". Esta explicación será ampliada a continuación.

10. Explicando la nueva política de hidrocarburos

El relato descriptivo que se ha proporcionado es muy útil
para conocer los acontecimientos ocurridos y el contenido
de las políticas adoptadas en el ámbito hidrocarburífero en
Bolivia. Sin embargo, aun no se ha proporcionado una explicación de por qué se han emprendido estas medidas a partir
de 2005. Para realizarlo, se recurrirá al institucionalismo de
elección racional, que considera que las instituciones limitan
el abanico de opciones disponibles para la acción de los actores, es decir, son limitaciones ideadas por el hombre que dan
forma a la interacción humana (North, 1993).

Si bien en este enfoque predominan los estudios que toman las instituciones como dadas o exógenas, también se
aborda por qué las instituciones toman determinada forma,
con lo que se asume que éstas son endógenas. En la explicación que ofrecemos a continuación combinamos ambas
aproximaciones debido a que los actores políticos y empresariales en Bolivia estaban insertos en un contexto en el que
pugnaban por definir el nuevo marco institucional que iba a
regir el sector hidrocarburífero (en consecuencia, se asume a
las instituciones como endógenas), pero esto lo realizaban a
su vez dentro de un entorno institucional dado.

En primer lugar, explicaremos por qué el Congreso y el
gobierno de Carlos Mesa aprobaron la Ley 3058 a pesar que

existía una fuerte presión social por nacionalizar los hidrocarburos expropiando los activos de las empresas petroleras.
Asumiremos los siguientes actores: Ejecutivo (E), Congreso
(C), empresas petroleras (EP), organismos internacionales
(OI), y sectores movilizados demandando la expropiación
de las petroleras (SM) (entre los que se encontraba el MAS).
En una dimensión política que va de izquierda a derecha representaremos las preferencias ideales de cada uno de estos
actores, asumiendo que preferirán las opciones más cercanas
a su punto ideal sobre las más lejanas. En el caso de actores
colectivos se considerará que la preferencia mostrada corresponde a la media de las preferencias de sus integrantes. Adicionalmente, se tomará en cuenta el *status quo* (SQ), el cual
continuará vigente en caso de que la mayoría de los actores
no puedan ponerse de acuerdo.

Gráfico 4
Preferencias de los actores políticos en la aprobación de la Ley 3058

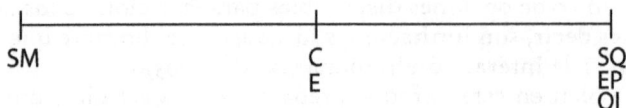

```
|-----------------+-----------------|
SM                C                 SQ
                  E                 EP
                                    OI
```

En el gráfico se aprecia que las preferencias de los sectores
movilizados que demandaban la expropiación eran completamente opuestas a las preferencias de las empresas petroleras y de los organismos internacionales que coincidían con el
status quo, el cual está caracterizado por la continuidad de las
políticas aprobadas durante la capitalización en 1996. Si bien
el Congreso y el Ejecutivo podían aprobar la nueva ley de
hidrocarburos sin tomar en cuenta las preferencias de los actores mencionados anteriormente, la viabilidad fáctica de la
misma requería el apoyo de alguno de ellos. Es así que ambos
se aseguraban una ley aplicable ya sea proponiendo una nor-

ma más próxima al punto extremo de la izquierda o bien al punto extremo de la derecha. Sin embargo, debían ser conscientes que al proponer una ley cercana a las preferencias de los sectores movilizados enfrentarían las represalias de los organismos internacionales (que se materializan a través de la disminución de créditos) y de las empresas petroleras (juicios internacionales), y en caso contrario enfrentarían la presión social y la violencia organizada por los sectores que pedían la expropiación. Por estos motivos el Congreso y el Ejecutivo se inclinaron por una salida intermedia al aprobar una ley que si bien exigía mayores impuestos a las empresas petroleras (con lo que se beneficiaba el Estado), no establecía la expropiación de sus activos e inversiones. Esta opción no fue del agrado de ninguno de los actores cuyas preferencias se encontraban en los extremos del espacio político, lo que ocasionó que el presidente se vea forzado a renunciar ante la convulsión social generada por los sectores movilizados y ante la pasividad con la que observaron estos acontecimientos las empresas petroleras y los organismos internacionales. De haberse decantado por una posición cercana a cualquiera de estos actores, éstos se hubieran encargado de defender al gobierno ante el boicot generado por cualquiera de las partes que saldría perdiendo.

Evo Morales, una vez electo presidente, se enfrentó a la ineludible tarea de nacionalizar los hidrocarburos, por lo cual debía asumir una posición al respecto. A continuación explicaremos por qué se inclinó por refrendar lo estipulado en la Ley 3058 y no por expropiar a las empresas petroleras. En este caso asumiremos los siguientes actores: Ejecutivo (E), Congreso (C), empresas petroleras (EP), organismos internacionales (OI), sectores movilizados demandando la expropiación de las petroleras (SM), y sectores afines y/o pertenecientes al MAS (MAS). De igual forma, representaremos las preferencias de cada uno de estos actores en una dimensión política que va de izquierda a derecha, y el *status quo* (SQ) representará la situación anterior a la Ley 3058 debido a que las empresas aun no habían firmado nuevos contratos y, por lo tanto, intentaban volver a la situación previa.

Gráfico 5
Preferencias de los actores políticos en
la nacionalización (D.S. 28701)

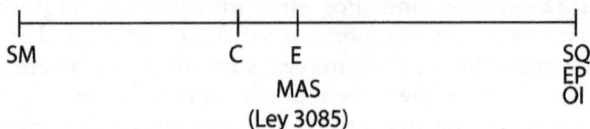

```
|-----------------|----------------|--|------------------------------|
SM                       C    E                                SQ
                                                              EP
                        MAS                                    OI
                     (Ley 3085)
```

Las posiciones de las preferencias de los sectores movilizados que demandaban la expropiación, de las empresas petroleras y de los organismos internacionales no necesitan mayor explicación, por ello nos concentraremos en explicar las preferencias del Congreso, del Ejecutivo y del MAS, asumiendo que las posiciones de estos dos últimos serán idénticas, lo que implica que el presidente goza del total apoyo de su partido.[16] No debemos pasar por alto que antes de la emisión del decreto de nacionalización de hidrocarburos ya había sido aprobada la Ley 3058, misma que se ubicaba en el centro del espacio político de preferencias. Tomando esta ley como referencia, el Congreso (que era compuesto mayoritariamente por miembros del MAS pero que en el Senado estaba en manos de la oposición) prefería una reforma petrolera ligeramente más cercana al punto ideal de los sectores movilizados de lo que se encontraba la Ley 3058, es decir, los legisladores pretendían darle su sello particular a la reforma.

---

[16]La razón por la que se incluyó en el análisis al MAS se debe a que es un partido con una gran capacidad de movilización nacional capaz de presionar la aprobación o derogación de políticas de diversa índole. El MAS, al ser un partido compuesto por decenas de organizaciones y movimientos sociales, tiene una estructura y un funcionamiento diferentes al resto de partidos, ya que toma sus decisiones en asambleas, lo que no significa que en éstas no existan manipulaciones.

Esta situación obligó a que el Ejecutivo asuma la posición media de la Ley 3058, pues de haberse ubicado a la izquierda del Congreso habría incentivado un acercamiento entre éste y las empresas petroleras, y de haberse ubicado más a la derecha de lo que estaba la mencionada ley, habría sido acusado de aprobar una medida más ventajosa a las petroleras de lo que era ya la Ley 3058. Además, consciente del respaldo de su partido y de las organizaciones afines al mismo, Morales decidió prescindir de los sectores que pedían la expropiación. De esta forma, en el punto escogido el presidente se aseguró el apoyo del MAS y del Congreso (que no tenía una preferencia más cercana que apoyar), se deshizo de los sectores radicales, y no tuvo problemas en obligar a las empresas petroleras a firmar los nuevos contratos. La clave para todo esto fue el apoyo del partido, que posibilitó que Evo Morales tome la misma decisión que Carlos Mesa, pero logrando conservar el poder. De haberse mantenido el MAS en la misma posición que los grupos movilizados que pedían la expropiación (como ocurrió durante la gestión de Mesa), el presidente habría tenido que ubicarse en un punto muy cercano a la expropiación o habría tenido que expropiar, aun cuando supiera que financieramente el Estado boliviano no podía hacerse cargo del negocio petrolero. Esto se muestra en el siguiente gráfico.

Gráfico 6
Situación hipotética I

Gráfico 7
Situación hipotética II

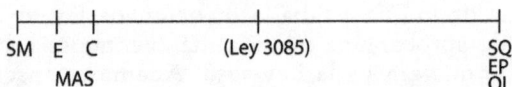

```
├──┼──┼──────────────────────────────┼──────────────────────┤
SM   E   C              (Ley 3085)                            SQ
     MAS                                                      EP
                                                              OI
```

El ejercicio realizado demuestra que, dadas las preferencias
de los actores involucrados, la posibilidad de que se produzca
una expropiación sin indemnización a las empresas petroleras
era muy remota. En consecuencia, el gobierno de Evo Morales
eligió la opción más viable políticamente (y también financieramente), que además consideró fue la más adecuada.

11. La renegociación de los precios de exportación de gas natural

En julio de 1999 empezaron las exportaciones de gas natural
a Brasil luego de 22 años de negociaciones. El contrato, firmado en 1996, contempla la venta de 7.9 TPC en 20 años, a
razón de ocho millones de metros cúbicos de gas por día en
el primer año, e incrementándose año por año hasta alcanzar
dieciséis millones de metros cúbicos de gas diarios durante
el primer mes del octavo año, para luego mantener este nivel
hasta la finalización del contrato.

Debido a la aplicación de nuevas tecnologías en el sector
energético, existe una tendencia mundial de fijación de precios
en función al poder calorífico que se genera, lo que, según Poveda y Rodríguez (2006), parece mostrar un cambio en la va-
loración de la energía que refleja el agotamiento del petróleo.
El patrón que empieza a usarse para fijar precios es la unidad
de energía llamada BTU (por su significado en inglés, British
Thermal Unit), que equivale aproximadamente a 252.2 calo-
rías.[17] En lo que respecta al gas natural, un pie cúbico del mismo

despide en promedio 1,000 BTU, aunque el intervalo de valores
se sitúa entre 500 y 1,500 BTU. En el contrato de venta de gas
natural al Brasil se establece una fórmula de fijación de precios
que, por un lado, contiene un precio base en dólares (que va
aumentando desde 0.95 en el primer año hasta 1.06 dólares en
el último año de contrato) por cada millón de BTU y, por otro,
una ponderación que promedia las cotizaciones internacionales
de petróleo (también en BTU).[18] Este precio debe ser actualizado trimestralmente, y como es lógico suponer, tiende al alza,
puesto que la cotización internacional de los precios del petróleo registra constantes incrementos y el precio fijado por millón
de BTU también va aumentando. De esta forma, entre julio
de 1999 y abril de 2007 se han registrado los siguientes precios
anuales promedio para el gas natural exportado al Brasil.

Tabla 1
Precio anual promedio del gas natural exportado al Brasil
(en dólares por millón de BTU)

Año	1999	2000	2001	2002	2003	2004	2005	2006	2007
Precio del gas	1.0070	1.5145	1.6426	1.4641	1.8554	1.9057	2.4046	3.5152	3.5180

Fuente: YPFB. www.ypfb.gov.bo/informes_tecnicos.shtml. Los datos de 2007
contemplan sólo los meses de enero, febrero, marzo y abril.

Si bien estos precios han tendido al alza, son inferiores respecto al precio del gas natural en el mercado internacional. Así
por ejemplo, Poveda y Rodríguez (2006) muestran que en abril
de 2005 el precio en boca de pozo *Henry Hub* del mercado de
Nueva York fue de 7.6 dólares por millón de BTU. Esto ha ocasionado que el gobierno de Evo Morales se plantee el objetivo
de incrementar los precios de exportación de gas a Brasil. Luego
de un proceso de negociación no exento de tensiones, el 22 de junio de 2007 los gobiernos de ambos países suscribieron un nue-

---

[17] Adicionalmente se puede señalar que un BTU representa la cantidad de energía
que se requiere para elevar la temperatura de una libra de agua, en condiciones
atmosféricas normales, en un grado Fahrenheit.
[18] A la cifra resultante debe agregarse además el costo del transporte.

vo contrato en el que se fija un aumento en el precio de venta del
gas que se establece de la siguiente forma: se pagará un precio
base de 4.20 dólares por cada millón de BTU, y a esto se sumará
la ponderación que promedia las cotizaciones internacionales
de petróleo (también en BTU). Ello significa que en la nueva
fórmula ya no opera el aumento gradual que el contrato original
estipulaba en el precio base (desde 0.95 en el primer año hasta
1.06 dólares en el último año de contrato), pero se mantiene la
ponderación que utiliza como referencia los precios internacionales. Este precio, además, debe ser actualizado anualmente.

A la exitosa experiencia de renegociación de precios con
Brasil se suma también un aumento en los precios de exportación de gas a Argentina. Al respecto, vale la pena mencionar como antecedente que Bolivia firmó su primer contrato
de venta de gas natural con este país en 1968, venta que se
hizo efectiva entre 1972 y 1999, para ser reanudada a partir
de abril de 2004. El nuevo contrato estableció un volumen de
exportación de cuatro millones de metros cúbicos diarios a
un precio base de 0.98 dólares por millón de BTU. El hecho
de que en el momento de la suscripción del contrato el precio
base de exportación al Brasil era mayor en más de un dólar
fue justificado por el gobierno de Mesa arguyendo la solidaridad con el pueblo argentino que atravesaba una crisis energética. Posteriormente, se realizó una adenda por la cual se
incrementaron los volúmenes exportados a 6.5 millones de
metros cúbicos diarios de gas. Finalmente, en junio de 2006
se volvió a modificar el contrato original fijándose un precio
base de 5 dólares por cada millón de BTU.

Debido a que Brasil y Argentina se constituyen en los únicos
mercados del gas boliviano, el incremento en los precios de exportación tiene gran importancia para el Estado, más aun considerando los aumentos en los volúmenes requeridos por estos
países. Al respecto es válido preguntar ¿cómo consiguió Bolivia
renegociar los contratos originales en términos tan ventajosos?

En mi opinión, existen dos factores que explican el éxito
boliviano en las negociaciones de precios: i) la posición ventajosa del gobierno de Morales en las negociaciones, y ii) la cer-

canía y las buenas relaciones existentes entre los presidentes de los tres países. Sobre el primer elemento, ya se señaló que un tercio del consumo brasileño de gas es proporcionado por la importación que realiza de Bolivia, que las reservas de gas de Brasil se encuentran en aguas profundas, y que los proyectos alternativos de provisión de gas desde otros países son viables sólo en el largo plazo y a precios mucho mayores que los que actualmente paga por el gas boliviano. Argentina enfrenta una situación similar, ya que su producción de gas es insuficiente para abastecer su mercado interno, sin mencionar el hecho de que también tiene compromisos de exportación de gas a Chile, que usualmente incumple. Estos factores dieron a Bolivia una ventaja negociadora que fue bien aprovechada por el gobierno, debido a la situación de cuasi-monopolio en la provisión de gas natural a los países del cono sur que lo beneficia.

Por otro lado, es innegable que las buenas relaciones de Evo Morales con Néstor Kirchner y Lula Da Silva ayudaron a firmar las modificaciones a los contratos, en especial por la alta tensión que se produjo entre los ministerios que manejaban las negociaciones en cada país. A esto también contribuyó el que actualmente en Sudamérica se viene dando un proceso de integración multidimensional, cuya expresión son la fundación del Banco del Sur o los intentos de confluencia del Mercosur y la Comunidad Andina de Naciones con miras a conformar un área mayor de integración sudamericana. No obstante, en los últimos meses del año 2007 han empezado a surgir problemas en el cumplimiento de los compromisos de exportación de gas boliviano a Brasil y a Argentina por la incapacidad técnica de aumentar los volúmenes que los nuevos contratos establecen. Ya de antemano el Gobierno brasileño ha señalado que no está dispuesto a ceder su cupo de gas a favor de Argentina, por lo que se vislumbra el inicio de nuevas negociaciones. Las buenas relaciones entre los presidentes de los tres países podrían una vez más ayudar a solucionar el *impasse*, puesto que cada vez se va haciendo más claro que sin el apoyo de inversión a Bolivia, este país no estará en condiciones de cumplir con los suministros de gas necesarios para el desarrollo económico de

Argentina y Brasil, lo que significaría que brasileños y argentinos decidan realizar inversiones en territorio boliviano para
abastecerse de gas. Si el gobierno de Evo Morales aprovecha
una vez más su posición ventajosa, esto puede dar aún mayores beneficios a Bolivia, país que por primera vez parece estar
sacando réditos de su dotación de recursos.

Bibliografía

CEDLA (2006), "Legitimando el orden neoliberal: 100 días de gobierno de Evo Morales". Documento en línea disponible desde Internet en:
<www.cedla.org>

Lozada, Blithz y Marco Saavedra (1998), *Democracia, pactos y élites. Ge-
nealogía de la gobernabilidad en el neoliberalismo*. La Paz: UMSA.

MAS (2005), *Programa de gobierno. Bolivia digna, soberana y productiva*. Documento en línea disponible desde Internet en: <www.cne.org.bo>.

McGuigan, Claire (2007), *Los beneficios de la inversión extranjera: ¿cuáles fueron sus resultados en el sector de petróleo y de gas en Bolivia?* La Paz: CEDLA.

North, Douglass (1993), *Instituciones, cambio institucional y desempeño económico*. México: FCE.

Pendleton, Andrew; Melby, Judith; Stuart, Liz; Davison, John and Bishop,
Sue (2003), *Fuelling Poverty: Oil, War and Corruption*. Christian Aid.

Poveda, Pablo y Álvaro Rodríguez (2006), *El gas de los monopolios. Análisis
de la política de hidrocarburos en Bolivia*. La Paz: CEDLA.

Rivera, Silvia (2003), *Oprimidos pero no vencidos. Luchas del campesinado
aymara y quechua 1900-1980*. La Paz: HISBOL.

Torrico, Mario (2006a), "¿Qué ocurrió realmente en Bolivia?" *Perfiles
Latinoamericanos* No 28. FLACSO-México.

Torrico, Mario (2006b), "El triunfo de Evo Morales: una visión histórica". *Istor No 25*. CIDE, México.

UDAPE (2005), "Estructura del sector hidrocarburos 2005." La Paz: mimeo.

UDAPE (2007), *Dossier de estadísticas sociales y económicas*. La Paz: UDAPE.

U.S. Department of Energy (2006), *Annual Energy Outlook*. Washington
D.C. EIA.

Weingast, Barry (2002), "Rational-Choice Institutionalism" en Ira
Katznelson y Helen V. Milner (Eds.) (2002), *Political Science: State of the
Discipline*. New York: American Political Science Association.

La negociación de la deuda argentina 2003-2005: navegando entre poderosos

por

Daniel Vázquez Valencia.

La negociación de la deuda argentina 2003-2005: navegando entre poderosos

Luis Daniel Vázquez Valencia

1. El andamiaje institucional y sus usos: el poder estructural del mercado

Cuando se piensa en institución normalmente se identifica alguna oficina u organismo gubernamental y, con suerte, alguna práctica que se realiza dentro de esos espacios. Incluso algunas de las corrientes de análisis institucionales únicamente observan la estructuración del gobierno como es el caso del institucionalismo de la acción racional o el institucionalismo empírico. Sin embargo, las instituciones no sólo pertenecen al sector público, y además no necesariamente son organismos u oficinas. Tan pronto las instituciones son pautas esperadas de acción a partir de reglas, valores normativos o rutinas, las instituciones existen tanto en el sector público como privado y son, además de entes, acciones de esos entes o acciones realizadas en el interior de dichas entidades. Cuando estas pautas de acción o rutinas se encuentran reglamentadas en las leyes se trata de instituciones formales; en cambio, cuando las reglas, valores o rutinas no están en las leyes serán instituciones informales. De esta forma, no sólo los gobiernos tienen o son instituciones: la sociedad toda se encuentra estructurada por instituciones formales e informales.

En las siguientes páginas analizaremos la estructuración institucional del mercado a partir del análisis de sus recursos políticos para influir en la toma de decisiones gubernamentales utilizando como estudio de caso la renegociación de la deuda argentina entre 2002 y 2005, recurriendo como marco teórico al análisis de la corriente politológica conocida como las dimensiones del poder para discernir qué son y cómo se distribuyen los recursos políticos del mercado.

1.1. La primera dimensión del poder y los recursos políticos del mercado

La primera dimensión del poder es mejor conocida como "pluralismo". Esta corriente tiene sus inicios en 1908 con el texto *The process of government* de Arthur Bentley; no obstante, su principal representante actual es Robert Dahl. Para los pluralistas, el poder proviene de la sociedad hacia el gobierno a partir de poderes fácticos, teniendo en cuenta la distribución de los recursos políticos. El poder es competitivo, se encuentra fragmentado en una sociedad y por ello es difuso: toda la gente tiene algún poder. El gobierno es una máquina regulada por el equilibrio de los intereses en competencia y, por ende, ningún gobierno puede dejar de responder tarde o temprano a los deseos y exigencias de los distintos intereses concurrentes.[1]

Los pluralistas crean un método que implica seleccionar una serie de decisiones clave a partir de conflictos observables, identificar a las personas que tomaron o se involucraron en la toma de esa decisión, observar las conductas de estos actores y analizar la salida del conflicto. Hay poder cuando A participa con éxito en la toma de decisiones que afecta a B (Dahl, 1961). En este sentido, el poder es identificado como el ejercicio con éxito de los recursos políticos en la toma de decisiones donde el recurso político es "un medio mediante el cual una persona puede influir en el comportamiento de otras personas; los recursos políticos incluyen, por lo tanto, el dinero, la información, los alimentos, la amenaza de aplicar la fuerza, trabajos, la amistad, la categoría social, el derecho de legislar, de votar y una gran multitud de otras cosas" (Dahl, 1963: 23).[2] La estructuración social de estos recursos

---

[1] No hay que pasar por alto que esta es sólo una forma de entender la estructuración de la sociedad, mas no la única. El pluralismo dialoga y confronta al elitismo (particularmente al de Wrigth Mills) y al corporativismo.

[2] El pluralismo admite que hay una desigual o irregular distribución de los recursos políticos. El punto principal a distinguir en ésta es de tipo acumulativo o no acumulativo. El caso clásico de recursos acumulativos son las sociedades agrarias donde la tierra de un hombre determina no sólo su riqueza sino también

políticos es lo que los convierte en instituciones. Cada vez que nos referimos a un recurso político estamos hablando de una institución entendida como pauta de conducta estructurada en la sociedad y muchas veces establecida como derecho en las leyes.

Ahora bien, las grandes empresas transnacionales cuentan con recursos políticos para actuar en la economía sobre otras empresas y en la política sobre el gobierno. Daremos relevancia a estos últimos. En el marco de la primera dimensión del poder los recursos políticos del capital para influir en la toma de decisiones gubernamentales son: 1) la entrada, no entrada y salida de capitales que conlleva; 2) la dependencia estatal al capital (recaudación y deuda); 3) la dependencia social al capital (empleo, inflación, salario y pobreza). Evidentemente, el tema de renegociación de la deuda involucra de forma directa al segundo recurso político mencionado.

Uno de los elementos que distinguen al capitalismo es que la inversión es financiada principalmente por la ganancia a la par que el capital cuenta con la capacidad de decidir el lugar y momento de la inversión y la salida de la misma; el derecho de propiedad supone la capacidad jurídica para invertir en el país y en la empresa que nos plazca a partir de los réditos que la misma ofrezca y supone también la capacidad de retirar la inversión en cualquier momento así como cambiarla a dólar, euro o cualquier otra moneda. Esto otorga tres posibilidades de acción: entrada, no entrada y salida del capital.

Ahora bien, cuando digo que la inversión es un recurso político del capital no quiero decir que los inversores necesariamente 1) sean conscientes de ello; 2) inviertan a partir de criterios estrictamente políticos. El proceso de entrada, no entrada y salida de capitales puede variar por razones económicas, políticas y por una combinación de ambas.[3] Podemos

su categoría social, sus oportunidades de educación y sus habilidades políticas, administrativas y militares (Dahl, 1963: 102). Puede haber sociedades donde la desigualdad de recursos sea no-acumulativa extendiendo la esfera decisional y haciendo entrar a una mayor variedad de partidos e intereses de forma tal que la gente que se encuentra en desventaja con respecto a un recurso sea compensada por el control de algún otro.

suponer que cuando en el poder encuentra gobiernos pro-
clives al capitalismo neoliberal las variaciones de inversión
tendrán su principal razón en causas económicas como: la
falta de competitividad inherente al propio Estado que no
empata la tasa de ganancia esperada con las expectativas
del inversor o por causas económicas y externas (cambios
de flujos de capital que encontraron mejores refugios). En
cambio, cuando se trata de gobiernos adversos al capitalismo
neoliberal, uno podría suponer que las razones de variación
de la inversión son político-económicas como: generación de
riesgo a la inversión total o generación de riesgo a la tasa de
ganancia. El punto a subrayar es que el análisis se centra en
las consecuencias de la entrada, no entrada y salida de capitales en la toma de decisiones gubernamentales independientemente del motivo por el cual el inversor decidió entrar,
mantenerse o salir.

De la inversión y reactivación económica depende, en parte, la recaudación estatal.[4] Junto a ésta tenemos el acceso a
capitales a través de la adquisición de deuda ya sea mediante
emisión de bonos, contratando deuda con la banca internacional o mediante empréstitos de organismos multilaterales
o de otros Estados. Uno de los elementos que forman parte
de la deuda es la tasa de interés. Tanto la recaudación como
la deuda determinan los ingresos y, con ellos, mucho de la
capacidad de acción del Estado.

También, hay una dependencia social al capital que nace
en la inversión y se transforma en empleo, salarios y estabilidad económica. Una segunda faceta son los usos que da

---

[3]No debo pasar por alto que la economía tiene reglas y lógicas inherentes al propio mercado; en este sentido, distintos autores dan diversas razones desde la economía para explicar la internacionalización de la inversión como son: *el resource
seeking, market seeking, el efficiency seeking y el strategic asset seeking* (Chudnovsky,
1999). A la par que hay múltiples factores que explican y determinan la inversión
tanto de competencia entre empresas como de infraestructura, mercados cerca-
nos y mercado interno del país receptor (Chudnovsky, 1999 y Kosacoff, 1999).
[4]La capacidad de recaudación incluye muchos otros factores como la organización estatal para el cobro impositivo, la capacidad de supervisión e incluso la
estructura impositiva, elementos que en este análisis no nos interesan.

el capital a la dependencia social: 1) el hecho de que estos indicadores son los más utilizados para evaluar al gobierno en turno, pese a que dicho gobierno —en un sistema capitalista— no puede por sí solo definirlos; 2) el papel de las crisis económico-sociales para incentivar cambios extremos y súbitos, como el paso del keynesianismo al neoliberalismo durante las crisis inflacionarias y fiscales de la década de los ochenta. Es en estos momentos de crisis (con todas sus externalidades) cuando se logra generar consensos de fuga hacia delante, a la par que es en esos ambientes donde los poderes fácticos provenientes del mercado utilizan de forma directa sus recursos políticos prometiendo adelantar recursos fiscales o traer recursos frescos para invertir frente al escenario de crisis fiscal o económica.

1.2. La segunda dimensión del poder: el mantenimiento de las instituciones

La teoría pluralista fue complementada por una segunda dimensión del poder proveniente del texto de Bachrach y Baratz (1962), intitulado "The Two Faces of Power". El principal aporte de la segunda dimensión es que si bien es cierto que el poder se manifiesta mediante la participación en la toma de decisiones, ésta no es su única expresión. También hay ejercicio del poder cuando A gasta energía para crear o reforzar los valores políticos y sociales o las prácticas institucionales formales y gubernamentales que limitan la agenda de los temas políticos, es decir limitan el alcance de la adopción de decisiones a problemas relativamente inocuos. Esta segunda dimensión del poder es excluida por Dahl; la formulación de no decisiones se logra a través de sanciones positivas o negativas o por la invocación de tendencias o reglas de juego existentes. En consecuencia, se deben analizar tanto la toma de decisiones como de no-decisiones: "Si B no actúa porque prevé la reacción de A, entonces no ocurre nada y tenemos un no evento, que es susceptible de verificación empírica en que las llamadas no decisiones, que

restringen el alcance de la adopción de decisiones, son, a su
vez, decisiones (observables)" (Lukes, 1974: 14). La decisión
es la adopción entre varios modos de acción alternativos
mientras que la no decisión es la frustración o supresión
de un reto latente o manifiesto a los valores o intereses de
quien adopta la decisión. En este segundo caso, las demandas
de cambio y beneficio son incluso sofocadas antes de ser
articuladas y representan conflictos observables encubiertos
porque fueron impedidos de actualizarse.

Así, la segunda dimensión del poder se manifiesta bajo la
forma de no-decisión a través de los temas que quedan fuera
de la agenda porque su inclusión podría lesionar los intereses
del poderoso, en este caso el mercado. Por ejemplo, frente a
un escenario de crisis hiperinflacionaria podrían establecerse
tres salidas: una de corte socialista que implique la estatiza-
ción de los medios de producción, una de corte keynesiano a
través de un férreo control de precios, y una de tipo neoliberal que conlleve la liberalización de los precios. La supresión
de las dos primeras y el establecimiento de la tercera como
única posible y viable es una expresión del poder en su segunda dimensión. De esta forma, la agenda se construye con
aquellos temas que o son inocuos para el poderoso o son importantes porque benefician sus intereses.

La segunda dimensión del poder analiza "las reglas del
juego", es decir los problemas existentes y potenciales refe-
ridos a conflictos observables –abiertos o encubiertos– por lo
que se constituye sobre la lógica institucional formal como
un modo de expresión del poder y de los recursos políticos
de poder. En este sentido, el principal recurso de las transnacionales se establece en el planteamiento de un orden institucional capitalista fundado en la propiedad privada de los
medios de producción como principal vía generadora de no-
decisiones, es decir la no mutabilidad de este orden institucional o la no generación de acciones contrarias a este orden
institucional son recursos de poder que aparecen como no-
decisiones.

1.3. La tercera dimensión del poder: la competitividad como valor de cohesión social

Finalmente, la tercera dimensión del poder analiza la toma de no decisiones mediante la apropiación de la manifestación de cualquier conflicto. Para los pluralistas los intereses siempre son observables; de hecho, rechazan la idea de que las personas puedan estar equivocadas acerca de sus propios intereses o ser inconscientes de ellos. El enfoque bidimensional avanza en este punto cuando observa una posibilidad de ejercicio del poder en las no-decisiones, pero sigue estando apegada al análisis del comportamiento efectivo a partir de la asociación del poder con el conflicto observable (Lukes, 1974: 19 y 22). Sin embargo, puede haber situaciones en donde no haya un conflicto observable, como la manipulación y la autoridad, pero de cualquier forma haya un ejercicio del poder y la vulneración de intereses reales. Así, para Steven Lukes, A ejerce poder sobre B influyendo en sus necesidades genuinas, modelándolas o determinándolas a través del control de la información, de los medios de comunicación y de los procesos de socialización e incluso este ejercicio del poder puede ser tanto consciente como inconsciente. Entonces, A ejercerá poder sobre B cuando A afecta a B de manera contraria a sus intereses reales en cualquier forma (Lukes, 1974: 23 y 67).

La idea de intereses reales puede ser observada mediante dos factores: a) la existencia de inequidades manifiestas en la distribución de valores reconocidos por los actores del sistema; b) que esas inequidades no ocasionen intentos de mejorar la influencia por aquellos que consiguen menos de esos valores. Esto implica la necesidad de especificar los medios por los cuales A ha actuado, o se ha abstenido de actuar de forma tal que prevenga que B piense o actúe distinto, y justificar que B podría haber pensado y actuado diferente.[5] Esta

---

[5] John Gaventa encuentra las siguientes posibilidades de conflictos latentes por ejercicio de poder tridimensional: 1) B tiene quejas contra A pero desiste de desafiarlo porque las concepciones de B le indican que actuar contra A es inapropiado; 2) B reconoce quejas y quiere resolverlas pero no reconoce a A como el agente responsable por toda la mistificación y legitimación que lo envuelven; 3)

tercera dimensión del poder, explica John Gaventa (1980), sugiere que el ejercicio de éste no solo se limita a las acciones bajo condiciones de inequidad sino que el poder sirve incluso para moldear las concepciones de los "sin-poder" sobre la naturaleza de las mismas inequidades. De aquí un punto importante: puede haber una sociedad que esté pluralmente organizada en su toma de decisiones pero sea elitista o dictatorial en su toma de no-decisiones.

La tercera dimensión del poder analiza problemas existentes y potenciales a partir de conflictos observables –abiertos o encubiertos– y latentes. Aquí, el elemento principal es la conformación de ideas y figuras legitimadoras que encubren el conflicto y pueden generar falsos consensos. El poder difícilmente puede ejercerse descarnadamente; es necesario un valor que lo legitime. Así, la tercera dimensión del poder se centra en la posibilidad de crear marcos de interpretación dentro de los cuales los poderes fácticos se relacionan entre sí y con el Estado. Estos marcos pueden ser aprobados y seguidos tanto de forma consciente como de forma inconsciente. Por ejemplo, las inversiones son decisiones privadas y de las inversiones dependen muchos de los indicadores que importan al gobierno (dependencia estatal y social al capital) a la par que los inversores establecen pautas conductuales racionales con carácter estratégico, es decir "los *global players* (...) buscan insaciablemente maximizar sus ganancias y los activos sociales que le permiten controlar los procesos económicos (...)" (Avaro, 2000). Para ello, requieren de individuos e instituciones que resignifiquen/produzcan/adopten la hegemonía semántica (Avaro, 2000). Esto último se logra estableciendo como principio rector de la sociedad a la competitividad; en este sentido, la competitividad es tanto un fenómeno económico como político, e incluso cultural.[6]

B reconoce quejas contra A y quiere actuar pero se ha creado en B un principio de inmutabilidad del orden por lo que no hay alternativas posibles; 4) B reconoce quejas y actúa pero sus quejas están mal concebidas, son dirigidas contra un blanco equivocado y con estrategias erróneas.
[6] En este sentido, la competitividad no se analiza como una categoría fáctica, sino simbólica. Se presenta a la competitividad frente a la sociedad como un valor de

El valor que construye la legitimación del modelo neo-liberal es la competitividad. De acuerdo con Daniel Chud-novsky (1990: 10) cuando se habla de competitividad se hace referencia tanto a las firmas domésticas como al gobierno, ya que la política macroeconómica determina variables clave como el tipo de cambio, la política de ingresos o la inflación que influyen en la microeconomía. Así, el sujeto competitivo lo es tanto el Estado como las propias firmas por lo que el fenómeno de la competitividad involucra diversas acciones voluntarias tanto del gobierno como de los agentes económicos a través de las cuales se construye la estructura de la economía. El Estado-nación se convierte en Estado en competencia (por las inversiones y el crecimiento económico) donde el papel fundamental es aplicar una política orientada a la satisfacción de las necesidades del capital global a la par que se promociona en los asalariados en particular y en la ciudadanía en general la cultura de la flexibilidad y la competencia[7] (Wannöffel, 1995). Los elementos que se analizan en los índices de competitividad son varios pero todos destinados al aumento de la tasa de ganancia con la expectativa de generar una mayor inversión, pese a no tener ningún medio de coerción que asegure ni esta inversión ni la reinversión de las utilidades. La competitividad incluye: estabilidad política y social, ritmo de crecimiento económico, tamaño del mercado doméstico, disponibilidad de recursos naturales, ni-

---

cohesión social que desplaza a la satisfacción de las necesidades básicas como la salud, la alimentación, la vivienda y la educación. La competitividad sirve como fundamento para formular la teoría de la justicia y determinar el monto y distribución del excedente social. Quien no sea competitivo no debe tener parte del excedente social. Las teorías de la justicia de Robert Nozick y David Gauthier son un ejemplo de esto.

[7]Esta es sólo una de las formas en que se ha entendido y analizado a la competitividad, sin embargo no es la única. De acuerdo con Daniel Chudnovsky (1990: 50) para el Instituto de Economía Industrial de la Universidad Federal de Río de Janeiro la competitividad internacional es la capacidad de una industria o de unas empresas de producir mercaderías con patrones de calidad específicos, requeridos por mercados determinado, utilizando recursos en niveles iguales o inferiores a los que prevalecen en industrias semejantes en el resto del mundo durante un cierto período. Esta definición acentúa el papel de la tecnología en la producción.

vel del tipo de cambio, calidad y costo de la fuerza laboral,
características de la política fiscal y de la política comercial,
reglamentación sobre los flujos de capital, infraestructura
física y tecnológica, localización geográfica, densidad del te-
jido industrial doméstico, incentivos específicos, etc. (Chudnovsky, 1999: 19).

Paralelamente al establecimiento de la competitividad
como valor de ordenación social se ha formado una compleja
red institucional de revisión y vigilancia a través de instituciones financieras ya conocidas como el Banco Mundial o
el Fondo Monetario Internacional, a las que se han sumado
instituciones como el Foro Económico Mundial que se com-
plementan con nuevas organizaciones denominadas "calificadoras" entre las cuales están: Moody's Investors Service,
Standard & Poor's, JP Morgan, Goldman Sachs, Merrill
Lynch y Fitch-IBCA entre otras. Estas empresas miden qué
sociedad es competitiva, cuál no lo es y qué debe hacer para
convertirse en competitiva: determinan la buena y la mala
política generando también un valor social. Con la mediación de estos organismos la competitividad se transforma en
un valor ordenador que pasa de la abstracción a la concreción
en medidas políticas y decisiones gubernamentales específicas.

Uno de los principales elementos de coacción de esta dimensión del poder se da por medio de la dependencia estatal
al capital, ya que estos organismos establecen indicadores
que determinan las condiciones en que se conceden y renue-
van los préstamos a los gobiernos en el mercado financiero internacional. La calificación soberana es el análisis de la
deuda estatal de bonos y títulos públicos tanto en moneda
extranjera como nacional a largo y corto plazo. A esto se
suma el conocido riesgo país que se refiere a la sobretasa que
paga un Estado deudor en la emisión de bonos en relación
con la tasa que paga Estados Unidos. Este indicador se expresa en puntos básicos donde cada 100 unidades equivalen a
1 punto de sobretasa.

1.4. El poder estructural del capital y sus limitaciones

Hasta ahora hemos visto que en un régimen económico capitalista muchas de las variables clave para un gobierno son, en buena parte, delineadas por decisiones privadas empresariales. Por esta razón, tanto Charles Lindblom (1977) como Kevin Farnsworth (2000) observan que los actores capitalistas juegan un importante papel en la toma de decisiones, tienen eficientes recursos políticos para ello, influenciando a los decisores públicos y participando directamente dentro de las instituciones estatales. En el capitalismo, las decisiones de producción y distribución, la tecnología industrial nacional, los patrones de organización, la localización industrial, la estructura del mercado, la asignación de recursos y compensaciones y el estatus ejecutivo quedan en manos de los empresarios (Lindblom, 1977: 171). De la misma forma, importantes indicadores de repercusión social dependen del capital, como el crecimiento económico, el empleo, el nivel salarial, la inflación, etc. y de repercusión directamente estatal como la deuda, las tasas de interés, la recaudación, el déficit fiscal, entre otros. Así, todos los gobiernos, independientemente de los partidos de los cuales procedan, necesitan contar con el apoyo y "confianza" de los grupos de industriales, de comerciantes y de inversionistas extranjeros y nacionales para lograr cierta inversión y crecimiento económico en sus Estados, lo que hace que esta posición privilegiada de los hombres de negocios no sea compartida por ningún otro grupo.

En principio, el cabildeo se ha establecido como una forma cotidiana de hacer llegar las demandas a los decisores y de expresar, explicitar y clarificar las posturas de los poderes fácticos. Sin embargo, las capacidades de realizar un cabildeo fructífero dependen de los recursos políticos que el poder fáctico en cuestión tenga para amagar la negociación, es decir, no sólo juega el argumento más convincente sino el recurso político más eficaz. No obstante, los recursos políticos con que cuenta el capital pueden también expresarse de

forma estructural. La habilidad estructural aparece cuando
el capital puede ejercer influencia en la toma de decisiones
sin desplegar presión de forma directa a través del cabildeo
(Farnsworth, 2000: 101). Lo cierto es que el poder de agencia
y el poder estructural usualmente se interrelacionan en su
aplicación.

A partir de lo anterior, podría pensarse que el poder del
mercado es omnímodo, pero esta es una falsa concepción.
No debemos pasar por alto que hay distintos tipos de capita-
lismos y en cada uno los recursos del capital serán gradualmente diferentes. Haciendo un exceso de simplificación tenemos tres patrones capitalistas: el neoliberalismo, la tercera
vía y el keynesianismo, que junto al capitalismo desarrollado
o subdesarrollado, nos permiten construir la siguiente matriz.

Cuadro 1.Distintos tipos de capitalismo			
	Keynesianismo	Tercera Vía	Neoliberalismo
Desarrollado	Noruega, Suecia, Alemania, Inglaterra (pre Tatcher).	Estados Unidos (Clinton); Inglaterra (Blair)	Estados Unidos (Reagan, y Bush). Inglaterra (Tatcher).
Subdesarrollado	Populismo en América Latina (1930-1970).		Planes de ajuste en América Latina (1970 en adelante).

Incluso dentro de cada casilla hay diferencia en la forma
que cada país adopta el modelo en cuestión: las diferencias
entre los Estados de bienestar alemán, noruego o sueco; entre
el populismo cardenista y peronista; entre el neoliberalismo
adoptado por México, Argentina o Centroamérica. Esto hace
variar el grado de eficacia y fuerza de los recursos políticos
del capital aunque la existencia del recurso se mantiene.

Es importante mencionar que el Estado también tiene recursos políticos expresados a través de la criminalización y
la reglamentación de las pautas de acción del mercado. Claro,
la efectividad de dicha reglamentación dependerá de contextos específicos y del tipo de Estado en cuestión (desarrollado,
subdesarrollado, capacidad política, capacidad económica,
gobernado por la izquierda, gobernado por la derecha, movi-

lidad de la sociedad civil, etc.). Así, el gobierno tiene cierta autoridad sobre las actividades empresariales pero limitada por sus posibles efectos adversos a los negocios que implicarían desempleo u otro tipo de efectos inaceptables para el gobierno como un bajo crecimiento y un retraso industrial o comercial.

2. La crisis económica, la salida de Fernando de la Rúa y el cambio de modelo económico de Eduardo Duhalde

Si bien lo peor de la última crisis argentina se vivió en diciembre de 2001 y buena parte del año 2002, lo cierto es que la gestación de dicha crisis nos remonta al segundo semestre de 1998 cuando el crecimiento económico y la inversión se ponen en números negativos o se estancan. Para entonces, el modelo político-económico de Carlos Menem conformado por el ajuste fiscal, las reformas estructurales y la convertibilidad y complementado con la libre movilidad de capitales y una política monetaria exógena frente a la globalización financiera, estaba mostrando sus limitaciones. Además de las fallas del modelo económico hay otro fenómeno político-económico relevante: la ruptura del bloque económico, que ya antes había mostrado disensos que desataron la crisis hiperinflacionaria de 1989, se había unificado y alcanzado una importante armonía en los años dorados de la convertibilidad[8] entre 1991 y 1994, y nuevamente mostraba una importante confrontación frente al plan económico desde 1997 y, más claramente, a partir de 1999.

2.1. La división del bloque económico

Explica Eduardo Basualdo[9] que el bloque de poder económi-

---

[8]La Convertibilidad es un plan monetario que comenzó a regir en Argentina a partir del 1º de abril de 1991. El plan cambió el signo monetario constituyendo un peso equivalente a 10 mil australes (antigua moneda argentina) y abandonó la flotación sucia estableciendo por ley un valor de 1 peso igual a 1 dólar para lo cual se fijó la obligación de que el Banco Central mantuviese una relación entre las

co está formado por la confluencia de fracciones del capital
externas (los acreedores externos) e internas (grupos económicos locales resultado de la confluencia de un sector de
la oligarquía argentina pampeana que se había diversificado
hacia la industria). Los dos integrantes fundamentales de
este bloque de poder pueden estar en una situación aparente
o lisa y llanamente contradictoria ya que unos van a ser los
acreedores de la deuda y los otros van a ser los principales
deudores privados en un largo período donde la deuda externa privada le fija las modalidades de endeudamiento al
Estado y es alrededor de esa contradicción que se van a desplegar las sucesivas crisis de la valorización financiera de la
Argentina.

De acuerdo con Daniel Azpiazu,[10] uno de los primeros hechos importantes en disputa se observa en 1988: la cesación de
pagos declarada por el entonces presidente, Raúl Alfonsín,[11]
combinada con la decisión de seguir subsidiando y transfi-
riendo el excedente social a los grandes grupos locales y dejando agravar el déficit fiscal. Siguiendo esta senda, explica
Eduardo Basualdo (2001: 58) que pese a las fuertes presiones
de los acreedores internacionales, los primeros acuerdos de
Carlos Menem se dan con los grupos económicos locales (los
'capitanes de la industria' en 1989). Tan pronto el primer paquete de medidas lanzado en julio de 1989 pone énfasis en la
estabilización de las cuentas públicas y las cuentas del sector
externo, el enfrentamiento entre estas dos fracciones se insti-
tucionaliza y obliga a poner en marcha una serie de reformas

---

reservas y la base monetaria. El Banco Central quedaba obligado a comprar todas
las divisas que se le ofrecieran frente a las cuales podía emitir pesos y a vender
todas las divisas que se le pidieran contra lo cual debía absorber el circulante,
limitando el papel del Banco al de una caja de conversión. También se suspendió
toda cláusula indexatoria en contratos o acuerdos salariales y programó la desaparición del déficit fiscal a partir de abril de 1991 especificando que, en caso de
que existiera, este no podría ser cubierto por emisión de moneda sino sólo por
crédito.
[9] Entrevista del 28 de junio de 2006.
[10] Entrevista del 22 de junio de 2006.
[11] En ese momento gran parte de la deuda fiscal argentina estaba en poder de la
banca internacional que fue en última instancia la que provocó la corrida financiera en febrero de 1989 que desató la espiral hiperinflacionaria.

destinadas a modificar la estructura estatal y la orientación de las transferencias de recursos estatales.

En la disputa entre estos dos grupos por el excedente social dos hechos son fundamentales en la temporal unificación del bloque económico: el proceso de privatización de las empresas estatales (mediante la aprobación de la Ley de Reforma del Estado el 18 de agosto de 1989) y el recorte de subsidios al gran capital interno (a través de la Ley de Emergencia Económica aprobada el 1 de septiembre de 1989). Especialmente el proceso de privatización fue esencial. Dos eran los objetivos principales de las privatizaciones: obtener fondos líquidos y cancelar la deuda.[12] Explica Daniel Azpiazu[13] que en todas las privatizaciones hay una especie de triple alianza: la banca acreedora que capitalizó títulos de la deuda,[14] algunas grandes transnacionales y los grandes grupos locales. El proceso de transnacionalización y la consolidación de la presencia en Argentina de nuevos actores económicos se articularon con los intereses de grupos económicos de capital nacional que se desempeñaron como socios minoritarios en los procedimientos de venta de empresas públicas (Sidicaro, 2002: 183). Si bien estos grupos domésticos perdieron la provisión de bienes y servicios a las empresas estatales que venían prestando de forma ventajosa mediante manejos fraudulentos y complicidades, lo cierto es que no contaban con los recursos financieros necesarios para competir con los nuevos inversionistas; en cambio, aportaron los contactos e influencias que habían acumulado durante varios años.

---

[12]Un hecho interesante es que mientras Álvaro Alsogaray era el asesor y negociador principal de la deuda, su hija María Julia Alsogaray estaba a cargo de importantes privatizaciones, como la de la empresa telefónica ENTEL.

[13]Entrevista del 22 de junio de 2006.

[14]Explica Daniel Azpiazu (entrevista del 22 de junio de 2006) que quienes más ganaban eran quienes aportaban más títulos de la deuda cuyo valor promedio costaba el 15% del valor nominal. Así, se abrió a la banca acreedora el negocio de las privatizaciones logrando capitalizar títulos de deuda al valor nominal cuando la mayoría de ellos estaban devaluados, adquirieron activos subvaluados, obtuvieron altas tasas de rentabilidad por un tiempo y vendieron después sus acciones a valor real.

Cuadro 2.Participación de los grupos locales e internacionales en las privatizaciones		
EMPRESA PRIVATIZADA	GRUPO ECONÓMICO LOCAL PARTICIPANTE	SOCIOS INTERNACIONALES
Empresa Nacional de Telecomunicaciones (ENTEL) (Área Telefónica).	SCP (Grupo Soldati). Techint Banco Río (Pérez Companc)	Telefónica de España y Citicorp
Empresa Nacional de Telecomunicaciones (ENTEL) (Área Telecom).	Pérez Companc	Stet,France Telecom y JP Morgan.
Servicios Eléctricos del Gran Buenos Aires (SEGBA), (Área Edenor).	Astra	Electricité de France y Endesa de España
Servicios Eléctricos del Gran Buenos Aires (SEGBA), (Área Edesur).	Pérez Companc	PSI Energy y Chilectra.
Gas del Estado (Área Metrogas)	Pérez Companc, Astra	British Gas
Obras Sanitarias de la Nación (Área Aguas Argentinas)	SCP (Grupo Soldati).	Lyonnaise Des Eaux
Concesión Acceso Norte.	Sideco (Grupo Macri).	Impregilo Dycasa
Fuente: Comisión Especial de la Cámara de Diputados, 2005: 31.		

Este proceso de privatización junto con el recorte a los subsidios sumados a los primeros ajustes fiscales y reformas estructurales con su efecto regresivo en la distribución del ingreso permitieron mitigar las contradicciones que la crisis económica había generado entre los acreedores externos y la oligarquía diversificada.[15] De 1991 a 1994 se da la etapa más

---

[15]Si bien el plan de convertibilidad lesionaba los intereses de algunos comerciantes e industriales, el recuerdo de los años de hiperinflación mantenía un temor al caos que impedía la alteración de la paridad cambiaria fija. Asimismo, los condicionamientos derivados del endeudamiento con organismos se fragmentaban, y las posibilidad de presentar propuestas homogéneas desaparecía (Sidicaro, 2002: 236-37). Por ejemplo, el Grupo Soldati compró Telefónica con una inversión inicial de 18 mdd, la cual vendió en julio de 1993 en 85 mdd. Con respecto a esta misma empresa, Techint invirtió 43 mdd y vendió su parte en abril de 1997 en 240 mdd. Asimismo, el Grupo Pérez Companc desembolsó 79 mdd para comprar acciones de Telefónica que vendió en 515 mdd en febrero de 1997 y también invirtió 112 millones en acciones de Telecom, que vendió en julio de 1999 en 379 mdd. De acuerdo con el informe de la Comisión Especial Investigadora de la Fuga de Divisas de la Cámara de Diputados (2005: 32), entre 1992 y 1999 se produjeron cerca de 1,000 operaciones de compraventa de empresas por un monto total de 55,300 mdd. El 87.6% de ese monto correspondió a operaciones donde el comprador era un inversor extranjero.

brillante de este nuevo patrón de acumulación con un período de crecimiento económico donde convergen dos procesos complementarios y decisivos: 1) a partir de la disminución de las contradicciones con respecto al excedente social los dos bloques económicos principales (acreedores externos y oligarquía diversificada) adquieren una homogeneidad inédita mediante su confluencia en la privatización de las empresas estatales; 2) se conjugan condiciones nacionales e internacionales que generan un importante flujo de capitales con destino a Argentina (Basualdo, 2000: 17-18).

Sin embargo, la vinculación entre el capital transnacional, el capital local y el capital financiero internacional duró poco tiempo. De acuerdo con la Comisión Especial Investigadora de la Fuga de Divisas de la Cámara de Diputados (2005), los grupos económicos locales se movieron en tres direcciones: 1) compraron empresas públicas en los procesos de privatización; 2) vendieron las empresas públicas a transnacionales obteniendo con este traspaso una importante ganancia; 3) fugaron al exterior los ingresos obtenidos por las ventas y una parte menor la invirtieron en empresas agropecuarias y agroindustriales de exportación.[16]

Incluso durante los años noventa se vendieron también empresas privadas que parecían consolidadas dentro de Ar-

---

[16]El más claro ejemplo es el caso de Celulosa Argentina, empresa perteneciente a uno de los grupos económicos de la oligarquía diversificada y que vendió sus principales empresas a Citicorp Holdings. Otros grupos de menor peso económico perdieron sus activos como: Bonafide, Noel, FV-Cantera y Cerro Negro. Y otros importantes grupos perdieron predominancia como: Bunge & Born, Bridas, Alpargatas y Garovaglio y Zorraquin. Grupos como Massuh, Bridas y Alvar se vieron duramente golpeados por la competencia y compra de la inversión extranjera mientras que empresas nacionales completas como Astra, Bagley y Terrabusi fueron totalmente compradas por capital extranjero a la par que Fiat enterraba a Macri y Renault hacía lo propio con Ciadea (Sidicaro, 2002: 185). Así fue como el Fondo Monetario Internacional y el Banco Mundial redujeron los límites de las decisiones estatales y restringieron, de antemano, el campo de demandas de las corporaciones. Finalmente, tanto los grupos de capital doméstico como los actores transnacionales se relacionaron de forma directa con el gobierno a través del *lobby* y sin la mediación de corporaciones por lo que las demandas se fragmentaban y las posibilidad de presentar propuestas homogéneas desaparecía (Sidicaro, 2002: 236-37).

gentina, modificando la composición de los actores socioeconómicos.

Cuadro 3. Compraventa de empresas realizadas por grandes grupos económicos, 1992-1999 (Mdd)			
GRUPO LOCAL	VENTAS	COMPRAS	SALDO
Astra – Gruneissen	742	20	722
Bridas	94	0	94
Bunge & Born	1037	63	974
Garovaglio & Zorraquin	254	101	153
IMPSA	179	10	168
Macri	555	10	545
Mastellone	103	34	70
Pérez Companc	2411	607	1804
Roggio	204	60	144
Soldati	8	50	786
Techint	336	65	271
TOTAL	6750	1020	5730
Fuente: Comisión Especial, 2005: 33.			

Explica Eduardo Basualdo (2000: 19-20) que el protagonismo del capital extranjero en la economía argentina se acentuó aún más durante el final de la década de los noventa con la compraventa de YPF por el conglomerado extranjero Repsol y con la transferencia de acciones por parte de diversos grupos en Metrogas, Telefónica Argentina y Telecom Argentina, entre otras. No obstante –y siguiendo a Basualdo (2001: 79)– los grupos económicos procedentes de la oligarquía diversificada mantienen cierto poder económico aunque la importancia de sus activos fijos sufre una disminución. Su estrategia productiva se concentra en actividades que le dan ventajas comparativas naturales como la producción agropecuaria o agroindustrial, mientras que hay un aumento substancial en sus activos financieros, especialmente en los radicados en el exterior.

Con esta nueva desvinculación del capital transnacional y de la oligarquía diversificada se generó un nuevo desacuerdo en torno a la convertibilidad; dos eran las opciones que se contraponían: la devaluación o la dolarización.[17] De acuerdo con Eduardo Basualdo (2000: 34-35; 2001: 85-90 y Basualdo y Lozano, s/f: 6) al final del menemismo y durante el gobierno de Fernando de la Rúa comenzaron a perfilarse dos proyectos de política económica y de nación. Uno era impulsado por los grupos económicos provenientes de la oligarquía diversificada que mantiene una fuerte posición productiva y exportadora, por algunos conglomerados extranjeros que tienen colocaciones financieras importantes en el exterior y por los grupos económicos locales que vendieron sus activos manteniendo su capital en dólares. Los objetivos fundamentales de este proyecto son: el fin de la convertibilidad mediante un proceso devaluatorio, la instrumentación de subsidios estatales para la producción local de bienes exportables, y la firma y consolidación del Mercosur como pieza clave por la incidencia de Brasil como destino de la producción lo-

---

[17]Incluso desde la crisis de 1994-95 se comenzaban a formular críticas al nuevo modelo neoliberal. Jorge Blanco Villegas, presidente de la Unión Industrial Argentina (UIA), y los grupos rurales se adherían a los planteamientos generales del modelo neoliberal pero reprochaban algunos puntos específicos. En sus críticas, la UIA se centraba en el acceso diferenciado a los créditos proponiendo más acciones del Estado para asegurar el éxito de las políticas de apertura resolviendo los problemas con la competencia brasileña, evitando el *dumping* y flexibilizando las condiciones laborales. Por su parte, la Sociedad Rural Argentina y las Confederaciones Rurales Argentinas se enfocaban en los problemas con la convertibilidad 1 a 1 peso-dólar y la consecuente pérdida de competitividad de sus productos por sus altos precios así como al alza de precios y tarifas con las privatizaciones. Durante el menemismo se formó el Grupo de los Ocho integrado por todas las corporaciones empresariales tradicionales. En la toma de decisiones al interior del grupo la influencia del sector financiero y del nuevo sector transnacional se hacía preponderante (Sidicaro, 2002: 211-212). En septiembre de 1999 la vieja Unión Industrial Argentina junto con las Confederaciones Rurales Argentinas y la Cámara Argentina de la Construcción formaron el Grupo Productivo y se separaron del Grupo de los Ocho. El presidente de la UIA, Osvaldo Rial, integró la lista de candidatos a diputados impulsados por Eduardo Duhalde mientras que

cal. Para estos grupos el fin de la convertibilidad significaba
mejorar su competitividad en los negocios de exportación y
conseguir una ganancia en sus activos líquidos dolarizados
que sería proporcional al nivel de la devaluación. Estos capitales se presentaron como la "burguesía nacional" que se
encuentra en lucha contra los capitales foráneos y los organismos internacionales, aunque el proceso de transnacionalización de la economía argentina afectó particularmente a
estos grupos desde el primer tercio del siglo XX, a la par que
estas firmas mantienen fuertes asentamientos financieros en
el exterior.[18]

El otro proyecto económico mencionado por Eduardo Basualdo (2000: 34-35; 2001: 85-88 y Basualdo y Lozano, s/f: 6)
era impulsado por las firmas que tienen activos fijos en Argentina, por aquellos que tienen obligaciones dolarizadas, el
sector bancario y financiero local, los diferentes inversores
extranjeros que adquieren empresas y paquetes accionarios
durante los años previos y los organismos multilaterales.
Para estos grupos, el objetivo principal es la dolarización
como fase superior de la convertibilidad. Con la dolarización se garantiza a los capitales extranjeros radicados en el
país: 1) el mantenimiento del valor en dólares de sus activos, que para el 2001 se calculan en 120 mil mdd; 2) que sus
deudas adquiridas en dólares no se acrecentarán. Asimismo,
la propuesta de dolarización de la economía se articula con
la inserción internacional de Argentina a través del ALCA
y donde el Mercosur estará subordinado como un espacio
más de integración. Un elemento interesante a mencionar es

José Luis Machinea, asesor de la UIA, ejercía el papel de jefe de economistas de
la Alianza y, posteriormente, de Ministro de Economía.
[18]Ejemplo de estas expresiones son: los cuestionamientos hechos en 1999 por Macri, del grupo económico SOCMA, a la desindustrialización que vive Argentina;
las críticas vertidas en 1999 por Roberto Rocca, del conglomerado Techint, al
tipo de cambio fijo y convertible; la protesta contra la política agraria de Carlos
Menem realizada el 21 de julio de 1999 por 10 mil pequeños y medianos productores convocados por la Federación Agraria Argentina, la Confederación Rural
Argentina y la Coninagro (que agrupa cooperativas rurales) (Calloni, *La Jornada*,
22/jul/99); y el pedido del vicepresidente de la Unión Industrial Argentina Raúl
Álvarez Gianni realizado el 25 de julio de 1999 de alternativas a la convertibilidad

que desde el punto de vista económico los sectores alineados detrás de la dolarización eran (son) notablemente más fuertes.[19]

La confrontación entre estos dos bloques económicos se dará entre 1999 y 2001, y terminará con la crisis económica de diciembre de 2001 con la "victoria" del bloque encabezado por la oligarquía diversificada. Esta toma de partido se observa en la efímera presidencia de Adolfo Rodríguez Saá, quien declaró el *default* de la deuda argentina (afectando al capital financiero transnacional), aunque se negó a declarar el fin de la convertibilidad. Se observa también en la presidencia de Eduardo Duhalde, quien mantiene el *default* de la deuda y decreta la devaluación del peso argentino.[20] Y, finalmente, se observa en la presidencia de Néstor Kirchner, quien negoció una dura quita al capital financiero, congeló las tarifas de las empresas privatizadas, rompió lazos con el FMI e hizo alianzas de inversión con la oligarquía diversificada.

2.2. El plan político-económico de Fernando de la Rúa

Pese a que muchos de los problemas que desatan la crisis de 2001 tienen su explicación en el modelo económico de la década de los noventa, no es en las manos del Carlos Menem que estalla la crisis debido a su fallido intento de tercera reelección consecutiva. Incluso, no es en las manos del Partido Justicialista-Peronista, ya que el candidato presidencial en las elecciones de 1999, Eduardo Duhalde, perdió frente a Fernando de la Rúa, candidato de la Alianza por el Trabajo, la Educación y la Justicia (Alianza) constituida por la vieja Unión Cívica Radical y el reciente y actualmente desapare-

---

ya que con la paridad entre el peso y el dólar es imposible producir y mucho menos exportar (Vales, *Reforma*, 25/jul/99).

[19] Entrevista con Basualdo del 28 de junio de 2006.

[20] La modificación del tipo de cambio cumplió dos papeles: como protección a los productores internos encareciendo las importaciones a la par que mantenía las enormes deudas de algunas empresas y a las tarifas de los servicios públicos en rangos aceptables y pesificadas promoviendo algún nivel de recuperación de las empresas productivas con cierto impacto en el empleo. Esta estrategia comenzó

cido Frente País Solidario (Frepaso).

Desde la llegada de Fernando de la Rúa a la presidencia en diciembre de 1999, todas las expectativas económicas del gobierno estuvieron sustentadas en recomponer las cuentas públicas para mantener el apoyo de los acreedores externos y, principalmente, de los organismos financieros multilaterales y esperar un cambio de condiciones internacionales y un mayor flujo de inversión. Pero esto no pasó. El gobierno de Fernando de la Rúa lo mismo trataba de atraer capital financiero asegurando su capacidad de pago mediante ajustes fiscales planeados desde septiembre de 1999 hasta por 1,800 mdd, que mejorar la tasa de ganancia con nuevas reformas de flexibilidad laboral y disminución de las indemnizaciones patronales. Cabe mencionar que estas medidas fueron negociadas con el FMI a cambio de su apoyo institucional y financiero.

Posteriormente, en noviembre de 2000, el gobierno de Fernando de la Rúa buscó mostrar fortaleza financiera mediante un blindaje económico que superaba los 30 mil mdd. El FMI demandó a cambio la desregulación de las obras sociales, una nueva reforma al sistema previsional, la disminución del déficit de las entidades provinciales y la eliminación del impuesto a los intereses. El blindaje tuvo por objeto, y así fue leído por la opinión pública argentina, dar la señal de que habría dólares suficientes para hacer frente a las obligaciones financieras estatales. Hasta ahora el principal actor que planeaba la agenda era el capital financiero.

Luego de la llegada de Domingo Cavallo al Ministerio de Economía en marzo de 2001, nuevamente el intento por reconstruir el consenso económico del modelo se acentuó con medidas tendientes a asegurar el cumplimiento de las obligaciones financieras (renegociaciones de deuda y convertibilidad ampliada) y medidas destinadas a bajar el costo de la inversión (Ley de Competitividad). Una vez que

---

a tener éxito a finales del 2002 con cierta reactivación económica que se mantiene hasta ahora.

la estrategia seguida por Domingo Cavallo para reactivar la economía no da ningún fruto, el FMI junto con el capital financiero vuelve a encabezar la agenda desmantelando cada una de las medidas que forman parte de la Ley de Competitividad. Para diciembre de 2001 el FMI demanda, para obtener nuevos préstamos y renegociar los pagos venideros, una reforma fiscal profunda, abandonar la conversión y establecer una política monetaria clara, dejar el esquema preferente del MERCOSUR ampliando el comercio a Europa y EU y ordenar la política fiscal y monetaria. Finalmente, el rompimiento entre el FMI y el gobierno se da en diciembre de 2001.

El hecho de que el gobierno de Fernando de la Rúa no avanzara hacia el bloque de los acreedores estatales o hacia el de la oligarquía diversificada hizo que ninguno de las dos facciones del capital apoyara con entrada de capitales la reactivación de la economía. En este momento ambos bloques económicos están haciendo uso del poder estructural del mercado para conseguir modificaciones en direcciones opuestas (devaluación-dolarización) y ambos bloques económicos están estrangulando tanto al gobierno (dependencia estatal al capital) como a la población argentina (dependencia social al capital) que desembocará en la crisis de diciembre de 2001. Este uso del poder estructural del mercado es interpretado como una falta de confianza o credibilidad de los inversores frente al gobierno que tenía una historia de crisis hiperinflacionaria.

Explica Alejandro Bonvecchi (2002: 176) que durante la gestación de la crisis económica que explotó en diciembre de 2001 el modelo económico otorgó bajos costos de transacción a los fondos mutuales y especulativos, así como a los bancos comerciales, las Administradoras de Fondos de Jubilaciones y Pensiones (AFJP) y los inversores directos. Los primeros al estar institucionalmente constituidos para buscar rápidas ganancias de corto plazo mediante instrumentos financieros de intercambio y con analistas que les permiten reducir los problemas de información imperfecta lograron maniobrar sobre el gobierno alineándolo de acuerdo a la compraventa

masiva de los bonos argentinos que modificó los indicadores
de riesgo y las tasas de interés al endeudamiento público a la
par que consiguió decisiones gubernamentales en torno a garantizar el pago de las obligaciones estatales argentinas. Para
este sector económico –sigue Bonvecchi– el blindaje, la convertibilidad ampliada y el plan de competitividad lanzado
por la Alianza fueron contrarios a las expectativas de ajuste fiscal que veía poco probable la reactivación económica a
corto plazo por lo que el endeudamiento con estos programas
aumentaría paralelamente a la tasa de interés llevando al país
a un irremediable *default*. El masivo desprendimiento de bonos de estos actores generó burbujas especulativas que contribuyeron a la masiva salida de capitales de 2001, así como a
las corridas bancarias que magnificaron el *default*.

Por su parte, los bancos comerciales, las AFJP y los inversores directos tuvieron también una importante influencia
en la toma de decisiones económicas gracias a sus posiciones en el mercado de capitales local e incluso en la economía real. Sin embargo, el hecho de que existiera sobre estos
actores una mayor capacidad de regulación estatal que sobre
los fondos especulativos (en torno al rendimiento de cuentas y la orientación de sus inversiones) moderó su libertad
de acción y su capacidad de negociación. La estrategia que
siguieron –explica Bonvecchi– fue de "ojo por ojo": a cada
medida gubernamental que afectó el valor de sus inversiones
respondieron incrementando el costo de préstamos al sector
público. Es llamativo que el gobierno de la Alianza se resis-
tió sistemáticamente a hablar de *default* de la deuda pública
para utilizar esos fondos en la reactivación económica, pese
a vagos intentos de una de las principales figuras del radica-
lismo –Raúl Alfonsín– y a las críticas al modelo de varios actores radicales y frepasistas entre los que sobresale Rodolfo
Terragno, y más tarde el ex vicepresidente Carlos Álvarez.

En este período la inversión bruta interna fija siempre
vino a la baja con una espectacular caída durante el año 2001.
Lo mismo ocurría con la inversión pública y con la inversión
privada, a la par que el crecimiento industrial y la industria

manufacturera tuvieron números negativos en los tres años.

Cuadro 4. Inversión entre 1999 y 2001						
Año	Inversión entre PIB[1]	Inversión bruta interna fija (mdp) [2]	IBIF %[3]	Inversión pública en (mdp)[4]	Inversión privada en (mdp)[4]	Industria manufacturera[3]	Crecimiento industrial[2]
1999	17.9	53,116	-12.61	4,664	48,452	-7.93	-6.50
2000	17.5	49,502	-6.80	3,133	46,369	-3.82	-0.30
2001	15.6	41,749	-15.66	2,939	38,811	-7.36	-7.60

Fuente.-1.-CEPAL. 2.-Ministerio de Economía. 3.-Ferreres, 2005. 4.-Indec.

Mismo patrón se observa en la inversión extranjera directa que se reduce a menos de la mitad en 2000 respecto de 1999 y en 2001 respecto de 2000. El único de los índices de inversión que no tiene esta tendencia es el índice Merval, que se mantiene durante 1999 y el 2000 para caer en el año 2001. Paralelamente a la no-inversión en suelo argentino entre 1999 y 2001 se observa una fuga de capitales que se exacerba en el último de los años mencionados con la salida de poco más de 16 mil mdd a la par que las reservas internacionales si bien logran mantenerse durante 1999 y 2000 durante 2001 sufren una baja de 10 mil mdd.

Cuadro 5.-IED, índice Merval, fuga de capitales y reservas internacionales de 1999 al 2001 (mdd)					
AÑO	Índice Merval[2]	IED (mdd)[1]	Fuga de capitales[3]	Capitales acumulados en el exterior[3]	Reservas Intern. (mdd)[1]
1999	487.28	23,986	5 567	98 163	28,765
2000	504.46	10,418	6 933	105 096	28,260
2001	367.27	2,166	16 026	121 122	18,398

Fuente.-1.-Ministerio de Economía. 2.-www.bolsar.com. 3.-Comisión, 2005.

En torno al índice del riesgo país, Fernando de la Rúa recibe a Argentina con una marca de 656 unidades. Este puntaje osciló durante todo el año 2000 para comenzar enero de 2001 con 712 puntos. Es a partir de entonces que se observan cam-

bios en cientos y hasta miles de puntos en cuestión de días en
los meses de octubre, noviembre y diciembre del 2001. A fin
de año Argentina tiene 5,083 unidades de riesgo país, es decir
debe pagar 50.83 puntos porcentuales más de lo que paga Estados Unidos en sus préstamos internacionales.

Cuadro 6. Riesgo país 1999 –2001				
	Argentina	Brasil	México	Venezuela
1-Dic-99	656	806	445	979
12-May-00	736	838	437	1105
20-Oct-00	820	782	378	890
06-Nov-00	910	785	351	866
10-Ene-01	712	736	384	890
19-Mar-01	914	797	418	894
23-Abr-01	1284	898	402	878
26-Abr-01	1076	853	379	852
12-Jul-01	1519	1028	363	934
03-Oct-01	1754	1215	434	1027
04-Oct-01	1842	1241	438	1039
29-Oct-01	2003	1191	396	1038
02-Nov-01	2585	1185	402	1064
20-Nov-01	3071	925	342	106
05-Dic-01	4020	885	321	994
24-Dic-01	5083	898	308	1156

Fuente.Ministerio de Economía

Con la economía en franca recesión, el desempleo y subempleo aumentaron llegando a tasas de 14.7 y 18.3% para
el desempleo en 2000 y 2001 respectivamente, y 14.8 y 16.2%
para el subempleo en los mismos años, uno de los principales

problemas que empeoró durante el gobierno de Fernando de la Rúa, de acuerdo con la visión de los ciudadanos.

Cuadro 7.- Desempleo y subempleo de 199 al 2001

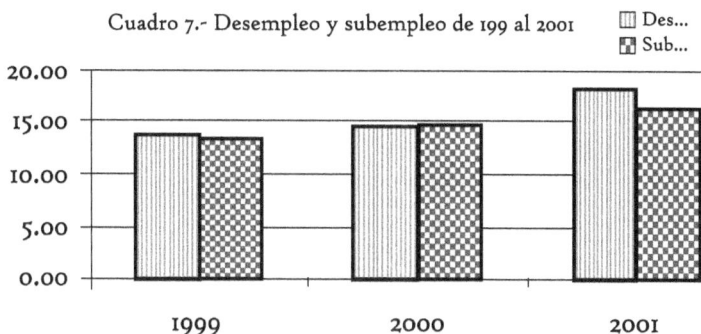

Fuente.- INDEC

El PIB decreció de 1999 al 2001, junto con el consumo que cayó en 1999 y en 2001, y especialmente el consumo en hogares que presentó números negativos en los tres años. En este contexto es de esperarse que la pobreza aumentara pasando de 26.9% en 1999 a 34.1% en 2001. Aún así, lo peor en estos rubros estaba por venir.

Cuadro 8.Crecimiento del PIB y consumo de 1999 al 2001				
AÑO	Crecimiento del PIB[1]	PobrezaGBA[3]	Consumo total %[2]	Consumo en hogares con IVA[1]
1999	-3.40	26.90	-2.58	-2.00
2000	-0.80	29.30	0.24	-0.70
2001	-4.40	34.10	-4.39	-5.70

Fuente.-1.-Ministerio de Economía. 2.-Ferreres, 2005. 3.-Estudio Broda, 2005.

También entre 1998 y 2001 vemos un sistemático aumento en la deuda (35-54% del PIB) con acrecimiento en la tasa de interés especialmente en 2000 y 2001 (10 y 15%) de estabilidad en la recaudación (19% del PIB) e incremento en la brecha gasto-ingreso con erráticos movimientos del resultado primario y crecimiento del déficit financiero (de 0.82 a 7.03% del PIB). Es en este momento cuando en el mundo se había observado un nuevo cambio de flujo financiero frente a la crisis asiática y de Rusia que hace evidente la inestabilidad y dependencia del nuevo modelo.

2.3. El corralito y la caída de Fernando de la Rúa.

Cuadro 9.Fuga de capitales en el 2001 (mdd)	
Enero	4 364
Febrero	3 887
Marzo	5 024
Abril	2 196
Mayo	2 053
Junio	1 697
Julio	2 608
Agosto	2 185
Septiembre	1 384
Octubre	2 155
Noviembre	2 300
Diciembre	54
TOTAL	29 913
Fuente.-ComisiónEspecial, 2005, p.49.	

Durante todo el año 2001 se observó una masiva salida de capitales acompañada de una caída de reservas monetarias que generó una disminución inmediata en los pesos circulantes debido a la convertibilidad. La consecuencia inmediata fue un aumento en las tasas de interés en los créditos contratados en pesos con el apuntalamiento de un escenario recesivo que, junto con la preferencia por los dólares y la imposibilidad del Estado por mantener un endeudamiento sistemático, tuvieron como efecto un incremento en la incertidumbre que fomentó la salida de capitales de los grupos empresariales.[21] Asimismo, durante el año 2001 todas las calificadoras fueron bajando paulatinamente las calificaciones de Argentina hasta llegar en octubre de 2001 a CCC y en diciembre al *default*.

A partir del 2 de diciembre de 2001 quedó instaurado el 'corralito' que consistió en la retención del dinero de los depositantes bancarios restringiendo el retiro de efectivo de los bancos a tan solo 250 dólares semanales.[22] Ese mismo día Fernando de la Rúa afirmó que la medida se tomó para detener una maniobra especulativa de compra de bonos baratos: "se trata de los mismos que atacaron a Rusia en el 98 y la vencieron" (Calloni, *La Jornada*, 3/dic/01). El 6 de diciembre de 2001, una parte importante de la Ley de Competitividad es echada atrás: se detienen las exenciones de aportes jubilatorios y otras reducciones impositivas que tenían por objetivo

---

[21] En cuanto a las operaciones realizadas para concretar la fuga de capitales, la Comisión Especial Investigadora de la Fuga de Divisas de la Cámara de Diputados (2005: 57) explica que el 55.25% del total de las operaciones realizadas corresponde a las empresas mientras que el 44.75% a las personas físicas. Sin embargo, en lo que hace a los montos de la suma fugada el 87.35% de la salida de divisas estuvo a cargo de las empresas mientras que las personas físicas fueron responsables del 12.65%. En lo que hace a los medios a través de los cuales se logró la fuga de divisas, el 28.85% de las operaciones se realizó mediante la banca privada nacional mientras que a través de la extranjera se realizaron el 52.38% de las operaciones. En cuanto a los montos transferidos, a través de la banca privada nacional se realizó el 16.57% de la salida de capitales mientras que a través de la banca extranjera se concretó el 75.91% de la fuga (Comisión Especial, 2005: 59). Particularmente hubo bancos en los que se concentró la salida de capitales como el Banco de Galicia en lo que hace a los bancos privados de capital nacional, y el Citibank en lo que hace a bancos de capital extranjero. En torno al destino de los capitales fugados, si bien este es diversificado, se encuentra una importante pauta de concentración en Estados Unidos en cuanto al capital correspondiente a empresas y Uruguay en lo que hace al capital fugado por personas físicas.
[22] Un hecho llamativo es que varios ahorradores comenzaron a interpelar judicialmente este decreto y obtuvieron algunos fallos judiciales favorables frente a lo cual el 18 de diciembre del 2001 Domingo Cavallo prohibió a los bancos acatar las sentencias judiciales que ordenaban la devolución de los ahorros a los cuentahabientes.

aumentar la producción y reactivar la economía favorecien-
do a unas 30 mil empresas medianas y pequeñas. La finalidad
era cerrar la brecha fiscal eliminando los beneficios que apenas comenzaban a aplicarse (Calloni, *La Jornada*, 11/dic/01).
Sin embargo, una vez anunciado el 'corralito' la misión del
FMI que se encontraba auditando las cuentas argentinas se
retiró y tres días después, el 6 de diciembre, el FMI decidió no desembolsar los 1,270 mdd prometidos aduciendo que
el incumplimiento de las metas fiscales por el Gobierno argentino le impediría acceder al tramo de ayuda acordada en
agosto. Para el FMI esta acción tiene como objetivo obligar
a una necesaria reestructuración económica y monetaria del
país a mediano plazo que incluye: una reforma fiscal profunda, abandonar la conversión, establecer una política monetaria clara y dejar el esquema preferente del MERCOSUR
ampliando el comercio a Europa y EU. La decisión del FMI
de no desembolsar la cantidad mencionada también bloqueó
otros préstamos del BID y del BM (García, *Reforma*, 7/dic/01
y Bonvecchi, 2002: 163). Pese a esta decisión, Domingo Cavallo viajó a Washington a intentar obtener el préstamo, ya
que los pagos de Argentina programados para diciembre del
2001 ascendían a 2,200 mdd.

El 13 de diciembre de 2001 Fernando de la Rúa realizó uno
de los últimos intentos por regenerar un gobierno de unidad
nacional con los peronistas, quienes se negaron y, a través
de Ramón Puerta, enviaron las únicas iniciativas que el pe-
ronismo podría acompañar: la instrumentación de un seguro
de desempleo, un plan alimentario nacional, la creación de
una tercera moneda (un nuevo bono) para darle liquidez a
la plaza y la libre flotación del dólar (Pairone, *Reforma*, 21/
dic/01). El 14 de diciembre de 2001 el Gobierno argentino
anunció el pago de un vencimiento de la deuda correspondiente a Letras del Tesoro por unos 720 mdd de los cuales se
pagaron 360 mdd en efectivo con los fondos establecidos para
el pago de las jubilaciones y pensiones y otros 360 mdd en
renovación de bonos. Con esto se despejó el *default* por unos
días (AFP, *La Jornada*, 15/dic/01). Sin embargo, en Letras del

Tesoro (Letes) se tienen vencimientos por 909 mdd, mientras que en Euroletras se esperan vencimientos por 12 mdd para el año 2002, en multilaterales y otros se tienen deudas por 180 mdd y para los días 17, 19, 20, 24 y 28 de diciembre de 2001 Argentina tiene vencimientos por un total del 898 mdd (Pinal, *Reforma*, 15/dic/01). El *default* parecía cuestión de tiempo.

Preparándose para la catástrofe, el Partido Justicialista hizo las modificaciones necesarias en el Congreso para que Ramón Puerta, legislador de sus filas, ocupara el cargo de Presidente del Senado, primero en la sucesión presidencial debido a la renuncia del vicepresidente Carlos Álvarez del Frepaso. A la par que se reacomodaban las piezas políticas, en lo económico el asunto empeoraba. El corralito tuvo un efecto inesperado: dejar sin medios de pago a la economía informal. Coinciden Eduardo Ratti[23] –Secretario de Coordinación Técnica– y Daniel Campione[24] que en la economía argentina había una importante magnitud de trabajadores informales que se manejaban en efectivo. En la medida en que nadie pudo retirar fondos salvo por cheques o por depósitos, la gente que laboraba en la economía informal no pudo cobrar por falta de circulante. Lo que buscaba el corralito era que la economía se moviera con cheques, con tarjeta de débito, de crédito, con pagos virtuales, cosa que se puede hacer en la economía formal; pero toda la economía informal se hundió en una ruina instantánea sin circulante. Comenzó entonces, no en las zonas de clase media sino en las zonas más pobres, el estallido final, los saqueos, las manifestaciones y las terribles corridas y asaltos a supermercados.

Frente a este panorama de ingobernabilidad, Fernando de la Rúa declaró el Estado de sitio el 19 de diciembre de 2001 a las 22:45 por televisión abierta; ese mismo día había ya renunciado el ministro de economía Domingo Cavallo. Sin embargo, la medida es desacatada por una marcha multitu-

---

[23]Entrevista del 9 de mayo de 2006.
[24]Entrevista del 22 de junio de 2006.

dinaria que sale de diversos barrios de Capital Federal para manifestarse durante toda la noche del 19 y 20 de diciembre en la Plaza de Mayo y en la Plaza del Congreso. Finalmente, el 20 de diciembre Fernando de la Rúa renunció y arribó a la presidencia Ramón Puerta, quien convocó a la Asamblea Legislativa para nombrar al nuevo Presidente.

2.4. La salida de la convertibilidad y el nuevo programa económico

La principal pregunta que en las esferas económicas se hacían en enero de 2002 era ¿de dónde vendrá el impulso para reactivar la economía en los próximos meses? El panorama era desastroso: altas tasas de desempleo y desocupación, cierre de fábricas, rebaja de salarios y reducciones de la inversión pública y privada habían estrangulado al consumo doméstico. A esto se suma la crisis económica de Brasil, el principal socio de Argentina, y la desaceleración económica de EUA y Europa por lo que las exportaciones tampoco serían un motor suficiente para echar a andar la economía (Preis, 2001: 233-234).

La Asamblea Legislativa que nombró al nuevo Presidente sesionó el 21 y 22 de diciembre de 2001 y designó con 169 votos a favor y 138 en contra al justicialista Adolfo Rodríguez Saá, quien debía convocar a elecciones el 3 de marzo de 2002 (Calloni, *La Jornada*, 24/dic/01 y AFP, *Reforma*, 22/dic/01). Si bien la presidencia de Rodríguez Saá es efímera, tomó dos decisiones importantes: 1) suspender el pago de la deuda externa; 2) mantener el plan de convertibilidad pese a que los economistas peronistas habían recomendado abandonarla y devaluar. Se sabe que en los días anteriores hubo intensas presiones de los bancos extranjeros y las empresas españolas quienes pidieron postergar esa decisión hasta la asunción del nuevo gobierno en abril de 2002 (Calloni, *La Jornada* 24/dic/01 y Pairone, *Reforma*, 24/dic/01). Hay dos elementos a tomar en cuenta para decidirse a devaluar: las personas endeudadas en dólares y los cuentahabientes en dólares, y el hecho de que las empresas privatizadas verían devaluarse sus patrimonios. Simplemente, los inversionistas españoles reducirían sus 40 mil mdd invertidos a 28 mil mdd (Aviles, *La Jornada* 27/dic/01). El conflicto que anunciábamos entre las dos fracciones del capital con sus diversos proyectos de nación se hace presente.

Tan sólo una semana después, el 29 de diciembre de 2001, dimite todo el gabinete del nuevo Presidente y el día siguiente Adolfo Rodríguez Saá renunció señalando como responsables de su fracaso a varios compañeros de su propio partido. Incluso el senador Ramón Puerta rehusó también asumir el puesto de Presidente Provisional aduciendo que la Asamblea Legislativa a la que él había convocado falló, por lo que el Presidente de la Cámara de Diputados y también justicialista, Eduardo Camaño, es quien tomó el puesto y convocó a otra Asamblea Legislativa para elegir al nuevo Presidente (Calloni, *La Jornada*, 31/dic/01). Es en este momento cuando se da la impresionante cifra de 5 presidentes argentinos en sólo 15 días. Finalmente el primero de enero de 2002 es electo Presidente por la Asamblea Legislativa el justicialista Eduardo Duhalde con los votos a favor de 151 peronistas, 85 integrantes de la UCR y 26 de otros partidos, 21 votos en contra de partidos de centro-izquierda y 18 abstenciones (Calloni, *La Jornada*, 2/ene/02).

Ante este panorama, durante la celebración de la Asamblea Legislativa que lleva a la presidencia a Eduardo Duhalde se discuten coincidencias mínimas para activar un programa económico cuyos ejes son: el abandono de la convertibilidad, la desdolarización y el cese de pagos de la deuda pública (Pairone, *Reforma*, 21/dic/01). Sin embargo, echar a andar este programa no sería tarea fácil no sólo por las presiones provenientes de la fracción del capital que está por la dolarización de la economía, sino incluso por la explosividad social del momento histórico.

Cuadro 10. Pobreza en Argentina		
Periodo	Pobres	Indigentes
Mayo 2001	35.9	11.6
Oct. 2001	38.3	13.6
Mayo 2002	53	24.8
Oct. 2002	57.5	27.5
Fuente.-Rouvier, 2003: 22.		

Los sentimientos de la población iban de la mano con las expectativas económicas. Explica Ricardo Rouvier (2003: 22) que durante 2001 y la primera parte de 2002 la población manifestaba, de forma espontánea y casi unánime, sentimientos negativos sobre la situación personal y del país consistentes en angustia, amargura, tristeza o depresión e inclusive el segundo sentimiento que aparecía en el 25% de los encuestados era el miedo. El 94% de las razones que explican este tipo de sentimientos están asociadas a una forma de privación: de futuro, de trabajo, de pobreza, inseguridad laboral, falta de gobierno, etc., a la par que crecía el número de pobres e indigentes en Argentina. Este diagnóstico se completo con el cierre de 25 mil comercios en enero de 2002 y 7 mil durante la primera semana de febrero.

Al asumir, Eduardo Duhalde afirmó que la convertibilidad si bien combatió la hiperinflación también acabó con la competitividad, arrojó a la indigencia a 2 millones de argentinos, destruyó la clase media, quebró las industrias y pulverizó el trabajo, Argentina está quebrada –sostuvo– y no hay circulante capaz de poner en marcha a la economía.[25] También ratificó la moratoria al pago de la deuda y afirmó que iría en contra de quienes hicieron maniobras ilegales en la salida de capitales y de quienes se lo permitieron. Asimismo anunció que llevaría a cabo un programa de seguro de desempleo y otro de capacitación laboral[26] (Calloni, *La Jornada*, 2/ene/01) a la par que no se tiene ni un peso para pagar salarios y aguinaldos e informa que dará a conocer un plan económico.[27]

El 5 de enero de 2002, la Cámara de Diputados comenzó a debatir el proyecto de ley que otorgó facultades especiales

---

[25]Nos cuenta Eduardo Ratti (entrevista del 9 de mayo de 2006) –Secretario de Coordinación Técnica en 2002– que Jorge Remes Lenicov junto con sus principales colaboradores se habían venido reuniendo desde marzo de 2001 porque advertían que tanto el gobierno de la Alianza como las finanzas de la nación y de las provincias estaban en una situación crítica. Se formaba una ruptura de pagos donde el Estado era el primer afectado por la caída en la recaudación. Esto fue lo que forzó a la formación de pseudo-monedas por parte de las provincias. Hasta el 26 de diciembre de 2001 el Estado había emitido 2,853 millones 700 mil pesos en bonos federales y provinciales creados por Fernando de la Rúa. Entre estos podían observarse las Letras de Consolidación de Obligaciones Provinciales (Lecops) que ascendían a 1,300 mdp; los conocidos Petacones emitidos por la Provincia de Buenos Aires que llegaban a mil mdp; los Lecacores pertenecientes a la Provincia de Corrientes y que llegaban a los 100 mdp; los Lecores expedidos por la Provincia de Córdoba y que alcanzaban los 100 mdp; los Bonfles emitidos por la Provincia de Entre Ríos que ascendían a 100 mdp; los Quebrachos pertenecientes a la Provincia de Chaco y que llegaron a 50 mdp; los Bancaflores expedidos por la Provincia de Formosa y que llegaron a 50 mdp; los Bocades emitidos por la Provincia de Tucumán y que alcanzaron los 53 mdp; los Municipales pertenecientes a la Provincia de Santiago del Estero y que llegaron a los 700 mil pesos y los Públicos emitidos por la Provincia de Catamarca cuya cifra no estaba determinada (Aviles, La Jornada, 26/dic/01). De acuerdo con Sebastián Katz (entrevista del 4 de julio de 2006) –Subsecretario de Programación Política entre los año 2004/2006– este era uno de los temas que más divergencia causaba en las negociaciones con el FMI puesto que el organismo era escéptico acerca de la posibilidad de rescatar voluntariamente las cuasi-monedas, aunque el Banco Central, junto con el equipo económico, finalmente logró un rescate muy ordenado.

[26]La primera estrategia del nuevo Presidente, de acuerdo con Eduardo Amadeo (entrevista del 9 mayo de 2006) -Vocero Presidencial y Embajador argentino en EUA de 2002 a 2003– fue mantener la coherencia del poder político. Duhalde tenía todos los factores reales de poder en contra entonces hizo un gobierno parlamentario, puso seis ministros de partidos de oposición y luego siguió un proceso de diálogo permanente con su propio partido y con los otros diciéndoles: "muchachos, si yo me caigo ustedes caen conmigo".

[27]De acuerdo con Jorge Remes Lenicov (2003: 13) –Ministro de Economía en 2002– el plan contenía tres etapas para enfrentar la crisis: la primera, en donde

al Poder Ejecutivo para declarar la emergencia económica y financiera del país y modificar la paridad cambiaria, determinar la fijación de la política monetaria por un plazo de 2 años y disponer medidas a fin de disminuir el impacto producido por la modificación de la relación cambiaria para los endeudados en dólares en el sistema financiero. En la madrugada del 6 de enero se aprobó el paquete de emergencia de medidas económicas que entre otras cosas incluyó la devaluación del peso y la libre flotación cambiaria. Se puso fin a 10 años de convertibilidad en Argentina concretándose una devaluación inicial del 30% del peso (que luego sería de 300% cotizando tres pesos argentinos por 1 dólar). Se establecieron dos sistemas de cambio: uno oficial donde la cotización era de 1.40 pesos por dólar y un tipo de cambio libre que funcionaría en las calles y respecto del cual no habría control gubernamental (AFP, *La Jornada*, 6/ene/02 y Calloni, *La Jornada*, 7/ene/02). Además, se convirtieron todas las deudas menores a 100 mil dólares contraída por particulares y todos los depósitos en dólares a pesos. Mientras que las deudas se convertían al tipo de cambio 1 a 1, los depósitos se convertían de 1 dólar a 1.40 pesos argentinos. Con esta medida se estimaba que los bancos fueran afectados con 10 o 12 mil mdd en pérdidas (Aviles, *La Jornada*, 6/ene/02). Las cosas tampoco fueron bien para los depositantes, a quienes se les pagaría un tipo de cambio de 1.40 cuando el dólar libre llegaba a 3 pesos.

El nuevo gobierno también gravó entre 10 y 20% las exportaciones de hidrocarburos, lo que afectó principalmente al consorcio español Repsol (en el año 2001 Repsol exportó 3,800 mdd de gas y petróleo) y a empresas y bancos españoles (Aviles, *La Jornada*, 6/ene/02), a lo que posteriormente

---

se normalizaría la economía, se restauraría el equilibrio macroeconómico y se buscaría iniciar la reactivación para contener la crisis social; una segunda etapa de re-establecimiento de las relaciones con el exterior con el objetivo de obtener financiamiento para capitalizar los beneficios de la devaluación por medio del comercio exterior, reestructurando también a las entidades financieras locales a fin de re-establecer rápidamente la función de intermediación financiera que se había colapsado. Y, por último, una tercera etapa de reformas estructurales imprescindibles para definir una estrategia de desarrollo integrado y sustentable.

se sumarían retenciones del 10% para productos primarios, y del 5% para las manufacturas de origen industrial y agropecuario con el objetivo de recaudar 1,400 mdd anuales (Cufre, *Página 12*, 5/mar/02); también se pesificaron las tarifas públicas, prohibiéndose cualquier tipo de indexación y se suspendieron los despidos sin causa justificada por 90 días sancionándolos con el doble de la indemnización (Calloni, *La Jornada*, 7/ene/01), medida que se prolongó hasta finales del 2007.

Este nuevo plan económico marcó una ruptura respecto de lo que Menem y De la Rúa venían haciendo. Del modelo tripartito integrado por ajuste económico, reformas estructurales y convertibilidad, una de las piezas era totalmente borrada y de las otras dos se cambiaban algunos puntos como la no intervención estatal y el ajuste como medida frente a la crisis en lugar de buscar la reactivación económica con algunas estrategias keynesianas y anti-cíclicas. Asimismo, se modificó la estrategia y recursos para enfrentar a la globalización financiera pasando de un tipo de cambio fijo, la libre entrada y salida de capitales y la política monetaria exógena (que junto con el modelo tripartito suponía un marco amigable a la inversión para generar el crecimiento económico) a un tipo cambio flexible con flotación administrada y la recuperación de márgenes de maniobra para la política monetaria.[28]

Pese a que el capitalismo sigue siendo el modelo imperante, lo cierto es que hay dos tendencias: una observada en los gobiernos de Carlos Menem y Fernando de la Rúa, y otra que comienza con Eduardo Duhalde y se fortifica con Néstor Kirchner. El mantenimiento de ciertos aspectos del modelo heredado forma parte de una no-decisión de modificarlo y, por ende, una expresión del poder estructural del mercado (en este caso, de una parte del mercado: la oligarquía diversificada) para mantener fuera de la agenda los puntos que podrían lesionar sus intereses.

---

[28]Entrevista con Katz del 4 de julio de 2006.

Cuadro 11. Modelos económicos en Argentina, 1989 –2006.

Modelo económico Menem –De la Rúa	Modelo económico Duhalde –Kirchner
Directrices:	Directrices:
Realización de reformas estructurales:	Mantenimiento de las reformas estructurales con pocas excepciones:
Privatizaciones ventajosas para los compradores en el centro del modelo.	Ligera revisión a las privatizaciones, no hay aumento de tarifas.
Apertura económica bajando o desapareciendo aranceles.	Se mantiene la apertura económica, se establecen más impuestos a la exportación.
Desregulación económica.	Se mantiene la desregulación económica.
Flexibilización laboral.	Cambios a la política laboral.
Reforma fiscal regresiva.	Se mantiene el régimen fiscal.
Control de la inflación vía demanda.	Control de la inflación vía oferta y acuerdos de precios.
Menor intervención del Estado en la economía.	Mayor intervención estatal (intervención monetaria, mayor inversión).
Ajustes económicos, política monetaria rígida.	No más ajustes económicos, política monetaria menos rígida.
Alto déficit fiscal al inicio y al final de este periodo.	Se logra superávit fiscal durante el gobierno.
Posición amigable con los organismos internacionales de crédito y el capital financiero.	Mayor confrontación con los organismos internacionales de crédito y el capital financiero.
Convertibilidad 1 a 1.	Tipo de cambio flotante.
Inflación nula.	Inflación baja.
Salarios a precios internacionales altos.	Fuerte caída del precio internacional salarial.
Globalización financiera:	Globalización financiera:
Libertad de movilidad de capitales.	Libertad de movilidad de capitales.
Tipo de cambio fijo, dólar bajo.	Tipo de cambio flotante, dólar alto.
Política monetaria exógena.	Política monetaria endógena.

Pese a que se sigue jugando dentro del capitalismo, hay un importante cambio en el modelo económico: el fin de la convertibilidad. Este hecho significa el agotamiento de un patrón de acumulación que beneficiaba al capital financiero. El cambio relativo de precios posterior a la convertibilidad, junto con las bajas tasas de interés generaron no sólo una fuerte y sostenida expansión económica entre 2003 y 2005, sino incluso una expansión superior de los productores de bienes con respecto al crecimiento económico, y muy por encima del sector servicios, a diferencia de lo que había sucedido durante el menemismo (Basualdo, s/f). Sin embargo, es importante resaltar que, como parte de esta transformación, mediante la devaluación realizada durante todo el año 2002 se llevó a cabo una fuerte pérdida del poder adquisitivo del salario recomponiendo también la tasa de ganancia en el sector productivo.

Este plan económico de salida de la crisis es interpretado por Roberto Bisang como un "cierre de caja" y la formulación de una nueva negociación y alianza con los sectores exportadores mediante la devaluación y, con ella, la reducción salarial.[29] En sentido semejante, para Eduardo Basualdo[30] la salida de la crisis de la Argentina en el año 2002 significó que el capital concentrado interno, que había sido parte de la coalición menemista, se impusiera sobre la propuesta de los acreedores y grupos financieros. Al respecto, señala Daniel Campione[31] este nuevo plan económico es el inicio de lo que será una relación más reticente con los organismos financieros y las empresas privatizadas junto con un acercamiento hacia aquellos sectores que estaban endeudados o que eran tomadores de los servicios públicos apostando a una rápida recuperación de la producción. La modificación del tipo de cambio cumplió dos papeles: como protección a los productores internos encareciendo las importaciones a la par que mantenía las enormes deudas de algunas empresas, y sobre las tarifas de los servicios públicos en rangos aceptables y pesificadas promoviendo algún nivel de recuperación de las empresas productivas con cierto impacto en el empleo. Esta estrategia comenzó a tener éxito a finales de 2002 con cierta reactivación económica que se mantiene hasta ahora.

Con la crisis en sus expresiones más drásticas, las cifras de la dependencia estatal al capital se hicieron patentes. En 2002, la deuda pasó del 54 al 154% del PIB, y la caída de la recaudación fue del 19 al 17% del PIB. No obstante, pese a esta caída, hay un importante cierre de brecha ingreso-gasto remontando un déficit primario de 1.96% en 2001 para conseguir un superávit primario de 1.84% del PIB, mientras que el déficit financiero pasó de 7.03% a 0.81% del PIB. Esto se debe

---

[29]Entrevista con Roberto Bisang del 4 de mayo de 2006.
[30]Entrevista con Basualdo del 28 de junio de 2006.
[31]Entrevista del 22 de junio de 2006.

a que el recorte fiscal era una de las principales demandas
del FMI para reanudar las mesas de diálogo, por lo que en
febrero de 2002 Eduardo Duhalde presentó un presupuesto
para ese año ajustado a las condiciones del FMI donde se
pronosticaba la caída de un 5% del PIB, una tasa inflaciona-
ria del 15%, un déficit de 3 mil mdp y un gasto de 42,800 mdp.
Asimismo, el presupuesto mantuvo el recorte a salarios de
empleados públicos y jubilados del 13%. Por su parte, Oscar
Lamberto –Secretario de Hacienda en 2002– declaró que los
salarios estatales estarían atados a la recaudación de impuestos. Días después, el 23 de febrero de 2002, Eduardo Duhalde
se subió el sueldo 15% (de 2,550 a 3,000 pesos mensuales) a
la par que despidió al 30% de los funcionarios, lo que hizo
desaparecer los Ministerios de Infraestructura, Turismo y
Deportes.

De esta forma, vemos tres movimientos estratégicos: dos
por parte del gobierno, y otro del capital financiero. Con
el *default* pronunciado en diciembre del 2001 se logra neu-
tralizar el aumento de la deuda como porcentaje del PIB lo
mismo que las tasas de interés. Asimismo, algunas medidas
establecidas tanto sobre la oligarquía pampeana como sobre
las empresas privatizadas, como son los impuestos y retenciones a la exportación, permitirán al gobierno contar con
recursos frescos. No obstante, el bloque económico perde-
dor interpósito al FMI consiguió influir en el recorte de los
gastos estatales que va del 30% al 24% del PIB, logrando un
superávit primario y un muy bajo déficit financiero que buscará trasladarlo al pago de la deuda.

Es también en estos primeros meses de 2002 cuando los
recursos políticos del mercado aplicados de forma directa
tienen primacía, particularmente los relacionados con la dependencia estatal. En torno a la deuda se generan una serie
de peticiones gubernamentales tendientes a reinsertar a Argentina en la comunidad financiera internacional, de donde
había salido luego de haber declarado el *default*. Uno de los
principales interlocutores en este espacio es el FMI, apun-
talado por el resto de los organismos multilaterales, los go-

biernos de los países desarrollados, e incluso los del resto de América Latina. En efecto, en la última semana de enero de 2002, Carlos Ruckauf, Ministro del Exterior, viajó a EE.UU., Tokio e Italia a fin de presentar el plan económico. Sin embargo, de acuerdo con Jorge Remes Lenicov[32] –Ministro de Economía en 2002– no se tuvo el apoyo de ningún país desarrollado, quienes si bien estaban de acuerdo con la salida de la convertibilidad y la pesificación, tenían muchas dudas sobre la salida política que veían caótica e incierta a la par que supeditaron cualquier posibilidad de acuerdo al consenso previo con el FMI.

Además del FMI, los propios jugadores del mercado utilizaron sus recursos políticos directos de dos formas principales: negociar con el Estado la entrega anticipada de recursos recaudatorios a cambio de no establecer el nuevo arancel a la exportación de hidrocarburos, y negociar con el Estado el arribo de recursos frescos de los bancos transnacionales a cambio de la apertura del corralito con la consecuente quiebra de los bancos más pequeños y privatización del Banco Nación. En ambos casos, el Estado tuvo la autonomía suficiente para negarse a estas negociaciones.

2.5. La relación con el FMI después de abril del 2002

En su nombramiento como Ministro de Economía el 29 de abril de 2002, Roberto Lavagna de inmediato ratificó el compromiso del gobierno a continuar las negociaciones con el FMI mientras que EE.UU. insistía en que Argentina debía realizar profundas reformas antes de lograr un acuerdo que le permitiera volver al sistema financiero internacional. De hecho, durante las negociaciones con el FMI la agenda fue muy variada.[33] El mismo 29 de abril de 2002, el flamante mi-

---

[32]Entrevista del 4 de mayo de 2006.
[33]Diciembre 2001: ordenar política fiscal y monetaria; febrero 2002: mejorar la administración tributaria, resolver la política fiscal, establecer una relación financiera sana con las provincias y reestructurar la deuda externa; marzo 2002: debate en torno al impuesto a la exportación de hidrocarburos, recorte del déficit de las provincias (60%), modificación de la Ley de Concursos, eliminación de la Ley de

nistro Roberto Lavagna y Carlos Ruckauf se reunieron con
Embajadores del G8, España y América Latina ante quienes
confirmaron el reinicio de las negociaciones con el FMI y
pidieron una apertura de sus mercados a las exportaciones
argentinas (AFP, *La Jornada*, 30/abr/02).

Explica Guillermo Nielsen (2006: 5) –Secretario de Hacienda desde el año 2002 al 2005– que en mayo de 2002 el plan
del gobierno era llegar a un acuerdo con el FMI para agosto
o septiembre de ese año, y proseguir con la reestructuración
del resto de la deuda finiquitando este tema en diciembre de
2003 y dejando espacio a quien fuera nuevo Presidente para
centrar su atención en el crecimiento. Para ello, el 8 de mayo
de 2002 Duhalde se dio a la tarea de pedir un crédito puente
a países latinoamericanos para evitar una moratoria con el
Banco Mundial, el FMI y otros organismos internacionales
pagando 1,200 mdd. Toda vez que no se ha caído en *default*
con los organismos internacionales y se han cumplido muchas de las peticiones de los organismos financieros internacionales, el Gobierno argentino esperaba para el 3 de junio
de 2002 el descongelamiento de 9 mil 500 mdd por parte del
FMI. El 14 de junio arribó a Buenos Aires una nueva misión
del FMI encabezada por John Thornton que exigía modificaciones al Código Penal y la salida del corralito mediante la
aceptación obligatoria y no voluntaria de diversos planes de
bonos.

El 22 de agosto de 2002 Argentina y el FMI firmaron un
acuerdo para alcanzar un superávit fiscal primario del 0.8%
del PIB. Sin embargo, el 29 de agosto de ese año Thomas

Subversión Económica y normalización del sistema financiero, caída superior a
la pronosticada del PIB en el presupuesto de 2002 y la erradicación de los bonos
pagaré provinciales; mayo 2002: volver a la Ley Bonex a fin de que los bancos no
firmen los bonos que se entregarán a los ahorristas; agosto 2002: superávit fiscal
primario 0.8% del PIB para 2002; noviembre 2002: aumento de tarifas de los servicios privatizados, un mayor ajuste fiscal para el año 2003 y superávit fiscal primario de 2.5 reduciendo el gasto de las provincias y aumentando la recaudación,
frenar los amparos de los ahorradores, sanear la banca pública con capitales privados y ejecutar las deudas hipotecarias y las reglas de pago de deudores morosos;
y, finalmente, en enero de 2003: el FMI objeta la política monetaria.

Dawnson, vocero del FMI, consideró que no existía consenso político en el país para alcanzar un acuerdo sin mencionar las áreas en las que Argentina necesita avances por tratarse de una amplia gama de aspectos. Incluso el organismo ni siquiera quiso establecer un calendario de negociaciones, a la par que Anoop Singh planteó nuevas condiciones para llegar a un acuerdo con el FMI. El 31 de agosto de 2002 el Gobierno argentino pidió oficialmente al FMI que postergara por un año 2 mil 700 mdd que debían ser pagados el 9 de septiembre (DPA, *La Jornada*, 31/ago/02), solicitud que fue aceptada aunque resultó insuficiente, y finalmente el 14 de noviembre de 2002 Eduardo Duhalde decidió pagar sólo los intereses (79.2 mdd) de un vencimiento global de 805 mdd que caducaba ese mismo día cayendo en mora con el BM[34] y conservando sus reservas. Incluso podría también caer en mora con el FMI, ya que a finales de noviembre se tenía un vencimiento de deuda con el organismo (Calloni, *La Jornada*, 15/nov/02). Con esta moratoria, afirma Guillermo Nielsen (2006: 5), Argentina se preparaba para suspender los pagos al FMI y enviaba una señal al G7: la comunidad internacional pagaría un precio por el arrinconamiento de Argentina. De acuerdo con Eduardo Amadeo[35] –Vocero Presidencial y Embajador en EUA entre 2002 y 2003– el objetivo era poner el problema del otro lado porque, si no se pagaba, se podía iniciar una cadena de *defaults*. También en este momento se decide en el gobierno dar más atención a la negociación con los países que integran el G7 que al FMI: el objetivo era de-

---

[34]El Banco Mundial anunció que aplicaría a Argentina su política para países en mora de 30 días que incluye: suspender envíos de nuevos créditos al Directorio para su aprobación a la par que los tomadores de crédito dejan de ser elegibles para obtener bonificaciones de la tasa de interés por los siguientes seis meses. Sin embargo, el BM seguirá desembolsando los préstamos de inversión previamente aprobados para Argentina mientras el atraso no supere los 30 días de mora. Argentina tenía deudas con el BM, hasta el 30 de junio de 2002, por 8 mil 707 mdd. Por su parte, el BID ratificó el préstamo de 872 mdd a Argentina que se destinaría a obras de infraestructura y a 3 programas de apoyo a la micro y pequeña empresa, de servicios agrícolas provinciales y de emergencia para zonas inundadas (AFP, La Jornada, 15/nov/02).
[35]Entrevista del 9 de mayo de 2006.

sarrollar vínculos bilaterales con varios gobiernos, incluyendo los Países Bajos, Bélgica, Suecia, China, Brasil y otros[36]
(Nielsen, 2006: 5).

A esta acción, el FMI, a través de la Subdirectora Gerente Anne Krueger, se dijo acorde a aceptar una solicitud de
aplazar un pago de 141 mdd que vencía el 22 de noviembre de
2002, pero estableció como condiciones del nuevo acuerdo: 1)
subir las tarifas de los servicios privatizados; 2) realizar un
ajuste fiscal de 4,800 mdd para lograr en 2003 un superávit
primario de 2.5% reduciendo el gasto en las provincias y aumentando la recaudación; 3) garantizar que no se tocaría la
Ley de Quiebras y que no se extendería el plazo para impedir las ejecuciones judiciales a los deudores; 4) sancionar una
ley que impida disponer por decreto de nuevas moratorias y
blanqueos tributarios; 5) frenar los amparos de los ahorradores; 6) eliminar totalmente los planes de competitividad que
instrumentó Domingo Cavallo; 7) sanear la banca pública
con capitales privados; 8) apoyar políticamente. En torno a
este último punto, el 19 de noviembre el presidente Eduardo
Duhalde y 26 gobernadores firmaron un acuerdo apoyando
las exigencias del FMI entre las cuales está, además de las
mencionadas, ejecutar las deudas hipotecarias[37] y las reglas
de pago de deudores morosos. Sin embargo, frente a la falta
de un arreglo general con el FMI, el 13 de diciembre de 2002
el gobierno de Eduardo Duhalde decidió no pagar al BM un
vencimiento por 726 mdd, lo que llevaría al organismo a cortar toda asistencia financiera (aunque durante el año 2002
Argentina desembolsó 4 mil mdd y sólo recibió 550 mdd).
Por su parte, Eduardo Duhalde afirmó que no firmaría un
cheque en blanco al FMI cuando enfrenta vencimientos en-

---

[36]De hecho, fue clave el apoyo del Gobierno español a cargo de José María Aznar
durante su visita a la Casa Blanca el 8 de diciembre de 2002, en torno a que Argentina necesitaba una oportunidad de restablecer su economía con el apoyo de
la comunidad internacional.
[37]No obstante, el 14 de noviembre de 2002 el gobierno de Duhalde decidió postergar las ejecuciones de las hipotecas por parte de los bancos hasta febrero de 2003,
a pesar de que una ley dictaba su ejecución a partir del 12 de noviembre.

tre diciembre de 2002 y mayo de 2003 equivalentes a todas las reservas del Banco Central (10 mil 130 mdd), a la par que el gobierno decidió no pagar a ningún organismo multilateral hasta en tanto no haya un acuerdo de refinanciamiento con el FMI (Calloni, *La Jornada*, 14/dic/02).

El viernes 10 de enero de 2003 llegó una nueva misión del FMI a Argentina, a quien Eduardo Duhalde solicitó postergar pagos por 3 años. De hecho, sólo frente al FMI Argentina debía encarar vencimientos por 5 mil mdd entre enero y junio de 2003, de los cuales propone pagar mil mdd. El 15 de enero de 2003 Argentina entró en *default* con el BID por 845 mdd, mientras que el acuerdo de refinanciamiento con el FMI estaba trabado, de acuerdo con Roberto Lavagna, debido a que el FMI objetó la política monetaria.[38] Esa semana Argentina debía pagar además 1,065 mdd al FMI y 695 mdd al BM, aunque el gobierno ya había aclarado que sólo pagaría si se elaboraba un programa de refinanciación de compromisos. En particular, el gobierno se negó a afectar los poco más de 10 mil mdd de reservas con que cuenta el Banco Central sin tener la garantía de que el 23 de enero el directorio del FMI definiría el pacto para reprogramar los vencimientos de la deuda de Argentina con los organismos internacionales hasta mediados de 2003 (alrededor de unos 7 mil 300 mdd) (AFP, *La Jornada*, 16/ene/03).

Finalmente el 16 de enero del 2003 se firmó el acuerdo con el FMI postergando en 1, 3 y 5 años los pagos de la deuda argentina con los organismos multilaterales. Se reprogramaron deudas por 6,600 mdd con el FMI, 4,400 mdd con el BID y 5,112 mdd que el FMI había refinanciado durante 2002, 16,112 mdd en total. Si bien el acuerdo no incluyó dinero fresco para Argentina, sí permitió que se destrabara una serie de créditos tanto con el BID como con el BM que habían condicionado su aprobación al acuerdo. A cambio Argentina desembolsó el 17 de enero 998 mdd como pago acordado con el FMI, se comprometió a lograr un superávit primario del

---

[38]El FMI pedía que se elevaran las tasas de interés para sacar circulante del mercado, pero esto haría más lenta la reactivación económica.

2.5% del PIB y puso como meta un 3% de crecimiento del PIB y un tope inflacionario del 22% para 2003. Se preveía también que comenzara la renegociación de la deuda con los acreedores privados y la reestructuración de la banca pública permitiendo el ingreso de capitales privados (AFP, *El Financiero*, 17/ene/03 y Quiroga, *El Clarín*, 17/ene/03). A partir del acuerdo alcanzado, el 23 de enero del 2003 Argentina pagó 770 mdd al BID y 796.5 mdd al BM de vencimientos en mora saldando sus atrasos y reinstalando una línea de crédito por 3,500 mdd. El 5 de febrero del 2003 el BID aprobó un préstamo de emergencia por 1,500 mdd a Argentina y se analizaba una operación más por 1,000 mdd en el segundo semestre del 2003.

3. Las estrategias de la negociación de la deuda argentina en la presidencia de Néstor Kirchner

Para cuando Néstor Kirchner llegó al poder en mayo de 2003 las condiciones eran muy distintas. En principio, uno de los presidentes de transición –Adolfo Rodríguez Saá– ya había tomado una de las decisiones que significó el primer golpe a los acreedores del Estado: declarar el *default*. Otro de los presidente de transición, Eduardo Duhalde, había avanzado en un segundo punto y declaró una devaluación que llegó al 300% a la par que pesificó todo el sistema financiero argentino cerrando por completo la puerta a la dolarización propuesta por los acreedores del Estado y el bloque financiero. Junto a la decisión gubernamental de acompañar al bloque económico productivo-exportador que se convirtió en el principal sector inversor de la Argentina en su recuperación económica de 2003-2005, Néstor Kirchner se vio beneficiado con el aumento de los precios internacionales de dos productos básicos para la exportación Argentina: el petróleo y la soja. Con un fuerte aumento de la inversión bruta interna fija (IBIF) acompañado del incremento en la manufactura y el PIB, el gobierno de Néstor Kirchner pudo echar mano del capital doméstico para reactivar la capacidad ociosa y, por la devaluación y debido a que no hubo un traslado del aumento del dólar a los precios domésticos, se conformó una relación de precios que permitió una reactivación económica mediante un ligero proceso de sustitución de importaciones que permitió reavivar la economía y mejorar las reservas internacionales. Con una economía andando y un amplio apoyo popular luego de la crisis de diciembre de 2001 y el terrible año 2002, la capacidad de negociación de Néstor Kirchner frente a los organismos internacionales y los acreedores externos aumentó. De esta forma, el poder estructural del mercado –en este caso, la inversión y reactivación económica– por una parte del bloque económico permitió al gobierno una mayor capacidad de acción y negociación sobre la parte opositora del bloque.

3.1. La relación de Argentina con sus acreedores

Relata Guillermo Nielsen (2006: 5-6), Secretario de Hacienda de 2002 a 2005, que desde principios de marzo de 2002 Argentina comenzó a enviar cartas a sus tenedores de títulos para abrir líneas de comunicación. De acuerdo con *The Economist*, se calcula que la cuarta parte de los bonos de deuda soberanos que circulaban en ese momento en el mundo eran argentinos (Vernengo, *Reforma*, 21/dic/01). El 3 de julio de 2002 el presidente Duhalde anunció su dimisión y convocó a elecciones anticipadas por lo que quien resultara nuevo Presidente se haría cargo seis meses antes de lo proyectado, disminuyendo el tiempo para lanzar una negociación con los acreedores. Incluso desde la perspectiva de los bonistas, la decisión de Duhalde eliminó toda razón para reunirse con el gobierno.

Néstor Kirchner resultó victorioso en la elección presidencial de 2003 y el 22 de mayo declaró que no aceptaría la imposición de ajustes del FMI, ya que el país había demostrado que puede vivir sin el acuerdo con ese organismo pese a que Argentina tenía vencimientos por 3 mil mdd para septiembre de 2003 (Calloni, *La Jornada*, 22/may/03). Por su parte, el 29 de mayo del mismo año, Heidi Cruz, Directora para

América Latina y el Caribe del Tesoro de EU, dio a conocer
lo que sería su agenda durante el gobierno de Kirchner: las
reformas estructurales como imperativo para el crecimiento,
la renegociación de la deuda pública, la reestructuración de la
banca, la reforma de los servicios públicos, la restauración de
los derechos de los acreedores, un sistema de quiebras funcional y la liberalización comercial.

Para finales de julio Néstor Kirchner viajó por Europa y
Estados Unidos donde se reunió con George Bush el 23 de julio con el objetivo de negociar un nuevo programa de 3 años
con el FMI que le mantuviese abierto el crédito internacional, intentando llegar a un acuerdo antes del 9 de septiembre,
fecha de expiración de un vencimiento de 2 mil 900 mdd.
Incluso la situación se vuelve nuevamente tensa, parecida
a la de diciembre y enero de 2002-2003, cuando el 8 de septiembre el Gobierno argentino informó que no liquidaría el
martes 9 el pago correspondiente al FMI si éste no aceptaba
la propuesta de acuerdo financiero que presentó el país sud-
americano. En el debate del refinanciamiento hay tres puntos de conflicto: el aumento de las tarifas de los servicios
públicos que se encontraban congeladas, la compensación a
los bancos por los efectos negativos de la devaluación de la
moneda local y el superávit primario para el 2004 (AFP, *El
Financiero*, 9/sep/03). Finalmente el 10 de septiembre de 2003
se logró un acuerdo con el FMI para postergar por 3 años los
vencimientos de 12,300 mdd. En el acuerdo se estableció un
superávit fiscal primario de 3% en 2004 y durante los 3 años
Argentina pagaría intereses al FMI equivalentes a 2 mil 100
mdd. Se debe tomar en cuenta que esto se logró sin firmar el
cronograma de aumento de tarifas de servicios públicos y sin
incluir la compensación demandada por los bancos. El acuerdo operaría de septiembre del 2003 a septiembre de 2006, por
lo que el FMI devolvió el pago de 2 mil 900 mdd que se había
realizado el 11 de septiembre (AFP, *La Jornada*, 12/sep/03).
Lo cierto es que con la economía andando, Argentina mejoró
también sus niveles de recaudación e ingreso durante 2003 y
2004, a la par que contuvo el gasto público por lo que logró

con facilidad el superávit fiscal primario acordado tanto en 2003 como en 2004, e incluso superó lo pactado con el FMI. De hecho, parte de las siguientes controversias con el FMI se basaron en el destino que debe darse a ese superávit: gasto público para aumentar el consumo y ampliar el mercado interno fomentando la producción o pago a los acreedores externos.

Cuadro 12. Finanzas Públicas del 2001 al 2004				
Año	Recaudación % del PIB	Ingresos totales % del PIB	Gastos totales % del PIB	Resultado primario % del PIB	Resultado financiero % del PIB
2001	19.64	23.80	30.83	-1.96	-7.03
2002	17.84	23.99	24.80	1.84	-0.81
2003	21.10	26.96	25.37	3.96	1.59
2004	24.21	29.58	25.75	5.64	3.83
Fuente.-Ferreres, 2005: 516.				

Resuelto el acuerdo con el FMI, el gobierno de Kirchner se da a la tarea de recomponer su deuda con los 500 mil tenedores de bonos argentinos. El 22 de septiembre de 2003, Argentina dio a conocer la primera oferta de pago conocida como Las Pautas de Dubai, donde ofreció pagar sólo una cuarta parte de los 94 mil 300 mdd que les debe (25 centavos de cada dólar). En esta oferta inicial los montos reestructurados no incluyen los intereses atrasados, alrededor de 18 mil 700 mdd en pagos de capital e intereses no cumplidos desde enero de 2002 que Argentina no estaba dispuesta a negociar (AFP, *La Jornada*, 23/sep/03). La propuesta argentina contemplaba los siguientes tipos de bonos: 1) los que conservan el capital original pero extienden el plazo de pago entre 20 y 42 años con una tasa de pago de interés de entre 0.5 y 1.5% anual; 2) los que implican una muy pequeña reducción del capital, alrededor de un 30%, pero con una tasa de interés de entre 1 y 2% y un plazo de 20 a 42 años; 3) aquellos en donde la reducción del capital es de alrededor del 75% de su valor nominal con un vencimiento de 8 a 32 años y una tasa de

interés de entre 1 y 5% anual. También existe la posibilidad
de elegir cualquiera de estos bonos con una tasa de interés
menor pero con un cupón adicional ligado al crecimiento del
PIB (AFP, *La Jornada*, 29/oct/03).

Explica Guillermo Nielsen (2006: 6-7) que con este plan
se aclaró la profundidad de la crisis sufrida por Argentina
y la necesidad de una quita tan agresiva como la propuesta.
No obstante, con el plan se generó una atmósfera hostil en
la comunidad inversora internacional donde el papel principal de "policía perverso" lo tuvo el FMI, especialmente el
Departamento de Mercados de Capitales de esa institución.
Durante 2002 y 2003 –sigue Nielsen– el Ministerio de Economía celebró discusiones con prácticamente todos los bancos
de inversión argumentando que la reestructuración elimina-
ría el mayor problema pendiente en el mercado de capitales,
que ellos formarían parte de la solución y que esto iba a ser
una mejora clave en sus negocios futuros en los mercados
emergentes; también de marzo de 2002 a marzo de 2004 se
tuvieron 54 reuniones con acreedores de seis o siete países
de acuerdo con el ministro de economía Roberto Lavagna
(AFP, *La Jornada*, 22/mar/04). Paralelamente, en septiembre del año 2003 el juez Thomas Griessa, con jurisdicción en
Nueva York, emitió un fallo a favor de los estadounidenses
que reclamaban el pago del 100% de los títulos de deuda que
poseen. El plazo dado a Argentina para pagar venció el 31
de enero de 2004, por lo que a partir del 1 de febrero podrían
comenzar los embargos sobre bienes argentinos (Calloni, *La
Jornada*, 2/feb/04).

Argentina comenzó a acercarse al banco londinense Barclays y a la Unión de Bancos Suizos a fin de contratarlos
para que se ocuparan de negociar la salida del conflicto con
los mercados europeos y norteamericanos, mientras que los
Bancos Galicia, Francés (BBVA) y Nación se harían cargo
del mercado argentino, con la excepción de los inversores
institucionales locales que tratarían directamente con el gobierno. Una vez más la gerencia del FMI retrasó el proceso
rechazando presentar la primer revisión del acuerdo logrado

en septiembre ante el Directorio en la reunión prevista para diciembre 2003, aunque por entonces la economía argentina ya superaba la mayoría de los objetivos macroeconómicos que se habían establecido en dicho acuerdo. Con esta omisión se consiguió que se complicaran las negociaciones para contratar a los bancos que se ocuparían de la reestructuración; con sólo dos bancos europeos contratados, el proceso entero podría haber colapsado si no hubiera sido por la invitación tardía a Merrill Lynch (Nielsen, 2006: 8).

Durante las negociaciones de la deuda se mantuvo un alto nivel de confrontación verbal: el 17 de enero de 2004 Néstor Kirchner afirmó que la Subdirectora del FMI –Anne Krueger– es una de las responsables del gran endeudamiento de Argentina, mientras que Krueger había reprochado al gobierno su indecisión para promover una reforma fiscal que le permitiera alcanzar un superávit primario de 3% (AFP, *La Jornada*, 18/ene/04). Posteriormente, en la reunión del G7 en Boca Ratón el 6 y 7 de febrero de 2004, el equipo negociador de Argentina se reunió con Horst Kohler, Anne Krueger y un equipo de altos funcionarios del FMI en el Hotel Carlton en Coconut Grove, donde quedó claro que los acreedores esperaban mayores concesiones y que el FMI estaba preparado para colaborar para tal fin: la delegación italiana tomó prácticamente el control de las relaciones del G7 con Argentina. Esta petición se presentaba con frases como: "negociaciones de buena fe" o "negociaciones constructivas" (Nielsen, 2006: 9). Finalmente, el 15 de febrero de 2004 el Gobierno argentino hizo el anuncio oficial del contrato de los bancos Nación, Francés, Galicia, Merrill Lynch, la Unión de Bancos Suizos y el banco londinense Barclays para preparar la reestructuración de la deuda con los poseedores de bonos argentinos. El lunes 16 de febrero llegó una nueva misión del FMI con los siguientes objetivos: revisar el cumplimiento de metas de Argentina, destinar al pago de obligaciones externas un porcentaje mayor al convenido en septiembre de 2003 y mejorar la oferta de pago a los acreedores privados aduciendo que la recuperación económica ha sido considerablemente mayor a la prevista. Es también en febrero de 2004 cuando se dio el primer intento de embargo de cuentas argentinas por el juez Thomas Griessa mediante el congelamiento de 19 mdd depositados en EE.UU. a nombre de la empresa Correo Argentino S.A. Sin embargo, dichas cuentas pertenecían al grupo Macri (que perdió la concesión del correo), por lo que el dinero no pudo ser embargado.

El 8 de marzo de 2004 vencía un nuevo pago de 3 mil 100 mdd al FMI que sólo sería postergado si se aprobaba la segunda revisión del acuerdo de septiembre de 2003 que el 7 de marzo aún estaba en suspenso. El FMI puso las siguientes exigencias: que se otorgase trato preferencial al comité global de tenedores de bonos argentinos, que la reestructuración se aprobara sólo si la aceptan el 80% de los acreedores privados, y que los bancos asesores de Buenos Aires no pudieran retirarse hasta que las negociaciones diesen frutos. Finalmente, después de 30 minutos de conversación telefónica entre Anne Krueger y Néstor Kirchner, Argentina giró el martes 9 de marzo los 3 mil 100 mdd que debía pagar al FMI. Este pago se condicionaba a la aprobación de la segunda revisión del programa *Stand-By*, aprobación que dependía de la certificación por el FMI de que Argentina estaba negociando "de buena fe" con los acreedores privados. El dinero pagado sería reembolsado el 22 de marzo cuando la reunión del Directorio del FMI aprobara las metas fiscales y monetarias de Argentina (AFP, *El Financiero*, 10/mar/04). Sin embargo, el 21 de marzo el FMI propuso un rendimiento adicional a los tenedores de bonos del 15% por el repunte de la economía y solicitó se incluyera el aumento del 8.7% del PIB de 2003 en los cupones de los títulos que serían emitidos a cambio de los viejos que estaban en *default*. En cambio, Argentina propuso tomar el aumento del PIB a partir del momento en que se hiciera el canje (esperado para el 2005) (AFP, *La Jornada*, 22/mar/04). Finalmente, el 22 de marzo de 2004 el FMI aprobó la segunda revisión del acuerdo y devolvió el dinero pagado. Asimismo se acordó que entre el 24 de marzo y el 16 de abril habría reuniones con 25 grupos de acreedores.

Tanto el FMI como el BM insistieron durante todo abril de 2004 que Argentina reanudara el pago de su deuda en *default* y particularmente el FMI presionó al Gobierno argentino para que elevara su superávit fiscal primario que ahora era del 3% del PIB, alrededor de 4 mil mdp en el primer trimestre de 2004, mientras que la meta establecida con el FMI era de mil 100 mdp para este período. Además, el FMI buscaba que la diferencia se usara para saldar los créditos en mora mientras que Argentina prefería utilizarla para impulsar programas sociales, exentar a familias pobres del pago del impuesto al valor agregado en algunos bienes básicos y llevar a cabo planes de inversión (González y Cason, *La Jornada*, 23/abr/04). Sobre este punto, explica Sebastián Katz[39] –Subsecretario de Programación Política del 2004 al 2006– que para el FMI Argentina estaba ocultando capacidad de pago. En principio, el Ministerio se había comprometido a generar una tasa de crecimiento de 3.5% al año, una tasa modesta si se hacen las cosas bien pero a la vez muy ambiciosa si se revisa el crecimiento económico de los últimos 30 años. También el Ministerio se comprometió a lograr un superávit primario de al menos 3% del producto; en cambio el FMI, después de firmado el acuerdo, buscaba superávits primarios de 5 o 6% del PIB en forma permanente y utilizarlo para el pago de la deuda, petición que es irresponsable a un país con las demandas sociales que tiene Argentina. Con esta posición, explica Martín Abeles[40] –Subsecretario de Programación Política en el 2006–, que el FMI impulsó un arreglo al *default* bajo el criterio de aceptabilidad indicando que una propuesta exitosa sería aquella que lograra un altísimo grado de aceptación pese a que la propuesta incluyese un monto superior a la capacidad de pago del país obligando a nuevas crisis y reestructuraciones e impidiendo al país alcanzar un sendero de crecimiento sostenible. En cambio, el Gobierno argentino optó por una reestructuración de la deuda pública

---

[39]Entrevista del 4 de julio de 2006.
[40]Entrevista del 7 de junio de 2006.

con un criterio de sostenibilidad consistente en ofrecer un arreglo compatible con la capacidad de pago del país.

El 30 de mayo de 2004 Argentina realizó una nueva propuesta para salir del *default* la cual fue respaldada por el FMI y el BM. Esta propuesta incluyó el reconocimiento de los intereses vencidos, alrededor de 23 mil mdd, por lo que el total del endeudamiento a canjear llegó a 104 mil mdd, 40 centavos por cada dólar en mora. También se incorporó un nuevo bono condicionado al crecimiento económico: si la economía crece más de 3.5% los tenedores recibirían dividendos de dicho crecimiento. De acuerdo con Guillermo Nielsen, la oferta gubernamental para los títulos en *default* fue de alrededor del 49 y el 51% del monto nominal con vencimientos que llegan al año 2045. Sin embargo, esta propuesta también fue rechazada por un sector de los acreedores privados –particularmente por los tenedores italianos y estadounidenses– que exigían 70 centavos por cada dólar y mayores tasas de interés (AFP, *La Jornada*, 31/may/04; Reuters, *La Jornada*, 26/ago/04 y Calloni, *La Jornada*, 13/ene/05).

El lunes 14 de junio de 2004 el FMI inició la tercera revisión del acuerdo *Stand-By* con Argentina concluyendo que si bien se cumplieron las metas fiscales, no se había terminado de reestructurar la deuda en mora ni se retomó la reforma fiscal buscada por el FMI (AFP, *El Financiero*, 14/jun/04). El directorio del FMI postergó hasta septiembre la tercera revisión de las metas del acuerdo mientras que Argentina afrontaba vencimientos por 2 mil 248 mdd con el FMI de junio hasta finales del año 2004. El Gobierno argentino decidió pagar sin renegociar dichos vencimientos y suspender las negociaciones con el FMI hasta diciembre de 2004 con el objetivo de evitar cualquier interferencia en el canje de bonos de sus acreedores privados (AFP, *La Jornada*, 10/ago/04 y Reuters, *La Jornada*, 26/ago/04). Explica Guillermo Nielsen (2006: 9) que para tener éxito con el canje se debía acelerar el proceso y detener la filtración de información realizada por el FMI, por lo que en agosto de 2004 se decidió continuar efectuando los pagos al FMI sin participar en las revisiones del programa. Durante 2001 Argentina había aumentado la deuda adquirida con los organismos internacionales, pero a partir de 2004 había logrado disminuir este renglón a la par que la suspensión de las negociaciones con el FMI le había funcionado para avanzar en el canje de bonos, por lo que el 12 de enero de 2005 trascendió que Argentina formulaba un plan para independizarse del FMI cancelando la deuda y evitando renovar cualquier acuerdo después del canje (Calloni, *La Jornada*, 13/ene/05).

Cuadro 13.-Deuda argentina con organismos internacionales.			
AÑO	Bonos públicos	Organismos multilaterales	Deuda con el FMI
1994	47,421	11,894	4,464
1995	58,340	15,384	6,120
1996	68,841	16,367	6,279
1997	74,053	16,789	5,907
1998	78,211	19,122	5,419
1999	85,804	20,310	4,471
2000	93,078	21,763	5,052
2001	97,315	32,36	13,951
2002	--	30,358	14,253
2003	--	32,117	15,463
2004	--	30,600	14,071
2005	--	25,268	9,452
Fuente.-Ministerio de Economía.			

En este contexto se abre el canje de los bonos de deuda el 15 de enero de 2005 para cerrarse el 25 de febrero del mismo año teniendo un resultado mejor del esperado: hasta el viernes 4 de febrero de 2005 el 73.8% de los tenedores de bonos incumplidos habían ingresado en el canje (Reuters, *La Jornada*, 6/feb/05). El 9 de febrero, el Congreso había aprobado la

"Ley Cerrojo" que dejó en claro que ésa sería la última y única oferta para los tenedores de deuda privados. El 3 de marzo se dieron a conocer los datos finales: poco más del 76% de la deuda fue reestructurada mediante el canje de bonos quedando fuera poco menos del 24% de los bonistas que representan alrededor de 20 mil mdd. De acuerdo con los analistas, el éxito del canje se debió a las condiciones internacionales con bajas tasas de interés, la visión de los grandes bancos de que era negocio comprar bonos en el mercado secundario e ingresar al canje y la firme posición de Argentina de mantener la propuesta. Así, Argentina se preparaba para emitir nuevos títulos por 35 mil 238 mdd que reemplazarían la deuda impaga de 102 mil 500 mdd, lo que implicó un recorte nominal del capital de 65.62%. Como se observa en el cuadro *infra*, Argentina ya había logrado rebajar su deuda como porcentaje del PIB de 154% en 2002 a 125% en 2004 y después del canje la deuda pasó de poco más de 191 mil mdd a 128 mil mdd.

Cuadro 14.-Deuda externa del 2001 al 2005			
AÑO	Deuda (Mdd)[1]	Deuda % del PIB[2]	Pago de interés (mdp)[3]
2001	132,143	54.03	10,787.90
2002	137,319	154.89	6,576.60
2003	178,820	140.52	6,986.20
2004	191,296	125.95	5,712.50
2005	128,629	---	

Fuente.1.-Ministerio de Economía. 2.-Ferreres, 2005

Otro logro importante fue la mejoría del riesgo país argentino que se había mantenido con 6 y hasta 7 mil puntos entre 2001 y el primer semestre de 2005, mientras que otros países de Latinoamérica tenían mucho menor puntaje. Luego del arreglo del *default* y la emisión de los nuevos bonos que sacaron a los viejos títulos del mercado el riesgo país cayó en junio de 2005 de más de 6 mil a 910 unidades, hasta 336 en abril de 2006.

Cuadro 15. Riesgo país de 2002 a 2006				
	Argentina	Brasil	México	Venezuela
24-Dic-01	5083	898	308	1156
05-Jun-02	6037	1127	270	970
01-Jul-02	7030	1599	327	1134
08-Ene-03	6016	1259	293	1227
14-Abr-03	5541	880	264	1275
06-Jun-03	5049	727	228	970
07-Nov-03	6030	572	191	709
30-Mar-04	4829	550	175	653
19-Abr-05	6123	457	193	481
10-Jun-05	6603	428	172	488
13-Jun-05	910	422	170	482
30-Jun-05	464	411	169	466
09-Feb-06	382	242	114	242
17-Abr-06	336	239	136	197
Fuente.-Ministerio de Economía.				

De esta forma, Argentina había logrado solucionar su *default* a la par que nuevamente se insertaba en la sociedad financiera internacional con la emisión de nuevos títulos con los que se retiraba a los viejos bonos del mercado, llevando las tasas de interés que entre septiembre de 2002 y junio de 2003 habían alcanzado picos de 20% y hasta 29% a máximos del 7% en abril de 2005.

Cuadro 16.Indicadores financieros de los Títulos Públicos. Bonos en pesos		
Fecha	BODEN 07 Rendimiento	BODEN 08 Rendimiento
27-Sep-02	20.17%	--
03-Ene-03	19.26%	--
06-Jun-03	11.41%	29.71%
03-Oct-03	11.21%	12.05%

	BODEN 14 Rend.	DISCOUNT Rend.	PAR Rend.
08-Abr-05	---	7.50%	6.46%
11-Jul-05	5.41%	5.97%	5.87%
12-Jul-05	5.22%	5.77%	5.71%
29-Dic-05	3.96%	6.28%	5.40%
31-Mar-06	3.81%	6.01%	5.45%
Fuente.-Ministerio de Economía			

Junto a la salida del *default*, la mejoría del perfil de la deuda, la baja de tasas de interés y la baja del riesgo país se da la preparación de la puesta en el mercado financiero de un nuevo bono argentino en marzo de 2006. Para entonces el *default* de la deuda de largo plazo en moneda extranjera ya estaba en revisión por la calificadora Fitch, mientras que la deuda extranjera de corto plazo y la deuda local de largo plazo ya tenían grado de inversión. De la misma forma, la emisión que se prepara es fácilmente calificada con el grado de inversión por parte de Standard & Poors.

Cuadro 17.-Tablade calificaciones de la deuda argentina.						
	Fitch. Moneda			Standard & Poor's		
	Extranjera		local	Global		
Fecha	largo plazo	corto plazo	largo plazo	Largo plazo	Corto plazo	Nacional
Ene-05	D	D	B-			
Jun-05	DDD	B	B-			
Mar-06	RD	B	B-			
Mar-06				B-	C	raA
				B	B	raAA-
Fuente.-Fitch (2006) y Standard & Poor's (2006).						

En este último período analizado vemos una deuda suma-
mente alta aunque descendente que pasó del 154 al 125% del
PIB (llegó al 72% del PIB en 2005, luego de la renegociación
de la deuda), junto con una tasa de interés descendente que
ronda entre el 5 y el 8%, un fuerte aumento de la recaudación
que llegó al 24% del PIB en 2004 (5 puntos arriba del máximo
conseguido durante los noventa), y un logro que marcó un
punto de inflexión inédito en torno a la brecha ingreso-gasto
en todo el período: los ingresos totales son superiores a los
gastos totales lo que genera un superávit primario de más del
5% del PIB y un superávit financiero de más de 3% del PIB
en 2004. Si bien el poder estructural del mercado echó mano
de la deuda como recurso político, con la alianza generada
entre el gobierno y el bloque de capital productivo tanto la
recaudación como los ingresos aumentaron. Con este equilibrio fiscal y la declaración del *default* el gobierno tiene una
menor dependencia de la deuda que le otorga mayor capacidad de negociación frente al capital financiero.

En torno al arreglo de la deuda explica Ricardo Sidicaro[41]
que los acreedores privados de Argentina estaban divididos
en dos campos: había acreedores externos, jugadores inter-

---

[41]Entrevista del 15 de mayo de 2006.

nacionales que eran extranjeros y que habían sido bancos o individuos que habían comprado bonos de la deuda argentina y acreedores internos, empresas argentinas o fondos jubilatorios argentinos que habían sido obligados por el gobierno a comprar bonos. Los acreedores internos tenían poco poder para oponerse al Gobierno argentino; el punto más interesante es que los acreedores externos rebelaron tener también poca capacidad de oposición debido a que los bonos argentinos, de antigua colocación, ya estaban devaluados en los mercados internacionales y buena parte de esos bonos externos habían sido comprados por un precio más bajo del que el Gobierno argentino proponía para la compra.

Otro elemento a destacar de esta renegociación de la deuda lo pone en la mesa Daniel Campione,[42] quien hace ver que con Néstor Kirchner hay indudablemente un discurso político diferente, siendo la relación con los organismos financieros internacionales y la política de la deuda externa dos de los más claros indicadores que lo diferencian de Carlos Menem y de Fernando de la Rúa. Si bien había elementos para que una parte de la sociedad argentina considerara la deuda totalmente ilegítima y, por ende, no pagarla, lo cierto es que la política de los gobiernos anteriores había sido honrar los compromisos internacionales. Más aún, el FMI tenía desde 2002 una serie de recomendaciones de las cuales casi ninguna fue tomada al pie de la letra.[43] No sólo no se siguieron muchas de las políticas sino que Néstor Kirchner ha convertido en bandera de su gobierno la idea de ya no hacer más lo que el FMI manda.

[42]Entrevista del 15 de mayo de 2006.
[43]Septiembre 2003: el aumento de las tarifas de los servicios públicos, la compensación a los bancos por los efectos negativos de la devaluación de la moneda local y la definición del superávit primario para 2004 y 2005; enero 2004: reforma fiscal para aumentar el superávit primario; febrero 2004: mayor porcentaje del presupuesto destinado al pago de la deuda y mejorar el ofrecimiento a los tenedores de bonos; marzo 2004: otorgar trato preferencial al comité global de tenedores de bonos argentinos, que la reestructuración se apruebe sólo si la aceptan 80% de los acreedores privados, que los bancos asesores de Buenos Aires no puedan retirarse hasta que las negociaciones den frutos, un rendimiento adicional a los tenedores de bonos del 15% por el repunte de la economía e incluir el aumento del 8.7% del

A partir del lunes 18 de julio del 2005 se emprendieron nuevas conversaciones con el FMI a fin de reactivar las líneas de ayuda suspendidas en 2004 que estaban destinadas al refinanciamiento de deuda con el organismo. Para ello, una misión argentina encabezada por Guillermo Nielsen viajó a Washington a fin de acordar un programa de tres años refinanciando 1,750 mdd sin pedir dinero fresco. Por su parte, el FMI buscaba aumentar el superávit fiscal, lograr la libre flotación del peso, otorgar un aumento de tarifas a las empresas, aumentar las tasas de interés para disminuir el circulante e incluir en el canje a los "bonistas rebeldes" (AFP, *La Jornada*, 18/jul/05). Finalmente, el 15 de diciembre de 2005 Argentina decidió pagar con sus reservas la deuda de 9 mil 810 mdd que tenía contratada con el FMI entre 2006 y 2008 obteniendo un ahorro de pago de intereses de casi 1,000 mdd. Néstor Kirchner afirmó que con esta medida el país recuperaba autonomía, soberanía y libertad (Calloni, *La Jornada*, 16/dic/05). El 3 de enero de 2006 se realizó el pago correspondiente aunque aumentó el temor de los empresarios de que la eliminación de la auditoria permanente del FMI implicara una intensificación de medidas "populistas" no ortodoxas y de controles menos sistemáticos para detener la inflación.

4. Conclusiones

La sociedad se encuentra estructurada por instituciones públicas y privadas, formales e informales. Las instituciones toman la forma de organizaciones pero también de prácticas, rutinas o pautas de acción. Una expresión institucional son los recursos políticos otorgados a los distintos actores inde-

---

PIB de 2003 en los cupones de los títulos que serían emitidos a cambio de los viejos que están en *default*; abril 2005: resolver la situación del 24% de los acreedores que no entraron al canje; julio 2005: aumentar el superávit fiscal, la libre flotación del peso, otorgar un aumento de tarifas a las empresas e incluir en el canje a los bonistas rebeldes; diciembre 2005: llegar a un acuerdo con los bonistas rebeldes, subir el tipo de cambio, aumentar las tarifas de los servicios públicos e incrementar la tasa de interés para combatir la inflación.

pendientemente de que estos sean gubernamentales o fácticos. Cada poder fáctico cuenta con un repertorio de recursos
políticos estructurados institucionalmente. Esencialmente,
los recursos políticos tienen por objeto generar influencia en
la toma de decisiones gubernamentales.

Los actores inherentes al mercado tienen un repertorio de
recursos políticos provenientes de la entrada, no entrada y
salida de capitales, lo que les permite generar una dependencia estatal y otra social al capital a la par que construyen un
marco de legitimidad por medio de la competitividad como
criterio de orden social.

En el caso analizado de Argentina, el poder estructural
del mercado intenta desplegarse a través de la dependencia
estatal al capital a partir de la necesidad de fondos financieros frescos provenientes de los préstamos tanto de acreedores multilaterales como el FMI y el Banco Mundial como
de acreedores privados como las administradoras de fondos
para el retiro y, en general, los tenedores de bonos gubernamentales. En particular el poder del FMI se apuntaló con la
decisión de los gobiernos de diversos países de no establecer
pláticas bilaterales o multilaterales tendientes al arreglo de
la deuda argentina hasta que no hubiese un acuerdo con el
FMI.

La principal disputa en torno a la deuda se da en el destino
que tendrá el excedente estatal y social. Mientras que Néstor
Kirchner busca una renegociación de la deuda que le permita
invertir los excedentes estatales y sociales en la producción
y aumentar el consumo interno acompañado del logro de que
las empresas privatizadas acepten regulaciones y una tasa de
ganancia inferior, el FMI busca aumentar las condiciones de
ganancia de las empresas privatizadas mediante el aumento
de tarifas y de los acreedores argentinos destinando al pago
de sus acreencias los excedentes estatales. A tal efecto, a la
par que propone la realización de una reforma fiscal que ab-
sorba el excedente social para destinarlo, también adhiere al
pago de las obligaciones fiscales.

Cuadro 18.Puntos de conflicto entre el Gobierno argentino y el FMI

	GOBIERNO	FMI
DESTINO DEL EXCEDENTE	Inversión pública. Mercado interno vía aumento de subsidios.	Pago a acreedores
DESTINO DEL EXCEDENTE	Mercado interno vía aumento de salarios y pensiones	Reforma Fiscal

Fuente.- Elaboración propia.

Sin embargo, el intento de influir en la toma de decisiones del Gobierno argentino es limitado por diversas razones. El primer punto a resaltar es que pese a que la deuda era muy alta y los intereses cada vez mayores, hechos que limitaban la capacidad de acción del gobierno,[44] la declaración del *default* permite detener la salida del excedente estatal. El segundo punto importante es que el poder estructural del mercado desplegado en la dependencia estatal al capital no logró su objetivo gracias a que el bloque económico estaba dividi-

---

[44]En torno al equilibrio fiscal, es importante mencionar que, como explica Oscar Cetrángolo (entrevista del 11 de mayo de 2006) –Subsecretario de Relaciones con las Provincias– y Roque Fernández (entrevista del 10 de mayo de 2006) –Ministro de Economía–, el margen de formulación y cambio del presupuesto es mínimo ya que entre el 90 y 95% de los ingresos se encuentra previamente destinados. El gasto público de un país como Argentina normalmente son sueldos por lo que tener que amortizar un fuerte pago de deuda con recursos fiscales implicaría no pagar el sueldo a la gente. Este poco margen de acción estatal frente a los gastos aumenta la dependencia del Estado a los ingresos. La poca movilidad fiscal del gobierno incrementa también el poder estructural del mercado a través de la deuda. Si no se tiene un mercado de capitales profundo con actores domésticos que sea posible regular, encarar un vencimiento de deuda de miles de mdd sin capacidad de refinanciar parte de esa deuda en el mercado de capitales mediante la emisión de un nuevo bono implica tener que pagar la deuda con medidas fisca-

do en dos grupos. Tan pronto como el gobierno de Eduardo
Duhalde decidió tomar partido por uno de los bloques (el
productivo, en este caso) se logra recomponer una de las dos
fuentes económicas del Estado: la recaudación y los ingresos
totales obteniendo incluso superávits primario y financiero
que se afianzan con el *default*. La definición de la capacidad
financiera estatal aumenta sus posibilidades de negociación.

De esta forma, el gobierno de Kirchner, y antes el de
Eduardo Duhalde, tienen la capacidad negociadora para des-
vincular su política de las propuestas del FMI e incluso para
pagar lo adeudado a dicho organismo dejándolo con un poder
de influencia casi nulo. Dentro de los elementos que posibilitan esta acción tenemos al aumento de recaudación e ingresos estatales junto con un equilibrio fiscal a lo que se suma la
existencia de reservas internacionales altas, la reactivación
económica (impulsada por los altos precios de los *comodities*)
y la fuerte legitimidad gubernamental.

les, aumentando los impuestos o bajando el gasto, lo cual es muy difícil a la par
que conllevan un fuerte costo social. Algo semejante le sucedió a Fernando de
la Rúa quien a través de diversos recortes fiscales se propuso mandar la señal al
capital financiero de que se contaba con el equilibrio fiscal suficiente y los dólares
necesarios para hacer frente a las obligaciones de deuda.

Bibliografía

Avaro, Dante (2000), "Cuando las ideas devoran a los hombres o cómo salir de los tentáculos del pensamiento único." en Revista *Fractal*. No 18. julio-septiembre. Año 4. Vol. 5. Págs. 29 – 65.

Avaro, Dante (2003), *La maldición de Adam Smith. Argentina: ¿una sociedad presa del saber convencional*. Buenos Aires: Zorzal.

Bachrach, Peter y Morton Baratz (1962), "The two faces of power" en *American Political Science Review*, Vol. 56, Tema 4, EUA.

Basualdo, Eduardo (s/f), *La evolución de la economía Argentina en la postconvertibilidad*. Argentina: Mimeo.

Basualdo, Eduardo (2000), *Concentración y centralización del capital en la Argentina durante la década de los 90*. Buenos Aires: Universidad Nacional de Quilmes.

Basualdo, Eduardo (2001), *Sistema político y modelo de acumulación en la Argentina*. Argentina: Universidad Nacional de Quilmes Ediciones / FLACSO / Instituto de Estudios sobre Estado y Participación.

Basualdo, Eduardo y Claudio Lozano (s/f), *Coyuntura y perspectivas*. Buenos Aires: Instituto de Estudios sobre Estado y Participación.

Bonvecchi, Alejandro (2002), "Estrategia de supervivencia y tácticas de disuasión" en Marcos Novaro, *El derrumbe político en el ocaso de la convertibilidad*. Argentina: Grupo Editorial Norma. Págs. 107-193.

COMISIÓN ESPECIAL INVESTIGADORA DE LA CÁMARA DE DIPUTADOS SOBRE FUGA DE DIVISAS DE LA ARGENTINA DURANTE EL AÑO 2001 (2005), *Fuga de Divisas en la Argentina*. Buenos Aires: FLACSO / Siglo XXI.

Chudnovsky, Daniel y Fernando Porta (1990), *La competitividad internacional. Principales cuestiones conceptuales y metodológicas*. Uruguay: Centro de Investigaciones para la Transformación.

Chudnovsky, Daniel (1999), *Las multinacionales latinoamericanas: sus estrategias en un mundo globalizado*. Argentina: FCE.

Dahl, Robert (1963), *Who Governs?: Democracy and power in an American city*, New Haven: Yale University Press. (Primera edición 1961).

Dahl, Robert (1968), *Análisis sociológico de la política*, España: Editorial Fontanella. (Primera edición en inglés 1963).

Estudio Broda (2005), *Carta Económica*. Argentina. Julio. Informe Número 250.

Farnsworth, Kevin (2000), "The enhanced structural power of capital: a review and assessment" en Ian Gough, *Global capital, human needs and social policies. Selected essays, 1994-99.* Gran Bretaña: Palgrave. Págs. 77-102.

Ferreres, Orlando (2005), *Dos siglos de economía argentina.* Argentina: Fundación Norte y Sur / El Ateneo.

Fitch Ratings (2006), *Fitch calificará nuevo bono del gobierno argentino.* Comunicado de prensa del 21 de marzo. Disponible en www.fitchratings.com.ar

Fundación Antea y Ricardo Rouvier & Asociados (2003), *Crisis y estado anímico de la población.* (2001/2002/2003). Buenos Aires: Ediciones Corregidor.

Fundación Konrad Adenauer (1999), *Trastienda de una elección. Campaña presidencial Argentina 1999.* Buenos Aires: Temas Grupo Editorial.

Gaventa, John (1980), *Power and powerlessness: quiescence and rebellion in an Apalachian Valley.* Chicago: University of Illinois Press.

Kosacoff, Bernardo (1999), "El caso argentino" en Daniel Chudnovsky, *Las multinacionales latinoamericanas: sus estrategias en un mundo globalizado.* Argentina: FCE.

Kulfas, Matías y Martín Schorr (2003), *La deuda externa argentina. Diagnóstico y lineamientos propositivos para su reestructuración.* Argentina: Fundación OSDE / CIEPP.

Lindblom, Charles (1977), *Politics and Markets. The world's political economic systems.* NY: Basic Books.

Lukes, Steven (2007), *El poder. Un enfoque radical.* México: Siglo XXI. (Primera edición en inglés 1974).

Nielsen, Guillermo (2006), "La verdad de la crisis financiera de Argentina." en *Euromoney.* Marzo. Londres. Págs. 1-10.

Remes Lenicov, Jorge, Jorge Todesca y Eduardo A. Ratti (2003), "La política económica de principios de 2002: cambios profundos para superar la crisis provocada por el colapso de la convertibilidad y sentar las bases para el funcionamiento de una economía normal, integrada al mundo." Mimeo. Argentina.

Sevares, Julio (2005), "El imperio de las finanzas. Bienvenidos al casino global" en *Realidad Económica.* No. 215. 1 de octubre – 15 de noviembre. Argentina. Págs. 110-131.

Standard & Poor's (2006), *Standard & Poor's subió la calificación global de Argentina a 'B'.* 23 de marzo.

Fuentes hemerográficas.

AFP, Reuters y DPA. (15/dic/01), "Cubre Argentina con recursos de jubilación y pensiones servicios de deuda" en *La Jornada*. México. p. 38.

AFP, Ap, y DPA. (22/dic/01), "Designa Argentina Ejecutivo" en *Reforma*. México.

AFP, DPA y Reuters (6/ene/02), "Presionan bancos y empresas privatizadas a Duhalde para evitar la pesificación de sus tarifas" en *La Jornada*. México. p. 21.

AFP y DPA. (30/abr/02), "Argentina no tiene mejor amigo que Washington, asegura la casa blanca" en *La Jornada*. México. p. 34.

AFP, DPA y Reuters (30/jun/02), "Más de 65 mil mdd perdieron los ahorristas argentinos por la pesificación y la devaluación" en *La Jornada*. México. p. 23.

AFP. (11/ago/02), "Argentina pide prórroga a acreedores" en *La Jornada*. México. p. 18.

AFP, DPA y Reuters (16/ene/03), "Argentina en incumplimiento con el BID por 845 millones de dólares" en *La Jornada*. México.

AFP, Reuters y Notimex (17/ene/03), "Argentina alcanza acuerdo con el FMI" en *El Financiero*. México.

AFP y DPA. (5/may/03), "Admite Menem que podría perder; las encuestas favorecen a Kirchner" en *La Jornada*. México. p. 26.

AFP y Reuters (9/sep/03), "Condiciona Argentina el pago de un vencimiento por 2900 mdd" en *El Financiero*. México. p. 6.

AFP, DPA y Reuters (12/sep/03), "Pagó Argentina casi 3 mil millones de dólares al FMI tras lograr un acuerdo" en *La Jornada*. México. p. 35.

AFP y Reuters (23/sep/03), "Ofrece el gobierno argentino pagar únicamente 25 por ciento de su deuda" en *La Jornada*. México.

AFP. (18/ene/04), "Se reaviva tensión entre Argentina y el FMI" en *La Jornada*. México.

AFP y Reuters (10/mar/04), "Argentina evita la moratoria" en *El Financiero*. México.

AFP y Reuters (22/mar/04), "Reafirma Argentina oferta de reducir 75 por ciento su deuda en moratoria" en *La Jornada*. México.

AFP. (31/may/04), "FMI y G7 apoyarían oferta argentina para reducir la enorme deuda en mora" en *La Jornada*. México. p. 23.

AFP y Ap (14/jun/04), "Iniciará FMI revisión del acuerdo con Argentina," en *El Financiero*. México.

AFP y Reuters (10/ago/04), "Argentina pagará al FMI a fin de año con reservas del Banco Central" en *La Jornada*. México.

AFP. (18/jul/05), "Buscará Argentina reactivar líneas de ayuda con el FMI" en *La Jornada*. México. p. 25.

Aviles, Jaime (26/dic/01), "Rodríguez Saá planearía mantener el poder hasta 2003" en *La Jornada*. p. 25.

Aviles, Jaime (27/dic/01), "Hipotecará el gobierno todos los bienes del país para respaldar la nueva moneda al argentino" en *La Jornada*. p. 24.

Aviles, Jaime (6/ene/02), "Aprueba la Cámara en lo general el paquete de medidas de emergencia" en *La Jornada*. p. 19.

Calloni, Stella (3/dic/01), "De la Rúa pide a Argentina apoyar la dolarización bancaria" en *La Jornada*. México. p. 34.

Calloni, Stella (11/dic/01), "Desde que asumí vivo apagando incendios dice De la Rúa al cumplir dos años de mandato" en *La Jornada*. México. p. 43.

Calloni, Stella (24/dic/01), "Rodríguez Saá jura como presidente argentino y suspende pago de la deuda" en *La Jornada*. México. p. 25.

Calloni, Stella (31/dic/01), "Renuncia Rodríguez Saá por tanta mezquindad. Argentina en el caos" en *La Jornada*. México. p. 22.

Calloni, Stella (2/ene/02), "Argentina está quebrada, admite el presidente Eduardo Duhalde" en *La Jornada*. México. p. 24.

Calloni, Stella (7/ene/02), "Desaparece la igualdad peso-dólar en Argentina" en *La Jornada*. México. p. 22.

Calloni, Stella (15/nov/02), "Argentina entra en mora con el BM, mantiene sus reservas" en *La Jornada*. México. p. 29.

Calloni, Stella (14/dic/02), "Argentina anuncia que no pagará al BM 726 mdd por deuda vencida" en *La Jornada*. México. p. 29.

Calloni, Stella (21/may/03), "Kirchner presenta su gabinete" en *La Jornada*. México. p. 34.

Calloni, Stella (2/feb/04), "Tenedores de bonos de deuda argentina amenazan con embargar bienes del país" en *La Jornada*. México. p. 34.

Calloni, Stella (13/ene/05), "Lanza Lavagna el canje de la deuda Argentina; de 50% la oferta de quita" en *La Jornada*. México. p. 24.

Calloni, Stella (29/mar/05), "Demanda el FMI a Argentina nuevas reformas estructurales" en *La Jornada*. México. p. 22.

Calloni, Stella (16/dic/05), "Argentina pagará por adelantado su deuda con el FMI: Kirchner" en *La Jornada*. México. p. 22.

Cufre, David (5/mar/02), "Una cuota de la renta que da la devaluación" en *Página 12*.Argentina. p. 2-3.

DPA y Notimex (31/ago/02), "Argentina pidió al FMI prórroga por un año" en *La Jornada*. México. p. 31.

García, Carla y Alejandra Asensio (7/dic/01), "Califican de positiva la decisión del FMI" en *Reforma*. México.

González, Roberto y Jim Cason (23/abr/04), "Argentina debe reanudar el pago de su deuda externa" en *La Jornada*. México. p. 25.

Pairone, Alejandro (21/dic/01), "Discuten peronistas sucesión" en *Reforma*. México. p. 1A.

Pairone, Alejandro (24/dic/01), "Dirigen a Argentina fuerzas divergentes" en *Reforma*. México. p. 21A.

Pinal, Norma (15/dic/01), "Paga Argentina y evita moratoria," en *Reforma*. México.

Quiroga, Anabella (17/ene/03), "Argentina pagó y finalmente logró acordar con el FMI" en *Clarín*. Argentina. p. 3.

Reuters (26/ago/04), "Propuesta más creíble para acreedores, piden a Argentina" en *La Jornada*. México.

Reuters (6/feb/05), "Aceptan 73.8% de acreedores locales el canje de deuda" en *La Jornada*. México. p. 24.

Vales, José (25/jul/99), "Casa tomada" en *Reforma*. México.

Vernengo, Andrés (21/dic/01), "Temen riesgos países vecinos" en *Reforma*. México. p. 32A.

Fuentes de información

Entrevistas a académicos
Ricardo Sidicaro (15 de mayo 2006) Instituto Gino Germani – UBA. Politólogo
Daniel Campione (15 de mayo 2006) Centro Cultural de la Cooperación. Historiador
Daniel Azpiazu (22 de junio 2006) FLACSO-Argentina. Economista
Eduardo Basualdo (28 de junio 2006)FLACSO-Argentina. Economista

Entrevistas a políticos y asesores

Administración de FERNANDO DE LA RÚA.
Daniel Marx. Secretario de Finanzas (2) 1999-dic 2001 (12 de mayo 2006)
Roberto Bisang. Asesor del PAMI (3). 1999-abril 2001 (4 de mayo 2006)
Oscar Cetrángolo. Subs. de Relación con Provincias (3). 1999-junio 2001
(11 de mayo 2006)

Administración de EDUARDO DUHALDE.
Eduardo Amadeo. Vocero y embajador en EU (1). Ene2002-mayo2003
(9 de mayo 2006)
Jorge Remes Lenicov. Ministro de Economía (1). Ene-abril 2002 (4 de
mayo 2006)
Eduardo Ratti. Secretario de Coordinación Técnica. (2). Ene-abril 2002
(9 de mayo 2006)

Administración de NÉSTOR KIRCHNER.
Sebastián Katz.   Subsecretario de Programación Política (3) Febrero
2004–marzo 2006 (4 de julio 2006)
Martín Abeles. Subsecretario de programación política (3). 2006 (7 de
junio 2006)

Páginas de internet

www.bolsar.com
Ministerio de Economía.
www.mecon.gov.ar/cuentas/internacionales
www.mecon.gov.ar/cuentas/internacionales/series_anuales.htm
www.mecon.gov.ar/cuentas/internacionales/documentos/inversion_
extranjera_directa_arg1992-200.pdf
www.mecon.gov.ar/download/financiamiento/91-00.xls
www.mecon.gov.ar/download/financiamiento/newinf.xls
www.mecon.gov.ar/onp/html/boletin/index.htm
www.mecon.gov.ar/peconomica/basehome/infoeco.html
www.mecon.gov.ar/sip/dniaf/recaudacio n_nominal.xls
Instituto Nacional de Estadística y Censos (INDEC)
www.indec.gov.ar

La Universidad Nacional Autónoma de México: saliendo del infierno para recuperar la senda

por
Sergio Martínez

La Universidad Nacional Autónoma de México: saliendo del infierno para recuperar la senda

Sergio Martínez Romo

1. La UNAM. La recuperación de la senda, 2000-2007 en perspectiva

La Universidad Nacional Autónoma de México es la más antigua en el país y en América Latina (como Universidad Real y Pontificia creada en 1551/1553), y la más influyente en las diferentes etapas de formación y consolidación del sistema de educación superior en México (como Universidad Nacional a partir de 1910 y como Universidad Nacional Autónoma de México a partir de la etapa de obtención de la autonomía entre 1929/1945).

Históricamente, la UNAM ha sido actor y escenario de diversas movilizaciones sociales en México. En las décadas recientes resaltan los períodos de tensión en los conflictos asociados a huelgas iniciadas por los estudiantes en 1968, 1987 y 1999. Los dos últimos expresaron formalmente su rechazo a la política pública de promoción del establecimiento de cuotas estudiantiles, vistas como una acción para eliminar el carácter público y gratuito de la educación superior, que se argumenta como parte del apartado educativo de la Constitución de la República.

La última de estas huelgas suspendió prácticamente todas las actividades de la universidad por más de diez meses. En estas condiciones se impidió tanto las actividades de docencia e investigación, como el mantenimiento de las instalaciones y equipamiento de la universidad y resultó afectada la convivencia de profesores, trabajadores y estudiantes debido a la polarización de posturas y puntos de vista ante al conflicto, así como en las relaciones de la universidad con su entorno social, cultural y productivo. La universidad enfrentó así una variedad de acciones internas y externas que afectaron su presencia e imagen en el sistema de educación supe-

rior y en la sociedad mexicana, condicionando con fuerza la
renuncia del rector Francisco Barnés de Castro, y parecían
promover deliberadamente el desprestigio de la institución,
y con ello el del conjunto de las universidades públicas.

El nuevo rector electo, Juan Ramón de la Fuente, encabezó
la convocatoria a un plebiscito en el que el 87% de los participantes votó formalmente la terminación de la huelga. Esta
determinación incluyó la intervención que en la madrugada
del domingo 6 de febrero de 2000 tuvo la Policía Federal Preventiva para desalojar a los inconformes de las instalaciones
de la Ciudad Universitaria y regresar la posesión del recinto
a las autoridades electas. En estas condiciones, se fueron re-
estableciendo paulatinamente las actividades universitarias,
en un ánimo tenso derivado del conflicto y debido incluso a
la detención y procesamiento legal a parte de los inconformes que mantuvieron ocupadas las instalaciones universitarias después del plebiscito referido; meses después fueron
liberados casi mil estudiantes que habían estado presos.

Paulatinamente, la universidad fue retornando al tipo de
estudiantes cuyo perfil la distinguen y que se habían dis-
persado hacia otras instituciones de educación superior –en
y fuera de la Ciudad de México– debido a la situación de
tensión en la universidad. Asimismo, recuperó su ambiente
"tradicional" de pluralidad de métodos de análisis en torno
al conocimiento, y de tolerancia hacia las diversas opiniones
en cuanto a la sociedad y la política, que parcialmente refleja
la valiosa "mezcla social y cultural" que se da por la variada
procedencia de sus estudiantes y profesores. Algunos viejos
problemas no estrictamente universitarios han seguido presentes, sobre todo en el nivel medio superior, como lo es la
intromisión de grupos de acción violenta conocidos como
"porros" y que están asociados a intereses políticos de la sociedad en México tanto de izquierda como de derecha. De
hecho, en la prensa se argumentó con fuerza la intromisión
de los partidos de izquierda en el mantenimiento del conflicto y a través de estos grupos de acción violenta. Externos
formalmente a los procesos académicos de la universidad,

estos grupos parecieran persistir no obstante la apertura relativa de la sociedad política a varios partidos y movimientos, previamente regida por la presencia de un partido cuasi único y una institución presidencial muy fuerte.

Su recuperación contribuyó a que a finales de 2005, la UNAM fuese reconocida internacionalmente como la mejor universidad de Latinoamérica, España y Portugal (por el diario inglés *The Times*), y como la número 95 en el *ranking* mundial, el cual coincide también con el *ranking* internacional de la universidad de Shangai, que son dos esquemas de *ranking*-estratificación internacional con reconocimiento. Esta posición mejoró en el año 2006, ubicándose la UNAM en el número 74, y siendo así la universidad mejor ubicada de Latinoamérica, España y Portugal. Para 2007, la UNAM mantiene su primacía y notable influencia entre las universidades privadas y públicas.

Durante esa gestión, se mejoró la imagen que se tenía de la universidad y se difundió con énfasis el hecho de que la UNAM se hubiese posicionado en mediciones internacionales como la mejor de Iberoamérica por su historia, la calidad e impacto nacional e internacional de la investigación de sus cuerpos académicos y el liderazgo e impacto social y profesional de sus graduados. Para ello, se publicitó el hecho de contar con la computadora más potente de Latinoamérica, Kam Balam, la reforma del posgrado y su articulación con las actividades de investigación y el quehacer de los Institutos respectivos, el establecimiento de grupos de aprendizaje acelerado en la licenciatura, la reforma gradual del sistema de inscripciones, la creación del Museo Universitario de Arte Moderno, y la inauguración del Memorial del 68, entre muchos otros cambios, reformas y adecuaciones durante su gestión. Asimismo, se promovió y consiguió la declaración de Ciudad Universitaria como Patrimonio Cultural de la Humanidad por la UNESCO. Incluso en cuestiones de operación y gestión de un espacio tan extenso como la Ciudad Universitaria de la UNAM, se estableció la creación de un sistema adecuado de transporte PUMABUS y el sistema de

uso de bicicleta BICIPUMA que intensificaron la convivencia de estudiantes y profesores y modificaron en mucho la
imagen de saturación y desorden que parecía caracterizarla
y le dieron una imagen más adecuada de administración de
la planta física para promover con elementos adicionales la
declaración de la UNESCO.

Según la información obtenida en diferentes entrevistas
y algunos documentos, Juan Ramón de la Fuente es no solamente un académico de reconocida trayectoria en el campo
de la neurología y neuropsiquiatría, sino una de las personalidades reconocidas en la política mexicana y uno de los
pocos que aún pueden ser catalogados como independientes
en el nuevo marco de coexistencia casi multipartidaria en
México. Esta caracterización de académico y político del
rector de la Fuente no es extraña –sugeriría Daniel Levy
en 1980— para un rector de una universidad pública en la
historia de México, y seguramente en América Latina, por
no decir que en muchos países del resto del mundo; sin embargo, no obsta para reconocer la contribución de su gestión
a la recuperación de la imagen de la UNAM (inclusive si fue
acompañada del cultivo político de su propia imagen como
sugieren varios de sus críticos) fundamentada en la calidad
del quehacer académico de la institución y que resultó seriamente deteriorada a raíz del conflicto del final del siglo. Su
gestión permitió crear el Museo del Memorial del 68 dentro
del espacio urbano de Tlaltelolco –escenario de una de las
acciones o etapas más sangrientas en la historia de los conflictos de la universidad. Esta acción parece haber contribuido significativamente en el imaginario social a la sutura del
gran conflicto social y estudiantil del 1968.

La consistencia académica de la UNAM recuperada con
el manejo inteligente de la tensión por el reciente conflicto
de la institución, es la recuperación de un espacio de trabajo
y el quehacer de investigación de sus grupos académicos que
se distingue nacional e internacionalmente. Lo es también
para el conjunto de universidades públicas por su rol histórico en este gran segmento del sistema de educación superior

en México en los aspectos de docencia, investigación, coordinación y diseño y operación de la política educativa, que puede y debe ocuparse. Es también la recuperación de la institución universitaria como espacio de quehacer académico y su influencia en el conjunto de las universidades –públicas y privadas– en las condiciones actuales del sistema de educación superior. Es, también, una cuestión en la que conviene profundizar en mayor detalle, y que el análisis que aquí se presenta, refiere en forma sucinta.

2. Los referentes necesarios para el análisis

En la literatura contemporánea, se destacan los textos de B. Clark, T. Becher, y D. Levy (que se incluyen en la bibliografía básica de este curso) y que tienen que ver con las categorías básicas de una visión de los sistemas nacionales de educación superior contemporáneos y que proponen a partir del análisis empírico acumulado en su trabajo.

Clark argumenta que la articulación de los "establecimientos" de educación superior se entiende mejor a partir del conjunto de académicos que resulta de la sumatoria de los grupos portadores de conocimiento por disciplina, que se expresan en los establecimientos o instituciones de educación superior en la imagen influyente del perfil universitario históricamente visto, y que el conflicto de sus visiones –quizá podría hablarse propiamente de controversia– genera la dinámica básica del sistema. Resulta esencial para una noción de coordinación del sistema y rebasa una noción más estática al respecto.

Becher sugerirá, a su vez, que estos grupos vistos en relación con la solidez del método de su disciplina de conocimiento y la orientación teórica o aplicada de éste se constituyen en tribus que ocupan territorios en los campos de conocimiento disponibles; tienen controversias por el conocimiento.

Por su parte, Levy enfoca su análisis a la relación de los académicos en la universidad y el Estado en América Latina para enfatizar la autonomía de los académicos en la universidad, incluso en regímenes autoritarios como en el caso de México clásico.

Así, en el ensayo se enfatiza la visión de los cuerpos y tribus académicas en la educación superior y el conflicto de la UNAM como necesaria. Este argumento propone entonces un análisis distinto a los usuales y que nos permite observar nuevos ángulos del problema, entender el conflicto de la Universidad Nacional como expresión de las tensiones entre los grupos y tribus académicas constituidas en la educación superior y que se expresan en las instituciones individuales y entre ellas en formas distintas y conflictivas muchas de ellas, así como en otros procesos que tiene que ver con la educación superior y la universidad: la ciencia y la tecnología, el desarrollo, el empleo, las formas y fuentes de financiamiento, el entorno internacional.

También permite reconsiderar la tensión entre la educación superior y el Estado y su fuerza pública, frente al espacio pertinente de la autonomía y la capacidad de gestión institucional encabezada por un rector para solventar el conflicto. Observar cómo desde esta visión es considerable que se articulen distintos intereses en torno a la educación superior y su orientación social más que en relación con las instituciones vistas una por una, y que frente a esta condición existen los académicos y sus grupos y tribus en lo que podríamos denominar una especie de sociedad académica en el conjunto de la educación superior y que tiene distintas etapas de formación y grados de desarrollo, así como maneras de relacionarse con la sociedad política y otros actores sociales.

3. La universidad de los estudiantes en el escenario del conflicto. Una visión usual

La huelga más reciente de la Universidad fue iniciada formalmente por grupos estudiantiles en 1999-2000 con el apoyo de profesores. Como en otras ocasiones, para muchos observadores y los medios de comunicación, estos grupos fueron vistos en la forma que se ha modelado como visión "costumbrista", asociados a los eventos e intereses políticos externos a la universidad. Es decir, a los partidos políticos en México, si bien preferencial e intencionadamente al partido formal de la izquierda, el Partido de la Revolución Democrática (PRD), y al Sindicato de Trabajadores de la UNAM del que fueron desplazados los académicos, y que en el caso de los estudiantes −al menos parcialmente−, se refiere al uso de los grupos de porros para promover, acelerar e intentar dirigir este tipo de conflictos, y que se mencionan en la sección anterior como un punto de vista tradicional respecto al activismo estudiantil. En situaciones de tensión anteriores, estos grupos de porros podían ser vistos asociados a los intereses de los grupos de izquierda −como sería el caso del Partido Comunista− o asociados a grupos de derecha de origen religioso −como el caso del Movimiento Universitario de Renovadora Orientación (MURO)−, que no parecían tener cabida clara en el sistema de partido único de larga duración en México. Los estudiantes y profesores estuvieron aparentemente vinculados a quienes sostienen la propuesta de una educación superior gratuita y de libre acceso, opuestos a quienes sostienen lo contrario, y que se tiende a considerar en forma simple como asociados a los promotores de la presencia de instituciones privadas.

La mayoría de los profesores en México y la UNAM son de tiempo parcial o por horas y es fácil suponer que son los que se vinculan con mayor facilidad a los estudiantes activos; sin embargo, como profesores por horas es también plausible que dediquen más tiempo y energía a su quehacer profesional y a las actividades conexas fuera de la universidad. Es más probable −si bien no hay suficientes datos disponibles para un análisis más detallado− que parte de los profesores de tiempo completo sean los que se vinculen a los movimientos de los estudiantes activos en lugar de actuar en los grupos y partidos de la sociedad política mexicana contemporánea, que ahora es −o parece− más abierta que cuando el sistema político lo era de partido único. Este grupo de estudiantes y

profesores, en conjunto, han mostrado una relativa capacidad de movimiento y respuestas rápidas a eventos de esta
naturaleza que logran, por ejemplo, una manifestación, dos
paros, o el arranque de una huelga; esta capacidad de movimiento reta a la tradicional pasividad relativa del resto –mayoría– de estudiantes y profesores.

Vistos en un horizonte de análisis más amplio en el tiempo, extraña la relativa eficacia de estos grupos activos al
interior de la universidad, dados los cambios en el sistema
político y de partidos del entorno, que les ofrece más oportunidades de acción y política fuera de la universidad. Ésta
eficacia relativa puede verse en el inicio de una huelga que
luego se vuelve muy complicada de detener o levantar, por
la dificultad en la articulación de los intereses de los grupos
envueltos en el conflicto –los activos y los pasivos– para generar un cauce de salida o terminación satisfactoria del mismo. La mayoría de los profesores, por su parte, están agrupa-
dos en las Asociaciones Autónomas de Personal Académico
de la UNAM, distintas e independientes del Sindicato de
Trabajadores de la UNAM, y optan usualmente por acciones menos sorpresivas o de perfil violento –al menos aparentemente–, y quedaron en imagen de desventaja frente a las
acciones del primer grupo. Las acciones de ambos grupos, a
su vez, se reflejan parcialmente en el Consejo Universitario;
las de los primeros más por su capacidad para interrumpir su
funcionamiento, y las de los segundos por ser interrumpidos
en el funcionamiento del Consejo.

La intervención de la fuerza pública en este escenario es
algo novedoso y en ocasiones anteriores generó tal reacción
en los actores universitarios y no universitarios que parecie-
ra que en esta ocasión logró cambiar la visión rutinaria –pero
muy fuerte– de la ilegitimidad de una intromisión como ésta
en los espacios de la autonomía universitaria que incluían no
solamente las formas de gestión sino también los espacios
físicos de las instituciones y sus miembros. Cambió la visión
porque contribuyó al re-establecimiento de las actividades de
la UNAM sin magnificar ni complicar aún más el conflicto,

como en ocasiones anteriores; las dimensiones que adquirió la intervención de la fuerza pública y el ejército en el conflicto de 1968 son más que una muestra de ello. El perfil de respeto académico y la habilidad de concertación interna con los distintos grupos de interés y con los cuerpos académicos, y política externa con los grupos de interés en torno a la educación superior del rector de la Fuente es, plausiblemente, un factor que influyó en los resultados positivos de la forma de gestión ante el problema, en las nuevas condiciones del sistema político del país que dejó de ser de partido único y aparentemente se volvió más tolerante a la disidencia frente al poder establecido y abierto a nuevos procesos de gestión de la controversia entre los distintos intereses sociales.

4. Los académicos en el escenario de la universidad. Una visión necesaria

Otro proceso que es posible observar en la situación de la UNAM y que data –en sus manifestaciones recientes– de la gestión del Dr. Guillermo Soberón entre 1973 y 1981, es la propuesta de un espacio mayor para la investigación y el posgrado –referido entonces como la ciudad de la investigación– y diferenciado de las tareas de docencia en licenciatura –las facultades y escuelas alimentadas y no por la investigación. La propuesta fue arduamente criticada en la universidad en su conjunto por la supuesta dispersión del conjunto de actores universitarios. La propuesta pareció reflejar, sin embargo, procesos de concertación y acuerdos diversos entre los grupos de interés de los muchos cuerpos académicos disciplinarios dedicados prioritariamente a la investigación y al posgrado en la universidad y que suelen expresarse formalmente en las Coordinaciones de Investigación Científica y Humanística de la UNAM desde hace largo tiempo, sector que cuenta con el mayor número relativo de profesores de tiempo completo de la universidad. El crecimiento, reforma y desarrollo de los Institutos de Investigación fueron el resultado exitoso de esta propuesta. Para estos grupos de

académicos, la suspensión de actividades es la suspensión de
su trabajo y realización como académicos profesionales y de
su interés por mantener o acrecentar un espacio reconocido
en los terrenos o territorios ocupados local, nacional e internacionalmente y para quienes, seguramente, el problema de
la gratuidad y libre acceso a la educación superior, si bien
importante en términos de equidad, puede no ser central en
sus tareas. Las peticiones que quieren justificar la suspensión
de actividades y que no incluyen expresiones de los intereses
de estos grupos académicos en términos de financiamiento
de proyectos, promoción de los resultados de investigación,
mejora de la calidad de sus procesos y graduados en el posgrado, desarrollo de los espacios de investigación nacional e
internacionalmente y algunos otros aspectos de realización
académica, es difícil que los apoyen. En todo caso, los toleran
para re-establecer las condiciones de su trabajo y para evitar
enfrentamientos que consideran con resultados peores para
su quehacer, pero no parecen sustentarlos de esta forma.

En el marco de las dos coordinaciones de investigación de
la UNAM que se mencionan, se articulan intereses de diversos conjuntos o tribus académicas teóricamente asociadas a
las disciplinas del conocimiento existente como territorios
ocupados o a ser ocupados con la producción y difusión de
los resultados de su trabajo, según Becher. Dada la evolución
de estos campos de conocimiento por la velocidad de la información y la tecnología entre otros factores que catalizan
estos procesos, estos espacios disciplinarios se modifican con
cierta velocidad y puede ser más pertinente observar estas
tribus académicas en un espacio dado por la interacción entre
las disciplinas y los tópicos u objetos de investigación, como
sugiere Martínez Romo (1992). En esta perspectiva, resulta
plausible estimar que estos cuerpos académicos estuvieron
interesados en la solución posible del conflicto de la UNAM,
estuvieron dispuestos a las acciones de concertación del rector de la Fuente, y sus propuestas de gestión para la atención
al conflicto. En esta visión de los eventos no les resultó tan
ilegítima la intervención de la fuerza pública en la universi-

dad en la medida que re-estableció sus actividades y la violencia esperada por acciones anteriores –especialmente la de 1968– no fue más allá que la presencia de su intervención y la consignación temporal de algunos de los actores más activos y en ocasiones aparentemente violentos. La autonomía resultó entonces, con una visión menos estrecha que la defensa contra el abuso del espacio físico y la amplió a la defensa del espacio necesario-deseado de gestión en la investigación, el pensamiento y la difusión del conocimiento, que no es exclusivo de las instituciones públicas, sino pertinente al trabajo académico. Podría estimarse incluso que la parte de prestigio académico del rector estuvo en contacto con ellos para estimar los alcances de la gestión de solución al conflicto. Tenemos entonces un componente esencial de análisis de los grupos académicos interesados en respuestas alternas para recuperar el funcionamiento y actividades de la UNAM y fortalecer el espacio autónomo de gestión de la academia.

En esta línea de análisis, la presencia de personalidades, líderes y entidades internas y externas a la universidad en los mecanismos de gobierno, financiamiento y regulación de la universidad, reflejan no tanto una intromisión cuanto la articulación de intereses entre la academia y la sociedad civil y la sociedad política. Reflejan también las formas disponibles conocidas de gestión, reducida o multitudinaria, pero eficientes, eficaces y pertinentes al quehacer de los cuerpos académicos como constitutivos de la universidad y el sistema. Expresan también la condición de equilibrio entre ellos, más allá de una visión partisana de lo público-privado, sin por ello rechazar la utilidad de estos componentes en el análisis. Reflejan y expresan los territorios ocupados por los cuerpos y tribus académicas en los campos del conocimiento en el sistema de educación superior y la universidad, dado que estos grupos académicos son observables y articulan –y se articulan, diría Clark en el– sistema de educación superior en su conjunto más que en las instituciones vistas individualmente. En todo caso, se expresan en cada una de las instituciones en forma peculiar, quizá a través de sus grupos de investigación y aprendizaje en los campos de conocimiento de las disciplinas, pero articulados con los del resto del conjunto. En esta perspectiva, el conflicto de la UNAM no solamente se explica en el contexto de sus actores internos, si bien estos resaltan por la longevidad, influencia e importancia de la Universidad Nacional, refleja también los intereses de actores externos y de los grupos de académicos del sistema de educación superior sobre la UNAM y su papel en el conjunto.

Adquiere un nuevo sentido observar la capacidad de la Universidad Nacional para conseguir financiamientos internacionales y la presencia de sustento financiero a la investigación proveniente de grandes corporaciones nacionales y multinacionales que están también presentes en algunas de las instituciones privadas de trabajo y prestigio consolidado. Así, el conflicto de intereses en la UNAM adquiere una nueva y más amplia dimensión en el ámbito de la sociedad académica del sistema de educación superior y su contexto nacional en las nuevas dinámicas y procesos internacionales. Esta solución a sus tensiones expresa su re-posicionamiento y el de los grupos académicos en ella, en el sistema de Ciencia y Tecnología, y en el conjunto de intereses e instituciones sociales; más allá de la mercadotecnia y sus imágenes limitadas en los medios.

5. Los grupos académicos y el sistema de educación superior. Una visión alterna

De esta forma, el análisis del conflicto en la UNAM adquiere dimensiones como conflicto de la sociedad de los académicos y sus tribus, en sus instituciones y en la interacción entre éstas y de éstas con las otras instituciones sociales y políticas y el entorno. En el escenario contemporáneo, la presencia y figura de la UNAM dejó de ser única y paradigmática, pero re-posicionó su papel e influencia en nuevas condiciones y en nuevas formas de interacción con otras instituciones públicas y privadas, entidades de investigación, agencias gubernamentales y no gubernamentales de financiamiento, entidades internacionales, corporaciones empresariales y agentes de empleo. Los académicos y sus grupos expresaron con ello la distribución contemporánea que tienen a través de los campos disciplinarios y sus quehaceres en las instituciones del conjunto. La negociación con el exterior –lo privado y lo político– lo nacional y lo internacional

La sociedad académica de la Universidad Nacional del siglo XXI no es ya aquélla del 1968, de participación activa, abierta y protagónica social y políticamente, que se volvió paradigma de lucha y conquista sobre todo para aquellos profesores y estudiantes que participaron en el amplio movimiento de entonces. La sociedad mexicana cambió, creció, se hizo más compleja y entró en procesos de globalización e internacionalización. El sistema político estable de varias décadas se ha visto forzado a ajustarse de distintas formas y a diferentes velocidades a estos cambios de la sociedad nacional e internacional. El quehacer de la universidad se ha ido ajustando a estos cambios y ha ido modificando su ser como lugar –por excelencia– de disidencia política y social en un sistema que se consideró limitante de las diferencias políticas por décadas. También, se ha ido ajustando en su quehacer de conocimiento en medio de los procesos de internacionalización, así como a las nuevas formas y acciones de disensión política que se han abierto en la sociedad política del país y distintas a sus prácticas anteriores de influencia y diferencia. La UNAM, por otro lado, dejó de concentrar la mayoría de la matrícula estudiantil de este nivel escolar y redujo su participación del 50% al final de los sesenta a menos del 20% ya para 1978. Las universidades autónomas de los Estados aumentaron su participación en la matrícula nacional y crecieron en número y diversificaron su oferta de estudios y grados y, con ello, del perfil y tipos de sus profesores e investigadores, así como en las formas de su interacción con la sociedad, las formas de producción y de su análisis del cambio en el sistema político en el país. Las preferencias de los estudiantes se mantuvieron hacia las universidades e incrementaron su participación en la matrícula nacional hasta más del 80%, no obstante el incremento muy alto en el número de instituciones tecnológicas que, a pesar de ello, disminuyeron su participación de poco más del 20 al 14% del total de estudiantes. En forma paralela, a partir de la segunda mitad de los ochenta el número de instituciones privadas ha crecido enormemente y la participación de sus estudiantes en el total nacional se duplicó en dos décadas, del casi 17 al 30%; éstas han acelerado notablemente la variedad en la oferta de estudios de licenciatura y especialidad, e impulsado nuevas formas de análisis de calidad educativa y de gestión, así como promovido incansablemente las formas mercadotécnicas de promoción de imagen. Las grandes universidades públicas han mantenido, sin embargo, la mayor parte del trabajo de investigación básica y aplicada y, entre ellas, la UNAM sigue ocupando un lugar destacado; ahí tanto como en el conjunto de instituciones de éste –ahora diversificado– sistema nacional de educación superior cuyas instituciones y universidades interactúan por distintos caminos con las instituciones del entorno internacional.

La presencia y papel de la UNAM en el sistema se ha modificado a lo largo de una centuria y sobre todo en la segunda mitad de ella. La Universidad Nacional, re-creada en la primera década del siglo XX, hubo sido imagen y semejanza para la hechura del conjunto de universidades, y por mucho tiempo la agencia académica de revalidación de estudios y paradigma de acreditación de calidad. El sistema se diversificó y sus instituciones se diferenciaron, la Universidad Nacional se ha ido reformando para acomodarse a estas nuevas circunstancias y, aparentemente, el conflicto del fin del siglo no solamente se expresó como una crisis –así lo enfatizaron los grupos de interés en su contra– sino que la gestión del mismo le permitió institucionalmente resultar fortalecida en su nuevo papel en el sistema de educación superior. Si se observa la articulación visible de los intereses de los cuerpos y tribus académicas, es posible observar el lugar de la UNAM en el conjunto a través de diversos mecanismos de reconocimiento como el Sistema Nacional de Investigadores, la participación de éstos en la hechura de las políticas de ciencia y tecnología del CONACYT, los criterios y mecanismos de evaluación y acreditación, las acciones de copia-seguimiento de las instituciones privadas a las acciones de las públicas y su esfuerzo de interacción creativa con éstas y, claro, la rearticulación de los cuerpos y tribus académicas en este sistema contemporáneo de educación superior en el cual, los de la Universidad Nacional han seguido prominentes y preeminentes en la interacción con los de las otras instituciones. Esta situación resulta normal en la propuesta de Clark y Becher, porque los grupos y tribus académicas se articulan en el conjunto de instituciones del sistema, más que en las instituciones individuales; y la condición social e histórica de la UNAM les da, plausiblemente, este espacio de influencia y ascendencia a sus académicos.

6. La universidad en el escenario histórico

Hans Albert Steger (1975) argumenta en su sugerente recorrido de la evolución de las universidades en el desarrollo social de la América Latina, a partir de la imagen y semejanza de las de Alcalá y Salamanca en España, el cómo la institución universitaria acompañó al desarrollo de los países del continente durante el esplendor de la Colonia y los procesos de las independencias nacionales. Después de su glorioso inicio en el Siglo XVI, mostró su renacimiento en el México mestizo, con la Real y Pontificia Universidad de México, a partir de la influencia de la Universidad de Salamanca.

Este esplendor tuvo que ver con la creatividad y el entusiasmo de construcción de los nuevos países y, en ellos, de las nuevas universidades que contribuyeron a la tarea de formar líderes y profesionales cultivados en algunas de las disciplinas del conocimiento para el servicio y liderazgo de la sociedad de entonces. Steger mismo sugeriría lo notable de la obra universitaria en varios de nuestros países, y sus efectos observables a veces comparables a los logros en Europa pero, con la diferencia de los cientos de años que en ellos había tomado tal tarea.

Recreada en 1910 en México, el lema de la Universidad Nacional: "Por mi raza hablará el espíritu", en clara referencia a escritos de José Vasconcelos en los que llamó "raza cósmica" a la comunidad latinoamericana nacida del encuentro y mezcla de dos culturas distintas, revela la vocación humanística con la que fue concebido por quien asumió la rectoría en 1920, en el marco de la Reforma Universitaria latinoamericana, y en una época en que las esperanzas de la Revolución mexicana estaban frescas y vivas. Había una gran fe en la patria, y un ánimo redentor se extendía en el ambiente y se quiso significar en el lema la convicción de que nuestra raza elaboraría una cultura de tendencias nuevas y de esencia espiritual, que explicó Vasconcelos al presentar la propuesta. Más tarde diría que imaginó así el escudo universitario que presentó al Consejo con la leyenda: "Por mi raza hablará el espíritu", pretendiendo significar que se despertaba hacia el conocimiento luego de una larga noche de opresión y oscuridad.

La historia de la universidad en México y sus movilizaciones resulta paralela a la de las movilizaciones sociales; y éstas han sido amplias. En el período relativamente reciente, las movilizaciones sociales ocurren a partir de 1929 en el marco de la Reforma universitaria que se extendía por toda América Latina y que clamaba por la autonomía de la universidad que le garantizase el espacio de manifestación que requería para la expresión de sí misma como casa de conocimiento y de disidencia no sujeta a los vaivenes de la vida política de los países del continente. Así, la participación intensa y multitudinaria de profesores y estudiantes contribuyó para que el gobierno federal reconociera el estatus de autonomía que la universidad demandaba y consolidó en varias etapas y con distintos alcances a partir de entonces y que, desde 1945 garantizó el respeto a su capacidad de autogestión y libertad de cátedra como expresión del conocimiento y sus requerimientos de método. De esta forma, la Universidad Nacional se convirtió en la Universidad Nacional Autónoma de México.

La universidad acompaño, junto con las otras dos decenas de universidades estatales creadas a su imagen y semejanza, a los procesos de industrialización y desarrollo que han sido analizados en el llamado "milagro mexicano" que permitió al país un crecimiento sostenido de más del 7% anual durante más de una década a partir de los cincuenta, y que amplió y fortaleció la constitución y consolidación de una emergente clase media que, a la vez, fue usuaria principal de los servicios de la universidad y beneficiaria de los procesos de movilidad social derivados de ello (Hansen, 2004). Durante este período, no obstante la creación del Instituto Politécnico Nacional y algunos institutos tecnológicos en los Estados, se incrementó el número de universidades, sobre todo las públicas en los Estados, si bien no todas autónomas por ley, sí prácticamente autónomas (Levy, 1986) en términos de los usos y costumbres generados por la UNAM. En estas condiciones del sistema de educación superior, la influyente agencia académica reguladora –para públicas y privadas– lo fue la prestigiada UNAM a través de sus mecanismos de acreditación y revalidación de estudios que, en la práctica, validaba la apertura, operación y evaluación de la gran mayoría de programas de estudio y grados universitarios que se ofrecían en el país hasta la década de los setenta, sobre todo en el nivel de licenciatura y la educación media superior (Martínez Romo, 1992).

7. La universidad. El escenario reciente

En el marco de la crisis del modelo de desarrollo económico social del país –el milagro mexicano– alrededor de los setenta, la UNAM se vio en el centro de las protestas sociales que ya en 1968 demandaban bienestar, libertad de asociación y pluralidad con menor control gubernamental. Iniciadas por grupos de trabajadores y profesionales algunos años antes, los estudiantes de la UNAM en unión con los de las universidades más importantes del sistema de educación superior de entonces –públicas y privadas, como El Colegio de México, el IPN, la Universidad Iberoamericana, la Universidad La Salle, y varias de las autónomas de los Estados como Sinaloa, Puebla, Coahuila, Tamaulipas, Veracruz y Jalisco–, demandaban mayor libertad de expresión y disidencia y que el gobierno desarmara su aparato represivo de control, para dar paso a una más amplia democracia en la sociedad política del país.

El gobierno desmembró varias de las movilizaciones de trabajadores y profesionales e intentó durante buen tiempo debilitar el movimiento universitario para controlarlo y volverlo a los cauces conocidos y experimentados por el sistema político, como el uso de grupos de porros y agentes policíacos infiltrados en los movimientos sociales, pero la unión de los universitarios logró mantenerse y mantener el movimiento. De hecho, en la primera etapa del proceso una gran marcha que salió de la Ciudad Universitaria fue encabezada por el propio rector, el Ing. Javier Barros Sierra, y la gran mayoría de los directivos académicos de la universidad. Sin embargo, a sólo semanas de que dieran inicio los primeros Juegos Olímpicos en México, el gobierno decidió frenar el movimiento a través de acciones directas y violentas como la que fue luego recordada como la Matanza de Tlaltelolco, ocurrida en la Plaza de las Tres Culturas y la organización y acción interventora de grupos paramilitares como los denominados "halcones".

Las tensiones que estos movimientos reflejaban, llevaron a una serie de reformas en todo el sistema educativo y a la reforma, expansión y diversificación en el caso de la educación superior que incrementó su matrícula nacional en un 300% (de casi 200,000 a poco menos de 800,000 estudiantes) en tan sólo ocho años a partir de 1970, y sobre todo fuera de la Ciudad de México con lo cual la UNAM disminuyó su participación relativa del 50% a poco menos del 22% de la matrícula nacional total de licenciatura. La Universidad intervino activamente en el proceso de expansión con una alternativa de reforma que propuso la creación de un modelo integrado de educación superior a partir de la educación media superior y hasta el posgrado. Con base en una concepción de la interacción de las Ciencias y las Humanidades, se propuso este modelo que incluía salidas intermedias hacia el mercado de trabajo en el nivel de la preparatoria o bachillerato y a la mitad de los estudios de licenciatura, semejante al que ahora se conoce como de técnico superior universitario. Se propuso un reagrupamiento y nueva denominación de los grados universitarios a nivel licenciatura y la articulación de éstos con los estudios de posgrado a través de los proyectos de investigación y la aplicación de estos resultados en diversas acciones sociales y productivas.

La influyente UNAM en la gestión y dirección de esta reforma no logró unir a todas las partes interesadas en al ámbito nacional y gubernamental y la propuesta de política derivó en la promoción y operación del cambio a través de la influyente participación de varios grupos académicos y profesionales vinculados con la academia. Esta participación se observa a través de la Dirección General de Coordinación Educativa de la Secretaría de Educación Pública que encabezada por un ex rector que había sido preso de la guerrilla en el sureste, acordaba directamente con la Presidencia de la República, así como a través de la Asociación Nacional de Universidades e Instituciones de Educación Superior –ANUIES– la creación de seis nuevas universidades en el país, incluyendo la Universidad Autónoma Metropolitana en la Ciudad de México, sede y dominio de la Universidad Nacional.

En estas circunstancias la presencia y rol de la UNAM en el país, la Ciudad de México y en el sistema de educación superior parecieron disminuir sustancialmente, pero su influencia e importancia no necesariamente disminuyeron sino que parecieron modificarse y permanecer a través de los grupos y redes académicas. A lo largo de la década de los setenta, la reforma de la educación superior incluyó la expansión

de la misma UNAM con la creación de las cinco sedes del
Colegio de Ciencias y Humanidades –modelo propuesto por
la UNAM para la reforma general del sistema, así como de
las cinco unidades multidisciplinarias descentralizadas de la
Ciudad Universitaria: Acatlán, Aragón, Cuautitlán, Iztacala
y Zaragoza, y que actualmente, se les conoce como Facultades de Estudios Superiores (F.E.S). La influencia nacional
de la UNAM se mantuvo asimismo a través del Programa
de Colaboración Académica Interuniversitaria con todas
las universidades del país y con la presencia directa de sus
académicos en los centros de investigación de diversos campos del conocimiento en instituciones de educación superior
de más de 14 Estados de la República. Internacionalmente,
mantiene productivos convenios con la mayor parte de los
países latinoamericanos y presencia en algunos Estados de la
Unión Americana y algunos países europeos.

La reforma educativa de los modelos de organización y
métodos de enseñanza-aprendizaje iniciada a partir de 1970
se difundió y promovió a través de las nuevas universidades
y de la misma UNAM, y fue también significativa en las formas de coordinación para la regulación de las instituciones
del Sistema de Educación Superior (IES) en México. El origen de la forma que tomó esta regulación de la educación superior puede relacionarse plausiblemente a las iniciativas del
Seminario Nacional de Planeación Universitaria realizado
en 1969 en la UNAM bajo los auspicios de la misma UNAM
y de la ANUIES. Fue entonces que se propuso un sistema
–participativo y dinámico entre la ANUIES y la SEP– para
el diseño, participación y operación de la política pública en
educación superior (SiNaPPES) y la integración de un plan
nacional que orientara el desarrollo de las Instituciones de
Educación Superior (IES) en la dirección deseada, frente a
los desafíos que el desarrollo previsible del país establecía
(Martínez Romo, 1983).

Fue en 1978 que estas iniciativas fueron formalmente
aprobadas en la Asamblea Nacional de la Asociación Nacional de Universidades e Instituciones de Educación Superior

(ANUIES) e instrumentadas posteriormente a partir de la creación de la Coordinación Nacional para la Planeación de la Educación Superior (CONPES) en 1979. El Secretariado Conjunto de esta instancia nacional de coordinación para la operación del sistema de política-planeación fue integrado por el Secretario General Ejecutivo de la propia ANUIES y los representantes de la recién creada Subsecretaría de Educación Superior e Investigación Científica (SESIC) en la propia SEP. La operación del Sistema Nacional de Planeación Permanente de la Educación Superior (SiNaPPES) incluyó, además, coordinaciones de política educativa a nivel regional, estatal e institucional en una fuerte interacción entre el ámbito nacional y el institucional (ANUIES, 1979). En todas ellas han participado académicos de diferentes disciplinas, y la presencia de los de la UNAM ha sido significativa en su creación, influencia en las IES y en la coordinación nacional tanto como en las propuestas y mecanismos derivados de su creación para la evaluación y acreditación.

En un análisis más detallado de las iniciativas del Seminario de 1969 se observa cómo se distinguían cuatro requerimientos para la política pública en educación superior, necesarias para su coordinación y desarrollo: el técnico, el administrativo, el político, y el financiero (ANUIES-SEP, 1970). Se decía entonces que la política-planeación tenía requerimientos políticos que tenían que ver con la concertación y articulación de los diferentes intereses a ser involucrados en la toma de decisiones sobre la educación superior, inherente a los procesos derivados del mecanismo y sus diversas herramientas de política, planeación, evaluación y acreditación. Como si los grupos académicos de la UNAM y de otras IES previesen formas de intervención en el desarrollo del sistema de educación superior al sugerir los mecanismos en el seminario de 1969.

La creación del SiNaPPES y su operación, argumenta Martínez Romo (2006), se vuelve clave para entender el proceso contemporáneo de coordinación, planeación y política educativa, particularmente en el caso de las universidades

autónomas públicas en México y su influencia en el sistema
en su conjunto y sus condiciones de participación público-
privada, que se inicia en 1970 con la expansión y diversificación de la educación superior. Pero lo es también para entender la relación de autonomía relativa de las universidades
respecto del gobierno en sus niveles federal y estatal y, con
ello, las premoniciones de descentralización de la administración de la educación superior en una perspectiva política
de federalización, en forma previa –o mejor dicho premonitoria– de los procesos similares contemporáneos del Estado
en México.

Tabla I   LA OPERACIÓN DEL SINAPPES

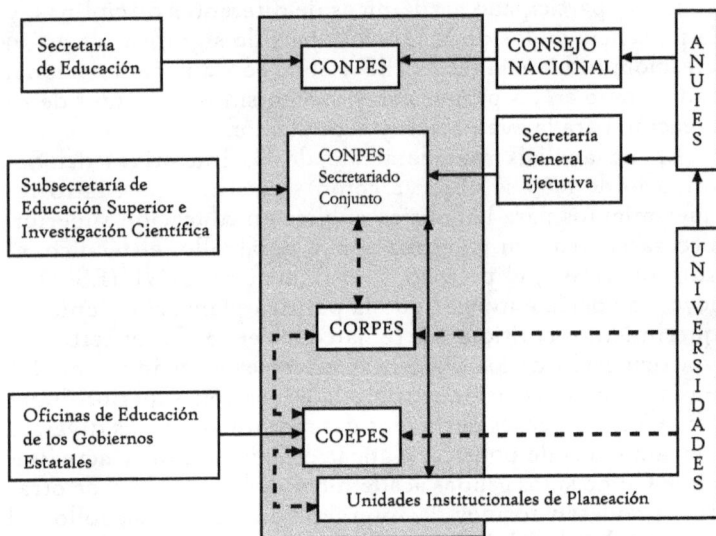

Fuente: Martínez Romo, 1992.

Además, para los siguientes veinticinco años, cuando se
publicaron versiones sucesivas del Plan Nacional de Educación Superior (producto del mecanismo de política-pla-

neación, el SiNaPPES y la Coordinación Nacional para la Planeación de la Educación Superior y demás herramientas derivadas del mismo) éste se había constituido en un mecanismo legitimado para la formulación y concertación de la política universitaria a partir de 1978; un período que resultaba más amplio que los de seis años de una administración gubernamental. Este dato permite inferir que los períodos gubernamentales mexicanos de seis años no han inhibido los procesos de la política educativa superior de mayor plazo, ni su análisis en esta perspectiva más amplia de política del Estado y no solamente de gestión gubernamental. En este marco de análisis, la evolución y éxito de la UNAM después de sus conflictos, y participación e influencia en el sistema actual de educación superior es que se puede ver modificada más que disminuida.

Algunos estudios recientes han proporcionado más elementos analíticos al respecto de la organización y coordinación de los sistemas de educación superior, y el papel de los académicos dentro de ellos reunidos en grupos disciplinarios en los que se generan intereses creados a partir de sus perspectivas disciplinarias (Clark, B. 1983), que tienen características específicas dependiendo de sus objetos de conocimiento y la forma de abordarlos (Becher, T. 1989). En esta perspectiva se puede hablar entonces de una "naturaleza política" específica en los procesos de política-planeación de la educación superior (Martínez Romo, 1982), y que tiene que ver con este "conflicto de intereses" de los grupos académicos en la educación superior y al cual la política-planeación no escapa. La política educativa se vuelve una expresión tecno-racional de los intereses académicos involucrados en el proceso, cuya "naturaleza política" no le es dada, necesariamente, por la participación de los agentes externos de la sociedad política expresados en el Estado. En esta perspectiva de análisis, la acción de los académicos de la UNAM muestra un proceso de diáspora en los nuevos mecanismos de coordinación del sistema de educación superior como en las propuestas de política educativa y los mismos mecanismos para el sistema en

su proceso de diversificación a través de la misma presencia
de la UNAM en las instituciones de educación superior, los
institutos de investigación externos a la UNAM, el Sistema
Nacional de Investigadores, entre otros.

Tabla II   LA UNAM Y LOS ACADÉMICOS EN LA COORDINACIÓN
NACIONAL DEL SINAPPES

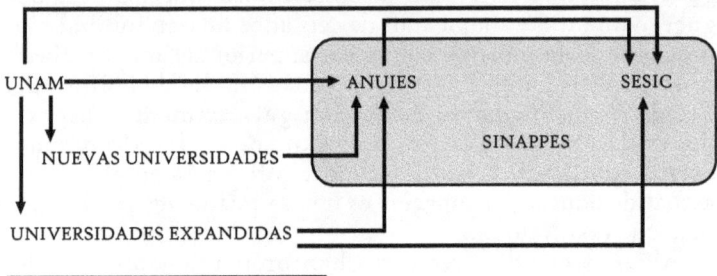

Formulación: Martínez Romo, 1992

Burton Clark (1983) argumenta la notable capacidad de
permanencia de la institución universitaria en la sociedad
occidental, observable en una perspectiva histórica como
ésta, de tal manera que parece haber desarrollado un conjunto de mecanismos que le permiten conservar, cambiar o
innovar su presencia y perfil, para ajustarse a distintas formas y condiciones sociales sin perder su identidad esencial
como institución de académicos dedicados al conocimiento
y su servicio. Su argumento incluye la presencia del conflicto entre las visiones de los grupos académicos de distintas
disciplinas presentes en el conjunto de establecimientos (las
instituciones educativas universitarias y las no universitarias) como el mecanismo central de adaptación y cambio que
tiene que ver con esta dinámica de los sistemas nacionales de
educación superior contemporáneos. Grupos que T. Becher
analizará como "tribus" y "territorios académicos". En otras
palabras, el conflicto entre las visiones de los grupos disciplinarios del saber disponible que mantiene el espacio del conflicto en el espacio del conocimiento (Martínez Romo, 1992).

El mecanismo de coordinación y política referido, así como sus diversas herramientas de concertación desarrolladas y legitimadas en el tiempo –como así también la participación de los académicos y sus grupos– pueden ser observados, asimismo, en esta perspectiva.

9. La universidad en el escenario contemporáneo

La educación superior en el México contemporáneo enfrenta los retos que acompañan a los cambios de la sociedad mexicana en lo cultural, lo económico y lo político. La capacidad instalada y oferta de graduados enfrenta retos de diversificación en el tipo de instituciones y en la variedad de estudios y perfiles profesionales ante nuevas exigencias de los empleadores, la transformación acelerada del sector productivo, los procesos de aprendizaje e innovación tecnológica, la presión de las políticas emergentes de financiamiento en los sectores social y educativo, el crecimiento y distribución de la población, y sus demandas de identidad, cultura y formación profesional para el trabajo y la movilidad social (Teichler, 1988; OCDE, 1997).

La preeminencia del sector universitario que concentra la mayor parte de la matrícula en educación superior (80% aproximadamente), con su administración institucional autónoma y su coordinación nacional participativa y descentralizada, tanto como el estilo centralizado de los sectores tecnológico y pedagógico-normal, protegidos ambos por la acción benévola o tolerante de la administración gubernamental federal (Latapí, P. 1986), enfrentan hoy los retos de coordinación que la federalización les presenta y que incluye la participación de los académicos junto con los representantes empresariales e industriales privados, además de los sectores gubernamentales a nivel estatal y federal, para la formulación de políticas y la conducción de la educación. El sentido social, la educación superior enfrenta en México, la necesidad de redefinirla como ámbito del interés público de los ciudadanos ya que, aparentemente, estuvo asociada por largo tiempo a la esfera de la acción exclusiva del gobierno como celoso guardián de los intereses de lo público del Estado mexicano. La acción presente de la UNAM, fortalecida luego de su éxito frente al último conflicto, vuelve de nueva cuenta a ser muy significativa real y simbólicamente en sí misma y en el sistema (ANUIES, 2001).

Desde las reformas educativas generales iniciadas en los años setentas para responder a los retos económicos y políticos para la modernización del país en ese entonces, no parecían haberse observado acciones integrales de política pública de la magnitud, radicalidad e impacto como las que hoy se formulan e implementan, y que han sido aceleradas, plausiblemente, con el proceso catalítico desencadenado por la operación del Tratado de Libre Comercio de América del Norte, firmado entre México, Canadá y Estados Unidos. Las acciones proteccionistas de política para el desarrollo económico y social, emprendidas a partir de la posguerra y reformuladas durante los años setentas, son hoy parte de la historia. Los criterios que hoy influyen más en la determinación de estas políticas han priorizado las políticas a favor de la apertura y los mecanismos de mercado como reguladores adecuados para el desarrollo social y económico en beneficio del interés colectivo o público (Martínez Romo, 1996), y estos no son ajenos a la educación superior.

A partir de 1985, las instituciones privadas de educación superior emergieron como un nuevo actor interesado en el escenario de este sector educativo. La emergencia de este actor ha modificado la integración de grupos académicos de identidad disciplinaria[1] entre el conjunto de instituciones educativas superiores, tanto como el conflicto y conciliación de intereses de los mismos para influir en la dirección del desarrollo futuro de la educación superior mexicana en términos de prioridades de conocimiento de las disciplinas (p.e. la forma distinta en que los matemáticos, los sociólogos y los ingenieros ven al mundo, la sociedad, y la universidad), su difusión, sus prioridades de investigación y aplicación, y las

---

[1] Tony Becher (1989) argumenta las diferentes características de la identidad de

formas de transmisión del mismo entre los grupos sociales usuarios de este bien público posicional en México al inicio del siglo XXI.

No obstante que las universidades estatales y las de la zona metropolitana de la Ciudad de México concentraron casi el 80% de la matrícula total al final de los setentas, la incorporación de los distintos actores institucionales y académicos en el proceso de política educativa fue un fenómeno paralelo al incremento relativo de la matrícula en instituciones privadas y su participación en el total durante la presente década (la cual ascendió del 13% en 1970 al 30% del total en la presente década) que, entre otras cosas, está contribuyendo a cambiar el sentido del interés público de la educación superior que, de estar previamente concentrado en las universidades subsidiadas exclusivamente con fondos públicos, se ha extendido a las diversas instituciones que ofrecen estos servicios, manifiestan distintos enfoques y prioridades en esta oferta, y promueven la diversificación en sus fuentes de financiamiento –incluyendo formas subsidiadas de origen privado. Esta nueva situación tensiona la vieja concepción partisana a la que parecen acostumbrados los análisis al identificar lo público con lo estatal y lo privado con lo empresarial, sin aparentemente dejar espacio a los intereses académicos y preferencias individuales.

Las nuevas formas de interacción entre las instituciones públicas y privadas, y de los grupos académicos de ambas a través de ellas, caracterizan la naturaleza política específica de la relación de los académicos frente a los retos de la educación superior, naturaleza política que, si bien no es separable quirúrgicamente de la condición propia de la sociedad política que se estructura en el Estado mexicano, si es distinguible como específica de la sociedad académica y, en consecuencia, caracteriza la participación de ésta última frente al sector gubernamental y al mercado en los procesos de educación superior, con base a los intereses de conocimiento que son fuente de su identidad. Esta participación parece haber sido legitimada a lo largo ya de casi tres décadas, y se vuelve necesaria para la transición del fin de siglo en que la pretensión de modernidad de la sociedad mexicana requiere de una participación diferente de las instituciones de educación superior en los procesos de relación internacional, regulados por una forma nueva de Estado nacional.

A partir de la operación del mecanismo de política educativa y coordinación de la educación superior referido en el presente escrito, la sociedad académica conformada por los grupos disciplinarios del conjunto de instituciones de educación superior[2] se legitimó frente a los representantes gubernamentales o políticos en los procesos de política pública para la educación superior y ha garantizado, aparentemente, su participación y la de sus instituciones en la formulación, operación y evaluación de la política educativa (Martínez Romo, 1992).

La longevidad y legitimidad de los mecanismos propuestos por las universidades, y creados a iniciativa de la ANUIES y la SESIC, se puede observar cuando, a más de veinticinco años del inicio de operación del SiNaPPES, en 1989 se integró la Comisión Nacional de Evaluación –la CONAEVA– en el seno de la CONPES y, después, en 1992 se integraron los Comités Interinstitucionales para la Evaluación de la Educación Superior –los CIEES– y los comités del Consejo para la Acreditación de la Educación Superior –COPAES– y el Centro Nacional para la Evaluación de la Educación Superior (CENEVAL), también a partir de la CONPES y la dinámica de concertación establecida en el SiNaPPES. Con estas acciones parece haberse mantenido el énfasis en: 1) el circuito de la política educativa: planeación-evaluación; 2) la dinámica participativa general del mecanismo de concerta-

---

los académicos de acuerdo a las características de la disciplina a que pertenecen. Martínez Romo (1992) argumenta la naturaleza política específica de la interacción entre grupos académicos de diferentes disciplinas y en los procesos de formulación de política educativa superior.

[2]Burton Clark (1983) argumenta como en el centro dinámico de los sistemas contemporáneos de educación superior se encuentra la matriz que les da identidad y que está conformada por los académicos que pertenecen a la vez a las instituciones individuales y a los grupos disciplinarios cuya identidad rebasa las instituciones particulares y se sitúa en el nivel del sistema.

ción-negociación creado; 3) la participación de la ANUIES y la SESIC y las universidades, y donde los actores legitimaron (Cheng, 1987) dicho proceso, en el cual la UNAM vuelve a distinguirse. El análisis de la política-planeación de la educación superior en esta perspectiva permite visualizar a los grupos académicos como promotores de la misma, tanto a través de las instituciones de educación superior, como desde la Secretaría de Educación Pública, a través de la SESIC.

10. La UNAM y la sociedad académica en la política de lo público

A partir de la década de los ochenta, también la política educativa promovió la creación de centros de investigación y posgrado a través de la SEP y el Consejo Nacional de Ciencia y Tecnología (CONACYT). Los centros SEP-CONACYT hoy conocidos como Centros Públicos de Investigación están presentes en más de 20 Estados de la República y son, quizá, un nuevo factor de consolidación del sistema nacional de educación superior, particularmente en el nivel de posgrado y en las acciones de investigación.

En forma previa –casi paralela– a estas acciones de la SEP y del CONACYT, la UNAM inició un proceso interno de reforma para mejorar la condición, organización y resultados del posgrado y su articulación eficiente con los programas de licenciatura, impulsada desde la gestión del rector Guillermo Soberón: la ciudad de la ciencia y la investigación en el espacio físico de la Ciudad Universitaria y que concentró la mayor parte de las nuevas instalaciones de los Institutos de Investigación que pareció preceder en forma premonitoria y seguramente producto de la participación internacional de los grupos académicos, a lo que hoy se conoce y promueve como Universidades de Investigación que habrían de ser pocas por su costo, y necesarias en países como el nuestro por su quehacer estratégico (Altbach y Pinto en prensa). La UNAM ha sido y sería una de ellas, en red de grupos acadé-

micos con los Centros Públicos de Investigación y los seg-
mentos en las universidades estatales con la fuerza de investigación suficiente para ello (Martínez Romo, 2004).

La acción de la UNAM, la recuperación de su imagen, y su
presencia activa en el sistema de educación superior vuelve a
tener importancia en estas nuevas condiciones y características del sistema de educación superior. Se experimentan nuevos modelos de enseñanza-aprendizaje, novedosos modelos
de financiamiento público-privado, nuevos modelos de posgrado, intensa actividad de investigación en áreas prioritarias
que le permiten incrementar su reconocimiento por el gran
número –el mayor nacional– de investigadores acreditados
en el Sistema Nacional de Investigadores (SNI) del CONA-
CYT, novedosos programas de vinculación y aplicación de
la investigación incluidos los proyectos de riesgo compartido
con diversos organismos privados, y financiamientos varia-
dos con organismos internacionales como Banco Mundial e
Interamericano del Desarrollo.

Bibliografía

Altbach, P. y A. Pinto (en prensa), *Las universidades de inves-
tigación*. México. ANUIES
ANUIES (2001), *La educación superior en el siglo XXI*. México. ANUIES
ANUIES-UNAM (1970), *La Planeación Universitaria*. Méxi-
co. UNAM.
ANUIES (1979), *La Planeación de la Educación Superior en
México*. México. ANUIES.
Becher, T. (1989), *Academic Tribes and Territories. Intelectual
enquiry and the cultures of the disciplines*. England. SRHE and
Open University Press.
Cheng, K. M. (1987), "The concept of legitimacy in educa-
tional policy-making: alternative explanations of two policy
episodes in Hong Kong" PhD Thesis. London: University
of London Institute of Education.
Clark, B. (1983), *The Higher Education System. Academic or-*

ganization in a cross national perspective. New York. Praeger Publishers.

Hansen, R. (2004), *La política del desarrollo mexicano*. México. Siglo XXI

Latapí, P. (1982), *Análisis de un Sexenio de Política Educativa*. México. Nueva Imagen.

Levy, D. (1980), *University and Government in Mexico: Autonomy in an Authoritarian System*. New York. Praeger Publishers.

Levy, D. (1986), *Higher Education and the State in Latin America*. Chicago: The University of Chicago Press.

Martínez Romo, S. (1983), "The planning of higher education in México. An overview of the National Plan for Higher Education Development and its implementation in Autonomous Universities". England. University of Lancaster Department of Educational Research.

Martínez Romo, S. (1992), "Political and Rational Models of Policy Making in Higher Education (The creation and establishment of the National System for Permanent Planning of Higher Education in Mexico. 1970-1986). London. University of London. Institute of Education.

Martínez Romo, S. (1996), "La planeación evaluación de la educación superior" en *Política y Cultura*, No. 7. México. UAM-X, Otoño de 1996.

Martínez Romo, Sergio (2004), "Grupos, tribus, cuerpos y redes académicas. Vicisitudes y retos de las políticas para la educación superior". México. UAM. Págs. 321 - 340

Martínez Romo, S. (2006), "Una perspectiva de política educativa para este siglo: Las reformas en la educación superior contemporánea y sus efectos en la universidad mexicana del principio del siglo" en L. Berruecos Villalobos, J.F. González Sánchez y M.A. Jiménez Godínez (Coords.), *Perfil de la educación superior en la transición del México contemporáneo*. México: IEESA, UNAM, UAM, e ITESM. Págs. 37-57.

OCDE (1997), *Revisión de Políticas Nacionales de Educación Superior. México*. Paris: OCDE.

Steger, Hans A. (1975), *Las Universidades en el desarrollo social*

de la América Latina. México: Fondo de Cultura Económica.
Teichler, U. (1988), *Changing patterns of the higher education system*. London: Jessica Kingsley Publishers.

La Comisión Interamericana de Derechos Humanos: eficiencia sin coacción de un organo supraestatal

por
Emma Maza Calviño

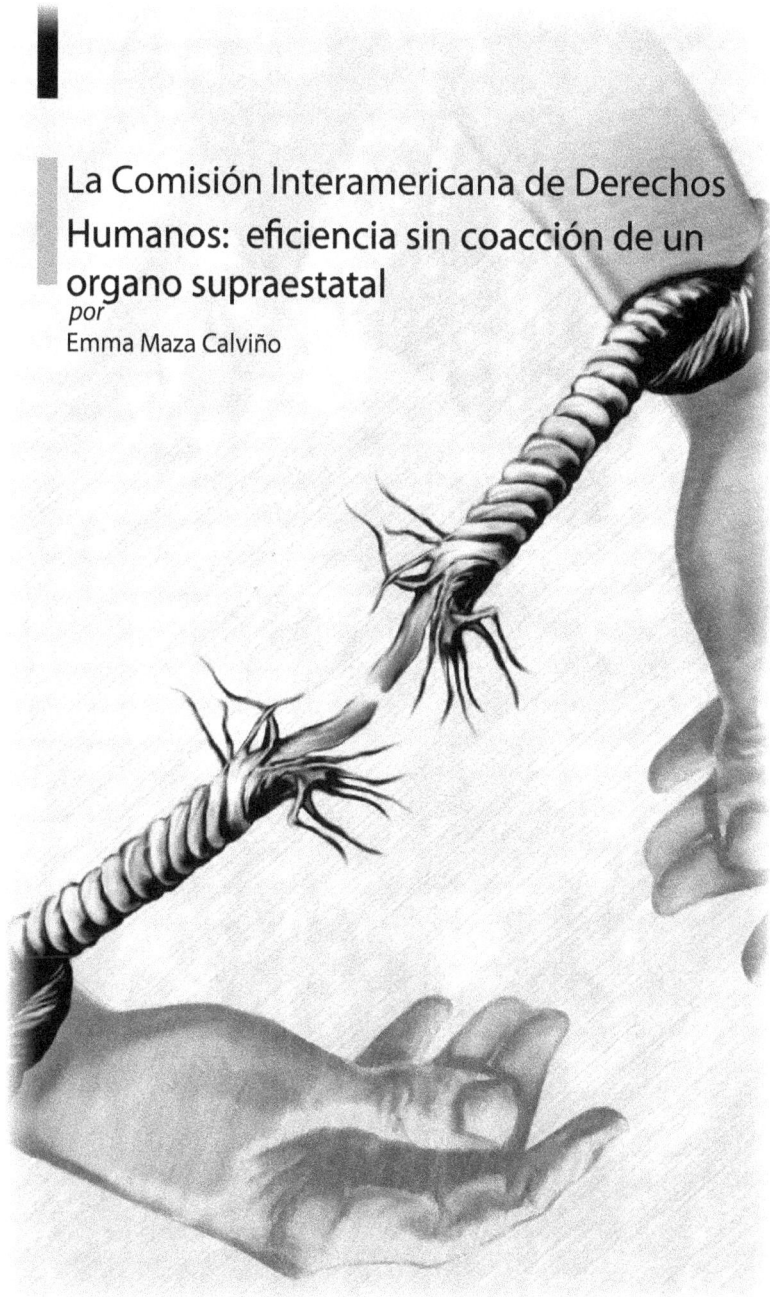

La Comisión Interamericana de Derechos Humanos: eficacia sin coacción de un órgano supraestatal. Impacto positivo de la labor de la CIDH en la democracia y los derechos humanos en el continente a partir, y a pesar, de los Estados americanos

Emma Consuelo Maza Calviño

1. Introducción

La Comisión Interamericana de Derechos Humanos (Comisión o CIDH) conforma, junto con la Corte Interamericana de Derechos Humanos (Corte Interamericana o Corte), lo que se conoce como el Sistema Interamericano de Protección de Derechos Humanos de la Organización de los Estados Americanos (OEA). A diferencia del Sistema Europeo de Derechos Humanos, el desarrollo del Sistema Interamericano ha sido resultado de un largo proceso.

El presente documento se enfocará exclusivamente en uno de los órganos del sistema: la Comisión Interamericana de Derechos Humanos, la cual es un órgano cuasi-judicial, pero con amplias funciones tanto de promoción como de protección a los derechos humanos en el continente americano. Con casi 50 años de existencia, éste no sólo es uno de los órganos más antiguos de derecho internacional sobre los derechos humanos, sino que es también el órgano que tiene una mayor diversidad de funciones y atribuciones de todos los que hasta ahora han sido creados (Méndez, 2002a)

Se realizará un recorrido histórico desde la creación de la CIDH hasta la actualidad, subrayando el contexto en el que se creó y se hicieron reformas. Así mismo, se destacarán las funciones, atribuciones y procedimientos que ha desarrollado, los avances más importantes en el trabajo de la Comisión, los logros que ha obtenido, las limitaciones que posee y los peligros de retroceso que enfrenta todavía. De la misma forma, se analizará el impacto de su trabajo sobre los derechos humanos y la democracia en el hemisferio y se

analizarán cuáles son los factores que permiten entender el
éxito de la Comisión Interamericana de Derechos Humanos
en la promoción y protección de los derechos humanos en el
continente.

2. Surgimiento de la Comisión Interamericana de Derechos Humanos

2.1. Antecedentes de la Comisión Interamericana de Derechos Humanos

Para poder hacer un análisis de esta importante institución,
es necesario ir a los orígenes de la OEA y sus motivaciones
para crear un sistema de protección de los derechos humanos.

Después de la segunda guerra mundial, a raíz de las atro-
cidades cometidas antes y durante la misma, se inició un
amplio movimiento mundial que clamaba por la protección
a los derechos humanos. Mientras que a nivel mundial se
empezaba a discutir la creación de las Naciones Unidas, a
nivel regional se realizó, del 21 de febrero al 8 de marzo de
1945, la Conferencia Interamericana sobre Problemas de la
Guerra y la Paz en el Castillo de Chapultepec, en la Ciudad de México (Conferencia de Chapultepec). Durante esta
Conferencia, los Estados participantes apoyaron, por primera vez, el establecimiento de un sistema internacional para
la protección de los derechos humanos y encomendaron al
Consejo Directivo de la Unión Panamericana que redactara
un proyecto para mejorar y reforzar el sistema panamericano
–como se le conocía entonces- (Medina y Nash, 2007: 13). De
esta forma, se adoptaron dos resoluciones muy importantes
para la creación del Sistema Interamericano de Protección
de los Derechos Humanos: la Resolución XXVII sobre "Libertad de Información", donde los Estados manifestaron el
"firme anhelo (de) asegurar una paz que defienda y proteja,
en todas las regiones de la tierra, los derechos fundamentales
del hombre", y la Resolución XL sobre "Protección Inter-

nacional de los Derechos Esenciales del Hombre" donde se pronunciaron a favor de un sistema de protección internacional, encomendándole al Comité Jurídico Interamericano la redacción de un proyecto de Declaración. Asimismo, se encomendó al Consejo Directivo de la Unión Panamericana que convocara a la Conferencia Internacional de Jurisconsultos Americanos para que dicha Declaración fuera adoptada en forma de Convención por los Estados del Continente (López, 2004: 160).

2.2. Creación de la OEA y Adopción de la Declaración Americana de los Derechos y Deberes del Hombre.

Tres años después, del 30 de marzo al 2 de mayo de 1948, se celebró en la ciudad de Bogotá, Colombia, la "Novena Conferencia Internacional Americana", en la cual veintiún estados miembros del sistema crearon la OEA mediante la adopción de la Carta de la Organización de los Estados Americanos, la cual entró en vigor el 13 de diciembre de 1951 (Medina y Nash, 2007: 13). Actualmente, la OEA cuenta con 35 miembros: Antigua y Barbuda, Argentina, Bahamas, Barbados, Belice, Bolivia, Brasil, Canadá, Chile, Colombia, Costa Rica, Cuba, Dominica, Ecuador, El Salvador, Estados Unidos, Grenada, Guatemala, Guyana, Haití, Honduras, Jamaica, México, Nicaragua, Panamá, Paraguay, Perú, República Dominicana, San Kitts y Nevis, Santa Lucía, San Vicente y las Granadinas, Suriname, Trinidad y Tobago, Uruguay y Venezuela. De éstos, Canadá ingresó a la OEA recién en 1990, coincidiendo con el fin de la Guerra Fría, y Cuba tiene suspendidos sus derechos, aunque sigue siendo considerada miembro de la OEA. Durante esta Conferencia de Bogotá se aprobó, el 2 de mayo de 1948, la Declaración Americana de los Derechos y Deberes del Hombre (Declaración Americana), precedida de un arduo debate sobre la naturaleza jurídica de la misma. Los Estados americanos decidieron no adoptar una Convención internacional que produjera obligaciones para los Estados parte, y tampoco crear un mecanismo internacional para vigilar su cumplimiento (Medina y Nash, 2007: 14).

A pesar de lo anterior, la aprobación de la Declaración Americana marcó un hito, así como el inicio del Sistema Interamericano de Protección a los Derechos Humanos, y su adopción ocurrió siete meses antes de la aprobación de la Declaración Universal de los Derechos Humanos.[1] La Declaración contiene 10 artículos que establecen deberes de los ciudadanos, además 28 artículos que proclaman sus derechos. Ellos incluyen la protección a los derechos civiles, políticos, económicos y sociales. Por ejemplo: el derecho a la vida, a la residencia y a la libertad de movimiento de las personas, al juicio justo, a la protección contra la detención arbitraria, a la nacionalidad, al asilo, a la propiedad, a la libertad religiosa, libertad de expresión, derecho a la salud, a la educación; entre otros.

Además de la Declaración Americana, en la misma Conferencia se aprobaron también la Carta Interamericana de Garantías Sociales y la Convención Interamericana de Garantías Políticas de la Mujer, así como también se encomendó al Comité Jurídico Interamericano la elaboración de un proyecto de estatuto de una Corte internacional para la protección de los derechos humanos y las libertades fundamentales (Faúndez, 1999: 49).

2.3. Creación de la Comisión Interamericana de Derechos Humanos

Los diferentes intereses de los países miembros de la OEA, la invocación del principio de no intervención y su temor a perder soberanía, hicieron muy difíciles las negociaciones tanto para adoptar una Convención, como para establecer un Tribunal que vigilara su cumplimiento. Por lo tanto, once años después de la creación de la OEA y la adopción de la

---

[1] Actualmente, ambas declaraciones son consideradas por la comunidad internacional como instrumentos obligatorios para todos los países miembros de la OEA y de la ONU, respectivamente.

Declaración Americana, en lugar de aprobar el borrador de Convención que se había elaborado y que incluía la creación de un tribunal interamericano, los estados americanos decidieron crear un órgano interamericano de promoción de los derechos humanos, la Comisión Interamericana de Derechos Humanos, que no tuviera facultades de protección como lo sería un tribunal.

De esta forma, en agosto de 1959, en la Reunión Extraordinaria de Cancilleres convocada para tratar la situación en el Caribe y la relación entre democracia representativa y los derechos humanos, los Estados americanos decidieron crear la CIDH. Por tanto, la creación de la misma no fue producto de un tratado, sino de una resolución de uno de los órganos de la OEA. Fue una decisión de los cancilleres reunidos en Santiago de Chile, del 12 al 18 de agosto de 1959, en la Quinta Reunión de Consulta de Ministros de Relaciones Exteriores (Faúndez, 1999: 50).

La creación de la CIDH no estuvo exenta de intereses políticos, ya que los temas a tratar en la Quinta Reunión de Consulta de Ministros de Relaciones Exteriores fueron tanto el triunfo de la Revolución cubana y el consecuente exilio de los partidarios de Batista, como la situación en República Dominicana después del asesinato del dictador Leónides Trujillo. En esa reunión se estableció como elemento central para pertenecer a la OEA la adhesión a una democracia representativa, y con ese fundamento la OEA excluiría posteriormente a Cuba de su participación en la misma (Dulitzky, 2001). La Declaración de Santiago, emanada de dicha reunión, establecía que "la existencia de regímenes anti-democráticos constituye una violación de los principios en que se funda la Organización de Estados Americanos y un peligro para la convivencia solidaria y pacífica en el hemisferio". Sin embargo, aunque estos principios se aplicaron a Cuba, nunca se aplicaron a las dictaduras del Cono Sur.

En este contexto, la CIDH fue concebida sólo como un órgano de promoción de los derechos humanos establecidos en la Declaración Americana, sin competencias de protección, aunque durante el debate sí se consideró otorgar a la CIDH atribuciones más amplias para recibir y tramitar peticiones individuales[2] (Faúndez, 1999: 51). De los debates se puede desprender que se concebía a la CIDH como un órgano para realizar estudios, organizar simposios y otras reuniones de ese tipo, sin inmiscuirse en la situación de los derechos humanos de los países, sino sólo de generalidades (Medina y Nash, 2007: 95).

La Resolución VIII titulada "Derechos Humanos", emanada de la Quinta Reunión de Cancilleres, y que disponía la creación de la Comisión Interamericana de Derechos Humanos, estableció que la misma estaría encargada de promover el respeto de los derechos contenidos en la Declaración Americana, encomendándole al Consejo de la OEA su organización y establecer sus atribuciones específicas (Medina y Nash, 2007: 15). La Comisión fue así creada como un órgano autónomo de la OEA.

3. Ampliación del mandato de la Comisión Interamericana de Derechos Humanos

3.1. Atribuciones de la Comisión según su Primer Estatuto

En cumplimiento de la Resolución VIII, el Consejo aprobó, el 25 de mayo de 1960, un Estatuto para la CIDH, en cuyo artículo 9 se le otorgaron las siguientes funciones y facultades:
• estimular la conciencia de los derechos humanos en los pueblos de América;
• formular recomendaciones, cuando lo estime conveniente, a los gobiernos de los Estados para que adopten medidas progresivas en favor de los derechos humanos, dentro del marco de sus leyes internas y de sus preceptos constitucionales, al

---

[2]Las peticiones individuales son denuncias presentadas a la CIDH, en las que no necesariamente se refieren a una sola persona, sino son casos que se tratan por separado (de manera individual), pero que pueden implicar varias víctimas o un colectivo.

igual que disposiciones apropiadas para fomentar el debido respeto a esos derechos;
• preparar los estudios o informes que considere convenientes en el desempeño de sus funciones;
• solicitar a los gobiernos de los Estados que le proporcionen informes sobre las medidas que adopten en materia de derechos humanos;
• servir a la Organización de Estados Americanos como cuerpo asesor sobre el respeto de los derechos humanos.

El 29 de junio de ese año se procedió a la elección de sus primeros siete miembros, y la instalación formal, el 3 de octubre de 1960 (Faúndez, 1999: 51) con su primer presidente, el Sr. Rómulo Gallegos.

3.2. La CIDH amplia su mandato y se constituye como órgano de protección

Pese a su debilidad inicial, por no ser creada mediante un tratado, desde el inicio de su gestión, Rómulo Gallegos señaló al Consejo de la OEA que no era suficiente la promoción de los derechos humanos para defender los mismos y propuso ampliar los poderes de la Comisión y darle más facilidades de accionar (Fernández y Daniels, 1999: 246). También desde sus primeros años la CIDH subrayó la relación entre el ejercicio efectivo de la democracia y el respeto a los derechos humanos.

En esos primeros años, la tarea principal de la Comisión fue enfrentar el problema de las violaciones masivas y sistemáticas a los derechos humanos. A comienzos de los años sesenta existían varias dictaduras en América Latina: Trujillo en República Dominicana, Somoza en Nicaragua, Stroessner en Paraguay, además de las ejecuciones de partidarios de Batista en Cuba. El objetivo principal de la Comisión era, por lo tanto, no la investigación de violaciones aisladas, sino la recolección de pruebas sobre la existencia de violaciones masivas y la posibilidad de ejercer presión para mejorar la situación general de los derechos humanos en el país respectivo.

De esta forma, sin esperar a que fuera modificado su mandato, la CIDH interpretó de forma muy amplia sus facultades. Por ejemplo, la CIDH se basó en la facultad que se le otorgó de sesionar en cualquier país del hemisferio –aunque su sede estuviera en Washington– y en 1961 y 1963, solicitó y obtuvo la autorización del Gobierno dominicano para sesionar en Santo Domingo. Estas sesiones las aprovechó para recibir información y considerar varias denuncias sobre violaciones a los derechos humanos, y así se realizó la primera visita in loco. Como se verá más adelante, la Comisión se trasladó posteriormente, en 1965, a República Dominicana en una tercera visita in loco que duró más de un año. De esta forma, la Comisión creó –en base a una interpretación amplia y progresista de sus facultades– uno de sus instrumentos de protección más importantes con que cuenta hasta ahora: las visitas in loco, estimando que las visitas eran indispensables para preparar los estudios e informes que tenía la obligación de realizar según su Estatuto.

Asimismo, debido a que el Estatuto otorgado a la CIDH era general y no explícito, la CIDH determinó que podía tomar conocimiento de denuncias individuales, a manera de información (Goldman, 2007) y, en poco tiempo, empezó a recibir y tramitar peticiones individuales sin que eso estuviera establecido en su mandato (Taiana, 2003: 280) y basándose en las comunicaciones que recibía, la CIDH realizó estudios emitiendo recomendaciones generales (Fernández y Daniels, 1999: 247).

De esta forma, la CIDH expandió sus facultades de facto constituyéndose en un órgano de clara vocación progresiva, buscando hacer cada vez más efectiva la protección de los derechos humanos (Taiana, 2003: 280).

3.3. Fortalecimiento de la CIDH

Como resultado del trabajo de facto de la Comisión, en 1965, la facultad para recibir denuncias individuales sería reconoci-

da y establecida con la reforma de su Estatuto por parte de la
II Conferencia Interamericana Extraordinaria, celebrada en
Río de Janeiro, Brasil. Con esta reforma se amplió su mandato para que examinara las comunicaciones sobre "peticiones
individuales" que recibiera y se dirigiera a los gobiernos de
los Estados americanos para obtener información y formular
recomendaciones, debiendo verificar si los procesos y recursos internos de cada Estado miembro fueron debidamente
aplicados y agotados (Rincón, 2004: 480). Este último procedimiento aprobado era de una naturaleza más jurídica que el
procedimiento que la Comisión había estado aplicando hasta
entonces. Para tener competencia en la recepción de estas
"peticiones individuales", la Comisión debía verificar previamente si los recursos legales internos habían sido agotados y si la comunicación había sido presentada dentro de los
plazos establecidos en el procedimiento. El procedimiento
terminaba con una opinión de la Comisión respecto de si los
hechos denunciados constituían una violación de derechos
humanos, opinión que podía incorporar recomendaciones
al gobierno involucrado. Esta decisión de incluir la recepción de "peticiones individuales" de forma específica en el
Estatuto de la Comisión, pudo deberse a la intención de los
Estados americanos de controlar el trabajo de la Comisión.
Según Cecilia Medina, jueza de la Corte Interamericana de
Derechos Humanos, "esta resolución, en principio positiva,
tenía dos problemas: por una parte, podía significar un obstáculo considerable para la tarea principal de la Comisión,
ya que el requisito del previo agotamiento de los recursos
legales domésticos podía retrasar una rápida respuesta de la
Comisión a una situación de violaciones graves y sistemáticas; por la otra, el procedimiento mismo, al acentuar su carácter cuasi-judicial, quitaba flexibilidad al órgano regional
para investigar por su propia cuenta, como lo había estado
haciendo hasta ese momento y no parecía el más apropiado
para responder a este tipo de violaciones" (Medina y Nash,
2007: 97). Sin embargo, la Comisión resolvió estos problemas agregando a este cuerpo legal un artículo 9 (bis), en el

que conservaba el procedimiento que se había desarrollado
en la práctica y agregaba otro, cuasi-judicial, para conocer de
las violaciones de ciertos derechos humanos estimados en la
Resolución XXII como "fundamentales".[3]

Por otro lado, con esta reforma se inició la práctica de presentar informes anuales a la Asamblea General de la OEA.

Al ser un órgano autónomo, y no derivar de ningún tratado, la condición jurídica inicial de la CIDH fue bastante
ambigua, sin tener bases constitucionales sólidas para poder
actuar contra los Estados. Varios Estados objetaron la forma
como fue creada la CIDH, señalando que había sido creada
en una "Reunión de consulta" de la OEA, sin una reforma
a la Carta de la misma, ni mediante un tratado (Faundez,
1999: 51). Por lo mismo, otro paso importante para el fortalecimiento de la CIDH se dio en 1967, con la reforma a la Carta de la OEA introducida por el Protocolo de Buenos Aires
durante la III Conferencia Interamericana Extraordinaria.
Con la entrada en vigor de esta reforma en 1970, la Comisión
pasaría a ser uno de los órganos principales de la OEA, y ya
no un órgano autónomo de la misma (Tirado, 2001), fortaleciendo enormemente su constitucionalidad.

4. La Comisión Interamericana como órgano establecido por
un tratado

4.1. La Convención Americana sobre Derechos Humanos

Desde que se inició su discusión en 1948, las naciones americanas negociaron 21 años para alcanzar las condiciones necesarias para la elaboración final y firma de la Convención
Americana sobre Derechos Humanos (Convención Americana o Convención). La propia Comisión participó elaboran-
do un proyecto de Convención que fue negociado y modificado por los Estados de la OEA. La Conferencia Especializada
sobre Derechos Humanos convocada por la OEA en Costa

---

[3] Artículos I, II, III, IV, XVIII y XXVI de la Declaración Americana de los
Derechos y Deberes del Hombre.

Rica, en noviembre de 1969, elaboró la propuesta final. La Convención Americana sobre Derechos Humanos, también denominada "Pacto de San José", fue puesta para firma el 22 de noviembre de 1969 y entró en vigencia el 18 de julio de 1978, casi nueve años después.

La Convención Americana establece los derechos y libertades que los Estados que la ratifiquen se comprometen internacionalmente a respetar. Esta Convención, con sus garantías sustantivas y su maquinaria institucional, es quizás el instrumento de su tipo más ambicioso y de mayor alcance que nunca antes haya elaborado un organismo internacional. La Convención Americana incrementó en gran medida el alcance y contenido de la Declaración Americana al incluir derechos civiles y políticos mucho más específicos y elaborados. Además, a diferencia de otros sistemas, la Convención Americana incorporó en un solo instrumento tanto los derechos garantizados, como los medios para protegerlos (Goldman, 2006).

El texto de la Convención Americana está compuesto de tres partes:
• Parte I: contiene las obligaciones de los Estados y los derechos protegidos;
• Parte II: establece los mecanismos de protección;
• Parte III provee las normas generales y transitorias.

4.2. La CIDH en la Convención

En lo que respecta a la Comisión Interamericana de Derechos Humanos, la Convención Americana culmina su proceso de institucionalización al ratificar varias de sus competencias, como la de procesar "peticiones individuales" que aleguen violaciones a los derechos humanos, incluso aquellas relativas a Estados que aún no son parte de la Convención. Además, la Convención Americana, profundiza la estructura del sistema interamericano de derechos humanos al crear la Corte Interamericana de Derechos Humanos, institución judicial autónoma con sede en San José de Costa Rica, definiendo sus atribuciones[4] y procedimientos.

El artículo 33 de la Convención establece a la Comisión y la Corte Interamericanas de Derechos Humanos: "Son competentes para conocer de los asuntos relacionados con el cumplimiento de los compromisos contraídos por los Estados partes en esta Convención: a. la Comisión Interamericana de Derechos Humanos, llamada en adelante la Comisión, y b. la Corte Interamericana de Derechos Humanos, llamada en adelante la Corte."

En los artículos 34 al 51, la Convención establece la composición y organización de la Comisión, así como sus funciones, forma de elección de sus miembros, su competencia para tramitar casos individuales, además establece el procedimiento para hacerlo y los resultados que pueden emanar de dicho procedimiento, incluida la solución amistosa.

4.3. Dualidad de la Comisión Interamericano de Derechos Humanos

La Convención Americana en su artículo 41 señala las funciones de la Comisión, que son muy similares a las que ya venía ejerciendo, ampliándolas a la recepción de "peticiones individuales" sobre violaciones a derechos humanos protegidos por la Convención cuando éstos hayan sido violados por un Estado parte de la misma.

El Consejo Permanente de la OEA decidió que los procedimientos establecidos por la práctica de la Comisión hasta entonces, derivados de la Carta aplicando la Declaración Americana y los que se creaban como consecuencia de la nueva Convención, coexistirían (Medina y Nash, 2007: 47). Por tanto, la Comisión es un órgano "*sui generis*" dentro del sistema interamericano, ya que tiene dos mandatos y competencias: los otorgados por la Carta de la OEA y los establecidos en la Convención Americana y se aplican a los diferentes Estados americanos dependiendo de su adhesión

---

[4]En la Convención se establece una doble competencia para la Corte: la función consultiva y la función judicial.

al sistema en tres diferentes formas:

Nivel 1. Es el nivel mínimo de adhesión, que implica el cumplimento con la Declaración Americana. Es exigido a todos los Estados miembros de la OEA, y es supervisado exclusivamente por la Comisión.

Nivel 2. Es aplicable a los Estados que han ratificado la Convención Americana pero que no han aceptado la competencia contenciosa de la Corte. Estos Estados deben cumplir con las obligaciones emanadas de la Convención, pero no están sujetos a las decisiones de la Corte en casos contenciosos referentes a la Convención.

Nivel 3. Es el nivel máximo de adhesión. Es el nivel de aquellos Estados que han aceptado la competencia contenciosa de la Corte. Estos deben cumplir con las obligaciones emanadas de la Convención y pueden ser sujetos a fallos obligatorios de la Corte (Martín y Rodríguez-Pinzón, 2007: 31).

Cabe decir que los países que pertenecen al nivel máximo de adhesión, obviamente también pertenecen al segundo y al primer nivel, es decir, deben cumplir con la Declaración, con la Convención y están sujetos a las resoluciones de la Corte en los casos que lleguen hasta ella, así como a la Comisión. Por lo tanto, es importante subrayar que por ser órgano principal de la OEA, la Comisión Interamericana puede vigilar la situación de derechos humanos en todos los países del hemisferio, y en consecuencia, recibir peticiones individuales de personas pertenecientes a los 35 países miembros de la OEA, hayan o no ratificado la Convención Americana sobre Derechos Humanos. Si no la han ratificado, la Comisión aplica la Declaración Americana,[5] y si ya lo han hecho, aplica la Convención (Dulitzky, 2001).

Por otro lado, la división teórica entre Estados miembros sólo de la OEA, y los Estados partes además de la Convención es mínima en el Estatuto de la Comisión y, principalmente, en su Reglamento. La práctica de la Comisión disminuyó

---

[5] La Corte Interamericana de Derechos Humanos estableció en su opinión consultiva N°10 que el cumplimiento de la Declaración es obligatoria.

aún más estas pequeñas diferencias, y cuando se empezó a aplicar la Convención era a menudo casi imposible discernir el nivel de adhesión del Estado que estaba siendo controlado por ese órgano (Medina y Nash, 2007: 47).

Tabla 1. Estatus de los países miembros de la OEA en relación a su adhesión a los instrumentos de derechos humanos

Países miembros	Nivel 1 Sólo adhesión a la Declaración[6]	Nivel 2 Adhesión a la Declaración y Ratificación Convención	Nivel 3 Adhesión a la Declaración y la Convención y Ratificación Corte Interamericana
Antigua y Barbuda	X		
Argentina			X
Bahamas	X		
Barbados			X
Belice	X		
Bolivia			X
Brasil			X
Canadá	X		
Chile			X
Colombia			X
Costa Rica			X
Cuba	X		
Dominica		X	
Ecuador			X
El Salvador			X
Estados Unidos	X		
Grenada		X	
Guatemala			X
Guyana	X		
Haití			X
Honduras			X
Jamaica		X	
México			X
Nicaragua			X
Panamá			X
Paraguay			X
Perú			X
República Dominicana			X
San Kitts y Nevis	X		
Santa Lucía	X		
San Vicente y las Granadinas	X		
Suriname			X
Trinidad y Tobago			En 2002 se retiró
Uruguay			X
Venezuela.			X
	10 países	3 países	21 países

(Fuente: http://www.cidh.org/Basicos/Basicos3.htm)

5. Organización, funciones y atribuciones de la Comisión

5.1. Organización

La Convención establece que la Comisión estará compuesta por siete miembros[7] que deberán ser personas de alta autoridad moral y reconocido conocimiento en materia de derechos humanos (Art. 34). Asimismo, establece que la Comisión representa a todos los miembros que integran la OEA (Art. 35), y que serán elegidos a título personal por la Asamblea General de la OEA, de una lista de candidatos propuestos por los gobiernos de los Estados miembros (Art. 36). Sus miembros serán elegidos por cuatro años, pudiendo ser reelegidos una vez, sin poder formar parte de la Comisión más de un nacional de un mismo Estado (Art. 37). La Convención también estipula que la Comisión preparará su Estatuto, lo someterá a la aprobación de la Asamblea General y dictará su propio reglamento (Art. 39) y que los servicios de Secretaría de la Comisión serán desempeñados por la unidad funcional especializada que forma parte de la Secretaría General de la OEA y disponer de los recursos necesarios para cumplir las tareas que le sean encomendadas (Art. 40).

Por su parte, según el artículo 10 de su Reglamento, la Comisión está integrada en su Directiva por un Presidente y dos Vicepresidentes. El Presidente, entre otras competencias, representa a la Comisión ante la OEA y otras instituciones, convoca a las sesiones de la misma y dirige el orden en éstas. Según el artículo 14 de su Reglamento, la Comisión se reúne al menos dos períodos de sesiones al año y el número de sesiones extraordinarias que se consideren necesarias. Dichas sesiones serán reservadas, a menos que se decida lo contrario. El artículo 15 del reglamento establece la posibilidad de crear Relatorías y grupos de trabajo para el mejor cumpli-

---

[6]Todos los miembros de la OEA han adherido a la Declaración Americana, los 10 que se encuentran en esta columna son los que sólo están adheridos a la Declaración y no a la Convención, ni a la Corte.
[7]Denominados Comisionados o Comisionadas.

miento de sus funciones. Sus titulares serán designados por mayoría absoluta, pudiendo ser miembros de la Comisión o personas ajenas a la misma. La Comisión establecerá las características del mandato y los relatores presentarán sus planes de trabajo de forma periódica al plenario de la Comisión. Según el artículo 16 para constituir *quórum* es necesaria la presencia de una mayoría absoluta de los miembros. Mientras que en su artículo 17a la Comisión ha establecido que en sus deliberaciones los miembros de la Comisión no podrán participar en la discusión, investigación, deliberación o decisión de asuntos en los cuales esté involucrado el Estado del que sean nacionales, de igual modo no podrán participar si anteriormente tuvieron vinculación alguna con dicho caso. El artículo 18 establece que, por lo general, las decisiones se toman por mayoría de los miembros presentes, aunque algunas decisiones deben ser tomadas por la mayoría absoluta de los miembros de la Comisión. Por su parte, el artículo 19 señala que los miembros de la Comisión, estén o no de acuerdo con las decisiones de mayoría, tienen derecho a presentar su voto razonado por escrito, el que se incorporará al informe o proyecto según sea el caso. La Convención Americana en su artículo 73 y el Estatuto de la Comisión en su artículo 10 establecen que los miembros de la Comisión pueden ser removidos de su cargo por la Asamblea General si cometen una violación seria de cualquiera de las obligaciones especificadas en el artículo 9 del Estatuto.

Las y los miembros de la CIDH ejercen su función *ad honorem*, es decir no tienen un salario, sino que cada quien tiene su propio empleo y trabajan en la Comisión durante las sesiones de trabajo, las Asambleas y las visitas *in loco*.

5.2. Secretaría, personal y recursos financieros

El artículo 106 de la Carta de la OEA establece que "la Comisión Interamericana [...] tendrá la función principal de promover la observancia y la defensa de los derechos humanos y de servir como órgano consultivo de la Organización en esta materia". La CIDH lleva a cabo numerosas actividades para el cumplimiento de dicha función principal, conforme a lo establecido en la Convención Americana sobre Derechos Humanos, el Estatuto y el Reglamento de la CIDH (Cantón, 2002).

Durante sus primeros años de funcionamiento, la Comisión no contaba con una secretaría propia. La tarea de los comisionados descansaba en el apoyo logístico y administrativo que le brindaban uno o dos abogados del entonces denominado Departamento de Asuntos Legales de la Secretaría General de la OEA.

En 1967 cuando se convierte en órgano principal de la OEA, la Comisión se independiza, y empieza a contar con una Secretaría Ejecutiva, compuesta por cuatro profesionales, y un presupuesto anual de 85,000 dólares.

Conforme pasó el tiempo, la CIDH recibió mayores recursos, contando a la fecha con un Secretario Ejecutivo, al menos un Secretario Ejecutivo Adjunto, 27 abogados y personal administrativo (Álvarez, 2007). El presupuesto anual aproximado es de un poco más de 3 millones de dólares. Sin embargo, este presupuesto es a todas luces insuficiente, ya que la Comisión tramita cada vez un mayor número de casos, así como litiga un mayor número de casos ante la Corte Interamericana, elabora un gran número de informes y realiza más sesiones extraordinarias. Baste señalar que la Comisión Nacional de Derechos Humanos de México, tiene un presupuesto mayor a los setenta millones de dólares, más de 20 veces el presupuesto de la Comisión Interamericana. Existe un debate desde hace varios años, ya que el presupuesto no se ha incrementado a pesar del incremento de las tareas que realiza la Comisión.

Los idiomas oficiales de la Comisión son los de la OEA (español, francés, inglés y portugués), pudiendo la Comisión, por su parte, establecer idiomas de trabajo conforme a los que hablen sus miembros (Fernández y Daniels, 1999: 250).

5.3. Funciones

El artículo 41 de la Convención establece que la CIDH
tiene las siguientes funciones y atribuciones:
• estimular la conciencia de los derechos humanos en los
pueblos de América;
• formular recomendaciones, cuando lo estime conveniente,
a los gobiernos de los Estados miembros para que adopten
medidas progresivas a favor de los derechos humanos dentro
del marco de sus leyes internas y sus preceptos constitucionales, al igual que disposiciones apropiadas para fomentar el
debido respeto a esos derechos;
• preparar estudios e informes que considere convenientes
para el desempeño de sus funciones;
• solicitar a los gobiernos de los Estados miembros que le
proporcionen informes sobre las medidas que adopten en
materia de derechos humanos;
• atender consultas que, por medio de la secretaría General
de la Organización de los Estados Americanos, le formulen
los Estados miembros en cuestiones relacionadas con los derechos humanos y, dentro de sus posibilidades, prestarles el
asesoramiento que éstos le soliciten;
• actuar respecto de las peticiones y otras comunicaciones en
ejercicio de su autoridad, de conformidad con lo dispuesto en
los artículos 44 y 45 de la Convención;
• rendir un informe anual a la Asamblea General de la Organización de los Estados Americanos.

6. Mecanismos y herramientas para cumplir sus funciones

Las herramientas o mecanismos que emplea la CIDH para
realizar estas funciones pueden categorizarse en dos dimensiones: política y jurídica (Rodríguez-Pinzón, 2006: 176).

6.1. Mecanismos de Dimensión Política

Esta dimensión se refiere a la capacidad de llevar a cabo su función de promover y proteger los derechos humanos recurriendo a herramientas políticas y mecanismos tales como la negociación y la presión internacional (Rodríguez-Pinzón, 2006: 177). Dentro de los mecanismos políticos de la CIDH se encuentran:

1. Observaciones o Visitas *in loco*.
2. Elaboración de Informes.
3. Relatorías.
4. Función Consultiva.
5. Emisión de comunicados.
6. Celebración de Audiencias.

6.1.1. Observaciones o Visitas *in loco*

El artículo 51 del Reglamento de la Comisión consagra la función de la CIDH de practicar inspecciones *in loco* en los países miembros. Para tal fin, el artículo 54 del Reglamento establece que el Estado que invite a la Comisión a una observación *in loco*, u otorgue su anuencia para ello, concederá a la Comisión Especial (designada a este efecto) todas las facilidades necesarias para llevar a cabo su misión y, en particular, se comprometerá a no tomar represalias de ningún orden en contra de las personas o entidades que hayan cooperado con ella mediante informaciones o testimonios (Tirado, 2001). Como se ha mencionado, la Comisión realizó su primera visita *in loco* en la República Dominicana, en 1961. Hasta la fecha, ha realizado de 90 visitas *in loco*.[8] Este tipo de visitas cumplen funciones y objetivos muy importantes:
• verificación de la situación de derechos humanos en un país o lugar;
• generar debate sobre la situación de los derechos humanos en el país visitado, con el sólo hecho de su presencia;
• generar mayor conocimiento y acceso al sistema interamericano para un mayor número de personas, por el hecho

---

[8] Ver http://www.cidh.org/visitas.esp.htm

de que su visita sea publicitada en el Estado en cuestión;

• prevenir futuras violaciones a los derechos humanos, al contribuir a que la opinión pública nacional e internacional se informe sobre la situación de derechos humanos en el país donde se realizó la visita y exija el respeto de los derechos humanos y ejerza una mejor fiscalización sobre su cumplimiento;

• educar a las autoridades acerca de las obligaciones internacionales en relación con la situación que ha encontrado y a la ciudadanía en general al difundir el tema de derechos humanos y el papel que en su defensa puede cumplir la Comisión. También educa a la comunidad internacional dando a conocer la situación de los derechos humanos en el país visitado (Global Rights y Compañeros por la Justicia, 2004: 26-28).

Para que la CIDH pueda realizar una visita *in loco* requiere la invitación o anuencia del gobierno del país que visitará, ya que sin su cooperación la visita no se podrá llevar a cabo de forma fructífera. Sin embargo, el que un gobierno niegue una visita a la Comisión Interamericana, tiene un costo político, ya que se interpreta como falta de cooperación o que se tiene algo que ocultar. Además, la negativa a permitir la visita, no impide que la Comisión elabore un informe sobre la situación de los derechos humanos en dicho país.

6.1.2. Elaboración de informes

Existen varios tipos de informes que prepara la Comisión interamericana dentro de sus funciones de promoción y protección.

Informes Anuales. Estos informes explican las actividades realizadas por la Comisión durante todo el año y se presentan a la Asamblea General de la OEA. En ellos se reproducen los informes de admisibilidad y fondo de los casos por peticiones individuales, así como los acuerdos de solución amistosa adoptados. Se hace referencia a las medidas cautelares establecidas, se informa sobre las visitas *in loco* y otras actividades, así como lo acontecido en los períodos de sesiones de la Comisión (Cejil, 2006: 17-18).

Informes especiales de país. Son informes comprensivos de la situación de derechos humanos que se publican como resultado de las visitas *in loco* o, como resultado de la recolección de información por parte de la CIDH: mediante la solicitud de información al Estado o a otras instituciones dentro del Estado, como los organismos públicos de derechos humanos; la realización de audiencias de testigos y expertos; la información obtenida de las comunicaciones individuales recibidas; información de otros mecanismos internacionales de derechos humanos, como los de Naciones Unidas, etc.

Estos informes contienen reflexiones críticas sobre el grado de cumplimiento por parte del Estado de sus obligaciones internacionales. Una vez aprobado un proyecto del informe, éste se trasmite al gobierno del Estado en cuestión para que formule observaciones y posteriormente la CIDH decide si modifica o no el informe (Medina y Nash, 2007: 101).

La Comisión decide a su discreción sobre qué país elaborar un informe. Generalmente, toma esta decisión en base a: "(i) a raíz de la existencia de muchas comunicaciones individuales (como el Primer Informe sobre Chile); (ii) como consecuencia de la petición de algún órgano de la OEA (como el Informe sobre Bolivia, decidido después de una petición del Consejo Permanente de la OEA); (iii) a requerimiento del Estado miembro mismo (como el Informe sobre Panamá); (iv) con motivo del interés de la Comisión de seguir conociendo de una situación que ha sido objeto de un estudio anterior (como el Segundo Informe sobre Suriname o los siete Informes sobre Cuba)" (Medina y Nash, 2007: 100).

Informes de Seguimiento. La CIDH desarrolló la práctica de hacer seguimiento de los informes por países en un capítulo de su informe anual. Ante la reacción negativa que lo anterior generó en algunos Estados que señalaron que, a diferencia del Informe General por país, el Informe Anual de la CIDH no se comunicaba primero a los Estados para hacer sus descargos y defender su conducta, en 1996 la Comisión estableció los siguientes criterios para decidir la publicación de un informe de seguimiento: "(i) casos de Estados regidos por gobiernos que no han llegado al poder mediante elecciones populares, realizadas con voto secreto, genuino, periódico y libre, según normas internacionalmente aceptadas; (ii) casos de Estados donde el libre ejercicio de los derechos consignados en la Convención Americana o la Declaración Americana ha sido en efecto suspendido, en su totalidad o en parte, en virtud de la imposición de medidas excepcionales; (iii) casos en que existen pruebas fehacientes de que un Estado comete violaciones masivas y graves de los derechos humanos garantizados en la Convención Americana, la Declaración Americana y demás instrumentos de derechos humanos aplicables; (iv) casos en que los Estados que se encuentran en un proceso de transición de cualquiera de las tres situaciones arriba mencionadas. En su Informe Anual de 1997, la Comisión agregó un quinto criterio: casos en que haya situaciones coyunturales o estructurales que estén presentes en Estados que por diversas razones enfrenten situaciones que afecten seria y gravemente el goce y disfrute de los derechos humanos de la Declaración y de la Convención" (Medina y Nash, 2007: 99).

Informes temáticos por país. También la CIDH puede elaborar informes temáticos sobre un país, como por ejemplo el informe sobre la Violencia contra las mujeres en Ciudad Juárez, México, publicado en 2003 después de la visita de la Relatora sobre los Derechos de la Mujer a México.

Informes Especiales Temáticos. La CIDH también confecciona informes sobre temáticas específicas que puede publicar dentro de sus informes anuales o como informes separados. Así ha elaborado informes temáticos sobre la niñez, terrorismo y derechos humanos y defensores de derechos humanos.

6.1.3. Relatorías

El artículo 15 del Reglamento de la Comisión establece que la CIDH creará relatorías para el mejor desempeño de sus funciones. Cada uno de los 35 Estados miembros de la OEA es asignado a un comisionado o comisionada que se convierta en relator o relatora para los países que le hayan sido asignados. Asimismo, mediante las relatorías temáticas, la Comisión impulsa el tratamiento de temas especiales o la situación de derechos humanos en grupos particulares de personas. Las relatorías evalúan la situación respectiva y realizan informes para ser presentados al plenario de la Comisión (Tirado, 2001).

La Comisión Interamericana ha establecido las siguientes Relatorías Temáticas:

a) Relatoría sobre Derechos de la Mujer.
b) Relatoría sobre Derechos de la Niñez.
c) Relatoría sobre Trabajadores Migratorios y miembros de sus Familias.
d) Relatoría sobre los Derechos de las Personas Privadas de Libertad.
e) Relatoría sobre los Derechos de los Pueblos Indígenas.
f) Relatoría sobre los Derechos de las Personas Afrodescendientes y contra la Discriminación Racial.
g) Relatoría sobre Desplazados Internos.
h) Relatoría para la Libertad de Expresión.

Hasta ahora, todas las relatorías son presididas por un comisionado o comisionada, con excepción de la Relatoría sobre de Libertad de Expresión, la cual es presidida por una persona experta que no es Comisionado. La ventaja de esta Relatoría es que el Relator ejerce su mandato a tiempo completo. Esta Relatoría tiene importancia fundamental en el tema de participación política, en los años que ha estado trabajando ha ido desarrollando una jurisprudencia, una doctrina importante en materia de libertad de expresión y su relación con la democracia (Méndez, 2002a).

Otro órgano dependiente de la CIDH en cuestiones temáticas es la Unidad sobre Defensores de Derechos Humanos, que recientemente elaboró un importante informe sobre los Defensores de Derechos Humanos en las Américas.

6.1.4. Función Consultiva

Solicitud de Opiniones Consultivas. La otra actividad que tiene la Comisión Interamericana es la posibilidad de solicitar opiniones consultivas a la Corte Interamericana. Las opiniones consultivas son interpretaciones que hace la Corte, para desarrollar el contenido de distintos derechos humanos. La Comisión ha presentado la mayoría de las solicitudes de opiniones consultivas, aunque los Estados también pueden hacerlo (Dulitzky, 2001).

Elaboración de proyectos de protocolos a la Convención Americana. La CIDH tiene la potestad de someter a la Asamblea General de la OEA los proyectos de protocolos a la Convención Americana para incluir progresivamente otros derechos protegidos por el sistema interamericano (Rodríguez-Pinzón, 2006: 279). Aunque no tiene el monopolio para la elaboración de proyectos de Convenciones, la CIDH ha participado en la elaboración de proyectos para la mayoría de la Convenciones que se han adoptado en la OEA, con excepción de la Convención Interamericana para Prevenir, Sancionar y Erradicar la Violencia contra la Mujer y la Convención Interamericana para la Eliminación de todas las formas de Discriminación contra las Personas con Discapacidad (Vargas, 2003: 508).

6.1.5. Emisión de Comunicados

La CIDH puede, además, realizar una denuncia pública a través de comunicados de prensa o pronunciamientos sobre hechos de los que tiene conocimiento. La emisión de comunicados ayuda a poner un tema en el debate público.

6.1.6. Celebración de Audiencias

De acuerdo con el artículo 48e de la Convención Americana, la Comisión está facultada para "pedir a los Estados interesados cualquier información pertinente y [para recibir], si así se le solicita, las exposiciones verbales o escritas que presenten los interesados." En virtud de esta norma, celebra audiencias públicas durante sus períodos de sesiones. Las audiencias pueden versar sobre un caso que esté en conocimiento de la CIDH mediante el procedimiento de peticiones individuales o sobre un tema o situación general en un país o en una región. En el caso de las audiencias para casos, éstas pueden proveer espacios importantes de negociación y diálogo con los Gobiernos. Asimismo, cuando se ha pactado un arreglo y el Gobierno no cumple con él, las audiencias sirven para exigir su cumplimiento. Las audiencias pueden ser solicitadas por los peticionarios en un caso, por las organizaciones de la sociedad civil, o por el Estado (Cejil, 2006: 16).

6.2. Mecanismos de Dimensión Judicial

La dimensión judicial de las funciones y atribuciones de la Comisión consiste en estudiar casos presentados contra un Estado, en el sistema de peticiones individuales, resolviendo si un Estado determinado violó la Declaración o Convención Americanas y emitiendo un informe al respecto. Dentro de las funciones de dimensión judicial se encuentran:

1. Tramitación de peticiones o comunicaciones individuales.
2. Soluciones Amistosas.
3. Envío de casos a la Corte.
4. Emisión de medidas cautelares.
5. Solicitud de medidas provisionales a la Corte.

6.2.1. Tramitación de peticiones o comunicaciones individuales

La Convención establece, en su artículo 44, que cualquier persona o grupo de personas, o entidad no gubernamental legalmente reconocida en uno o más Estados miembros de la Organización, puede presentar a la CIDH peticiones que contengan denuncias o peticiones de violaciones a la Convención por un Estado parte, "así la Convención otorga al individuo cierta capacidad jurídica en el plano internacional que le permite poner en juego la responsabilidad de un Estado parte en la Convención, ya sea contra un Estado del cual el individuo es nacional o contra cualquier otro Estado que haya violado sus derechos" (Tirado, 2001).

Admisibilidad: para que una petición sea admitida por la CIDH se requiere que:

• se interpongan y agoten los recursos de la jurisdicción interna;[9]

• sea presentada dentro del plazo de seis meses a partir de la fecha en que se tuvo conocimiento de la decisión definitiva;

• que la materia de la petición no esté pendiente de otro procedimiento de arreglo internacional (como algún mecanismo convencional de la ONU);

• que contenga el nombre, la nacionalidad, la profesión y domicilio de quien somete la petición.

La CIDH ha ampliado además su competencia, al establecer en su Reglamento la posibilidad de actuar *motu proprio*, es decir iniciar la tramitación de un caso con base en información obtenida, sin que exista un reclamante (Tirado, 2001).

---

[9] La Convención establece, en su artículo 46, como eximentes del previo agotamiento de los recursos de la jurisdicción interna, la inexistencia de tales recursos en el Estado de que se trate, así como la actuación del Estado tendiente a privar a la víctima del acceso a dichos recursos o el retardo injustificado en la decisión de los mismos. Lo anterior ha permitido que muchas peticiones donde el Estado alega que no se han agotado los recursos internos, hayan sido admitidas por la Comisión.

Competencia por razón de la materia. La Comisión analiza las peticiones que recibe a la luz de las obligaciones contenidas en los siguientes instrumentos:

• Carta de la OEA de 1948.
• Declaración Americana de los Derechos y Deberes del Hombre de 1948.
• Convención Americana sobre Derechos Humanos aprobada en Costa Rica, Noviembre 22 de 1969, entró en vigor en 1970. Se requiere una declaración adicional del Estado para aceptar la competencia de la Corte.
• Protocolo de San Salvador, adoptado en 1988, entró en vigor el 16 de Diciembre de 1999, para ampliar el catálogo de derechos e incluir los llamados económicos, sociales y culturales.
• Protocolo para Abolir la Pena de Muerte de 1990.
• Convención Americana para Prevenir y Sancionar la Tortura de 1985.
• Convención Americana sobre Desaparición Forzada de Personas de 1994.
• Convención Americana para Prevenir, Sancionar y Erradicar la Violencia contra la Mujer (Pacto de Belem do Pará) de 1994.
• Convención para la Eliminación de la Discriminación contra Personas con Discapacidad de 1999.

Se entiende, desde luego, que la Comisión tiene competencia para aplicar estos instrumentos en tanto y en cuanto el Estado respectivo los haya ratificado (Méndez, 2002a).

Funciones de la tramitación de casos. La tramitación de casos tiene varias importantes funciones:

• contribuye a la despolitización de los derechos humanos fortaleciendo el sistema y su legitimidad.
• Permiten un estudio singularizado de situaciones en que se aleguen violaciones a derechos humanos.
• Contribuye al fortalecimiento del sistema democrático, ya que permiten detectar tempranamente violaciones que no resueltas en el ámbito interno, pueden conducir a la erosión del Estado de Derecho.

• Contribuye a la ampliación y profundización de la democracia, al aplicar normas libremente consentidas de debido proceso, igualdad ante la ley, no discriminación, el principio de legalidad y demás derechos consagrados en la Convención y Declaración Americana (Grossman, 2001).

Una vez que el caso llega a la Comisión, se lleva a cabo un procedimiento donde la petición o queja es trasladada al Estado respectivo con una solicitud de información. Si la petición cumple con los requisitos, se considera admitido y se le asigna un número. Si no es admisible, se publica la decisión de no admisibilidad por separado. Durante la tramitación se puede solicitar más información a los peticionarios y al Estado, además de buscar una solución amistosa, celebrar audiencias, e incluso realizar una visita *in loco*. Una vez que la Comisión posee suficiente información, se completa el trámite del Caso y la Comisión prepara un informe con sus conclusiones y recomendaciones para que el Estado remedie la situación violatoria. Este informe se conoce como "Informe del Artículo 50" por estar previsto en el artículo 50 de la Convención. Este informe es confidencial y se trasmite sólo al Estado a fin de que cumpla con las recomendaciones en un plazo determinado. Si después de este plazo el Estado no ha cumplido, la Comisión puede preparar un segundo informe conocido como "Informe del artículo 51", que por lo general es el mismo informe del artículo 50, actualizado. Se vuelve a otorgar al Estado un nuevo plazo para su cumplimiento y, si no se cumple, el informe del artículo 51 se hace público. Partes sustantivas de dicho informe se hacen del conocimiento de los peticionarios, ya que otra opción, para los Estados que han aceptado la competencia contenciosa de la Corte Interamericana, es que en lugar de emitir un informe del artículo 51, el caso sea presentado ante la Corte, si los peticionarios así lo desean y la Comisión lo considera pertinente (López, 2004: 175). En la Corte, se lleva a cabo un nuevo procedimiento donde la Comisión ahora tiene el papel de "acusador".

Este procedimiento de tramitación de casos individuales puede llegar a durar varios años, porque el Estado puede tener varias prorrogas ante las solicitudes de información de la Comisión.

6.2.2. Soluciones Amistosas

La CIDH, en la tramitación de los casos, busca que las partes logren acuerdos de solución amistosa. Según lo establecido en el artículo 41 del Reglamento, la Comisión se pondrá a disposición de las partes en cualquier etapa del examen de una petición o caso, por iniciativa propia o a solicitud de cualquiera de ellas a fin de llegar a una solución amistosa del asunto. La Comisión podrá dar por concluida su intervención en el procedimiento de solución amistosa si advierte que el asunto no es susceptible de resolverse por esta vía, o alguna de las partes no consiente en su aplicación, decide no continuar en él, o no muestra la voluntad de llegar a una solución amistosa. Si se logra una solución amistosa, la Comisión aprobará un informe con una breve exposición de los hechos y de la solución lograda, lo transmitirá a las partes y lo publicará. Antes de aprobar dicho informe, la Comisión verificará si la víctima de la presunta violación o, en su caso, sus derechohabientes, han dado su consentimiento en el acuerdo de solución amistosa (Tirado, 2001).

De no llegarse a una solución amistosa, la Comisión prosigue el trámite de la petición o caso, haciendo el análisis sobre el fondo, y redacta un informe según lo establecido en el artículo 50 de la Convención descrito anteriormente (Tirado, 2001).

6.2.3. Envío de casos a la Corte

Otra de las funciones que ha cumplido la Comisión desde la creación de la Corte Interamericana de Derechos Humanos es la de someter casos a la jurisdicción de la Corte y comparecer ante ella en todos los litigios, ya que por mandato del artículo 61.1 de la Convención Americana sobre Derechos Humanos, sólo los Estados partes y la Comisión tienen de-

recho a someter un caso a la decisión de la Corte. Es decir, la
Comisión se convierte en la antesala de los casos que llegan a
la Corte Interamericana. Conforme a la práctica actual de la
Comisión, y a las últimas reformas a su reglamento, se puede
afirmar que: "1) en principio todos los casos que pueden ir a
la Corte se remiten, a menos que la CIDH decida lo contrario sobre la bases de criterios establecidos en el Reglamento
(por ejemplo, si el peticionario no tiene interés en ello, o si
el Estado está cumpliendo de buena fe con las recomendaciones), y ello por decisión aprobada por mayoría y fundada
por escrito; 2) si se emite un informe del Art. 51 en lugar de
enviar el caso a la Corte, esta decisión invariablemente se
publica" (Méndez, 2002a).

Cuando la Comisión somete un caso a la Corte, aban-
dona su rol de árbitro para actuar como demandante, y en
consecuencia asume el litigio. En similares circunstancias,
la Comisión puede presentar demandas, interrogar testigos,
presentar pruebas, etc. Por otro lado, si bien de manera general los Estados toman en cuenta las decisiones de la Corte,
la Asamblea General, en varias oportunidades en que esto
no se produjo, se ha revelado impotente de hacerlas respetar
(Grossman, 1998).

6.2.4. Emisión de medidas cautelares

La adopción de "medidas cautelares" es una facultad que tiene la Comisión Interamericana de Derechos Humanos, la
cual ha desarrollado en su Reglamento (artículo 25), conforme a su mandato de "observancia y defensa" de los derechos
humanos en las Américas. Estas facultades convencionales
de "observancia y defensa" son, precisamente, la base fundamental de la validez y del carácter jurídicamente vinculante
de las "medidas cautelares", las cuales proceden cuando se
producen tres presupuestos establecidos reglamentariamen-
te, a saber:
a) gravedad;
b) urgencia;

c) necesidad de evitar daños irreparables a las personas.

6.2.5. Solicitud de medidas provisionales a la Corte

Además de la emisión de medidas cautelares, la Comisión tiene la facultad de solicitar a la Corte tome medidas provisionales en situaciones extremamente graves y urgentes cuando se haga necesario evitar daños irreparables a las personas (artículo 63.2 de la Convención).

7. Desarrollo del trabajo de la CIDH y temas en los que ha intervenido

7.1. Violaciones Masivas y Sistemáticas a los Derechos Humanos

Como se ha mencionado, durante las primeras décadas de funcionamiento, desde los años sesenta, setenta y principios de los ochenta, el trabajo de la Comisión se concentra principalmente en el combate a las dictaduras militares en Sudamérica y gobiernos civiles bajo dominación militar en muchos países del hemisferio y en las violaciones masivas y sistemáticas que ocurrían durante las guerras civiles en distintos países de América Central. En esta etapa la principal herramienta que utiliza la Comisión Interamericana de Derechos Humanos para trabajar son las visitas *in loco* (Dulitzky, 2001).

También como se mencionó anteriormente, durante los primeros años de la Comisión, ésta amplió sus facultades *de facto*, para poder hacer frente a las graves violaciones a los derechos humanos que estaban ocurriendo en el continente. En 1959 la CIDH se precipitó al terreno de la protección cuando investigó a Cuba, un informe que tuvo como corolario la suspensión de la membresía de este país en la OEA. Asimismo, mantuvo una visita *in loco*, por un año, en República Dominicana durante la guerra civil e invasión norteamericana que siguió al asesinato de Trujillo. Por otro lado, es necesario recordar que cuando la Convención Americana estaba siendo negociada a mediados de los años sesenta, la mayor parte de los Estados miembros de la OEA, contaban con gobiernos nominalmente democráticos. En cambio, cuando entra en vigor la Convención, en 1978, Argentina, Brasil, Bolivia, Chile, Perú y Uruguay, así como varios Estados centroamericanos, eran regidos por regímenes militares golpistas o por gobiernos civiles débiles bajo la tutela de las fuerzas armadas. Los asesinatos, las torturas, las desapariciones y la aplicación de la justicia militar a civiles, así como la censura y la proscripción de los partidos políticos, los sindicatos y los grupos estudiantiles, figuraban entre sus prácticas más emblemáticas (Goldman, 2006), por lo que la prioridad del sistema fue durante mucho tiempo documentar los abusos visibles de los regímenes dictatoriales.

7.2. Sistema de Tramitación de Casos

Con el cambio de dictaduras a gobiernos electos de forma democrática en el continente, fue lógico que el sistema se volcara a la tramitación de casos individuales (violaciones aisladas en lugar de las violaciones masivas y sistemáticas). Además, al haber aceptado la competencia contenciosa de la Corte Interamericana un mayor número de países y con los nuevos reglamentos de la CIDH aprobados en el año 2000, el número de casos que se presentan en la Corte Interamericana se multiplicó. La tramitación de casos individuales ocupa actualmente más o menos el 60 o 70% del tiempo de trabajo de la Comisión Interamericana (Dulitzky, 2001).

Sin embargo, a pesar de la democratización de la región, el número de denuncias que recibe la Comisión no ha disminuido, aunque crecientemente han cambiado de quejas sobre desapariciones, ejecuciones sumarias y torturas a peticiones sobre violaciones al debido proceso, la libertad de expresión, la prohibición de discriminación. Ello se explica, en parte, porque los sistemas democráticos inspiran la confianza que permite a los ciudadanos recurrir a los órganos de protección internacional cuando consideran que el Estado no reconoce sus derechos. Igualmente el cambio positivo que ha ocurrido en la región lleva a las mujeres y hombres de las Américas a enfocarse en derechos internacionalmente reconocidos que antes no tenían aplicación concreta y que, por su importancia, contribuyen al perfeccionamiento y consolidación de la democracia (Grossman, 2001).

Por otro lado, la práctica de decretar medidas cautelares se inicia a comienzos de la década de los años ochenta, en casos de ejecuciones practicadas por tribunales de fuero especial en Guatemala. Posteriormente, la CIDH ha adoptado medidas cautelares en casos que afectaban a defensores de derechos humanos, a testigos de hechos cometidos por cuerpos policiales o militares, a abogados que han recibido amenazas de muerte, a personas amenazadas de ser deportadas a su país de origen con riesgo para sus vidas o integridad física; a personas condenadas a la pena de muerte; condiciones infrahumanas de detención; torturas; incomunicación; desaparición forzada; protección de comunidades asediadas en el marco de conflictos armados internos; enfermos mentales en hospitales psiquiátricos; protección al derecho de circulación o residencia; derecho de propiedad; derecho a la educación; derecho a la protección de la familia; derecho a la libertad de expresión y prensa; presos en huelga de hambre; comunidades indígenas afectadas en su salud por contaminación de ríos; entre otras (Meléndez, 2007a). De forma muy importante, la CIDH ha emitido una gran cantidad de medidas cautelares para que un Estado proporcione medicamentos a personas infectadas con el VIH/SIDA.

7.3. Derechos Civiles

Hasta la fecha, la mayor parte de los casos tramitados por la CIDH se refieren a derechos civiles, incluyendo el derecho a la vida, a la integridad física, la libertad personal y la libertad de expresión. La Comisión, además, ha dedicado especial atención a los fenómenos de la desaparición forzada de personas y las ejecuciones extrajudiciales, en los que fijó importantes criterios sobre el derecho de las víctimas y sus familiares a la verdad, a conocer el paradero de sus seres queridos, a la justicia y a la reparación (Insulza, 2007).

7.4. Derechos Políticos

En cuanto a los sistemas democráticos, la Comisión enfocó su trabajo en el desarrollo de estándares mínimos relativos a los derechos electorales, desde dos ángulos: la existencia y eficacia de recursos judiciales para impugnar cualquier parte del proceso electoral; así mismo a la importancia de la participación política de grupos tradicionalmente excluidos como las mujeres y los pueblos indígenas (Insulza, 2007).

Algunos casos en los que la CDH ha tomado decisiones relativas a los derechos políticos son:

Guatemala. Caso presentado por Ríos Mont denunciando a Guatemala por la exclusión de candidaturas de personas que hubiesen participado en un golpe de Estado, revolución armada o movimiento que haya alterado el orden constitucional. La Comisión Interamericana estableció que eran válidas estas disposiciones constitucionales, que los Estados pueden defenderse contra golpistas y que se podían restringir legítimamente los derechos en contra de personas que habían participado en golpes de Estado.

Argentina. De acuerdo con la ley electoral argentina solamente se pueden presentar como candidatos aquellos que son presentados por partidos políticos, es decir que no hay posibilidad de presentar candidaturas independientes. La Comisión trató este caso y estableció que los partidos políticos son institutos necesarios en la democracia, y que en la medida en que el reclamante tiene abierta la posibilidad de afiliarse a cualquiera de los partidos argentinos y promover en ellos su candidatura, además, de poder fundar su propio partido y dentro del mismo aspirar a ser electo al cargo que sea de su libre elección, la legislación argentina no violaba la Convención Americana y declaró el caso inadmisible (Dulitzky, 2001).

Chile. Se impugnó la institución de senadores vitalicios, establecida por Pinochet en la Constitución de ese país. La Comisión estableció que era violatorio de la Convención Americana esta disposición constitucional chilena, fundamentalmente porque violaba el principio de igualdad, se diluía el poder de voto de los ciudadanos chilenos (Dulitzky, 2001).

Perú. La esposa de Fujimori, Susana Iguchi, quiso presentarse a las elecciones en Perú y por unas interpretaciones del Jurado Nacional de Elecciones se le impidió oficializar su candidatura, y la Comisión Interamericana encontró que Perú había violado la Convención Americana por la forma arbitraria en que había rechazado esas candidaturas y fundamentalmente por no proveer un recurso de amparo para proteger los derechos políticos de Susana Iguchi.

México. Lo más trascendente en materia de derechos políticos y participación política son tres casos que la Comisión resolvió contra México a principios de los noventas por el fraude masivo que había en las elecciones presentados por el Partido Acción Nacional por fraude en Chihuahua. En este caso, el gobierno de México cuestionó la facultad de la Comisión para establecer si las elecciones habían sido libres o no. La Comisión estableció así sus facultades para resolver cuestiones electorales y revisar el desarrollo de los procesos electorales, condenando a México (Dulitzky, 2001). Más recientemente, la CIDH estableció que México violó los derechos del ex canciller mexicano Jorge Castañeda, al no contar con un recurso sencillo y efectivo para el reclamo de la constitucionalidad de los derechos políticos impidiéndosele como consecuencia inscribirse como candidato independiente, llevando su caso a la Corte Interamericana.

7.5. Derechos Económicos, Sociales y Culturales (DESC)

El sistema interamericano no se ha ocupado mucho de ellos a partir de casos, pero sí en los informes sobre la situación de países. El Protocolo Adicional a la Convención Americana sobre Derechos Humanos en materia de Derechos Económicos, Sociales y Culturales "Protocolo de San Salvador", fue adoptado hasta 1988 y entró en vigor hace poco menos de una década, en 1999. La Comisión llevó a la Corte Interamericana el caso Baena Ricardo y Otros, referente al despido arbitrario de 270 trabajadores. En 2001, la Corte resolvió que Panamá había violado los derechos a la libertad de asociación, a las garantías judiciales y a la protección judicial y los principios de legalidad y de irretroactividad de la ley en perjuicio de los 270 trabajadores. Este caso constituye un precedente valioso por ser el primero en el que la Corte entiende en violaciones a derechos laborales.

El tema de los DESC ha sido tratado por la CIDH en todos sus informes en los últimos cinco años en relación a los sectores indígenas, mujeres y afrodescendientes, señalando como aspectos comunes a los tres sectores: la pobreza, los menores niveles educativos en relación a la población en general y la discriminación que sufren en el mercado laboral. Estos tres elementos los ha relacionado también con la escasa representación política. La mayor incidencia de la pobreza, el menor grado de educación y una mayor discriminación en el mercado de trabajo, también repercuten en la representación política y en la efectiva participación política de estos tres sectores (Dulitzky, 2001).

Asimismo, en 1993, la CIDH elaboró un informe temático sobre "La realización de los derechos económicos, sociales y culturales en la Región", donde puso de manifiesto la correlación existente entre la realización de estos derechos y la pobreza que se sufre en el continente. Finalmente, el 7 de septiembre de 2007, la CIDH aprobó el informe "El acceso a la justicia como garantía de los derechos económicos, sociales y culturales. Estudio de los estándares fijados por el sistema interamericano de derechos humanos" hecho público recién el 26 de Diciembre de 2007 como un "aporte para el avance en la garantía de los derechos económicos, sociales y culturales en la región y un marco conceptual para la elaboración de los indicadores de progreso en la materia que la Asamblea General de la OEA le encomendó a la CIDH" (CIDH, 2007a).

7.6. Pueblos Indígenas

El trabajo de la Comisión ha sido muy importante para el desarrollo jurisprudencial sobre derechos de los pueblos indígenas en lo referente a: territorio ancestral, derechos políticos, derecho a la identidad cultural y acceso a la justicia, así como el desarrollo de estándares sobre el derecho a la propiedad en base al carácter colectivo de los territorios ancestrales de los pueblos indígenas (Insulza, 2007). En 2000, la Comisión publicó el informe "La situación de los derechos humanos de los indígenas en las Américas" (CIDH, 2000) y en 2001 el informe "Fuentes en el derecho internacional y nacional del proyecto de Declaración Americana sobre los Derechos de los Pueblos Indígenas" como aporte para la adopción de la Declaración Americana sobre los Derechos de los Pueblos Indígenas que está en discusión desde hace varios años en el seno de la OEA (CIDH, 2001).

7.7. Derechos de las Mujeres

La CIDH ha emitido una serie de recomendaciones dirigidas a reforzar la obligación de los Estados de organizar su estructura gubernamental para prevenir, investigar, sancionar y reparar actos de violencia y discriminación contra las mujeres. En 1998, la CIDH publicó su primer informe temático, y fue dedicado a las mujeres: "Informe de la Comisión Interamericana de Derechos Humanos sobre la Condición de la Mujer en las Américas" (CIDH, 1998). Posteriormente, en 2003, la CIDH publicó el informe sobre la visita in loco de la Relatora sobre las Mujeres a Ciudad Juárez, en México: "Situación de los derechos de la Mujer en Ciudad Juárez, México: el derecho a no ser objeto de violencia y discriminación" (CIDH, 2003). En el 2006, la CIDH publicó su informe "Las mujeres frente a la violencia y la discriminación derivadas

del conflicto armado en Colombia" (CIDH, 2006a) y más
recientemente, en 2007, el informe "Acceso a la Justicia para
las Mujeres Víctima de Violencia en las Américas" (CIDH,
2007).

7.8. La Guerra contra el Terrorismo

En diciembre de 2002 la Comisión hizo público su "Informe
sobre Terrorismo y Derechos Humanos" en el cual presentó un estudio sobre la vigencia y el respeto de los derechos
fundamentales frente las iniciativas antiterroristas legítimamente adoptadas por los Estados miembros, basada en su
experiencia de más de cuatro décadas y los estándares del
derecho internacional. En su informe, la Comisión articula
varios principios fundamentales concernientes a la relación
necesaria entre el combate al terrorismo y la protección de
los derechos humanos en situaciones de excepción (Altolaguirre, 2002).

7.9. Defensores de Derechos Humanos

La Comisión Interamericana, a instancias de las organizaciones no gubernamentales de derechos humanos usuarias del
sistema, creó la Unidad de Derechos Humanos como órgano
dependiente de la CIDH a finales de la década pasada, con el
propósito de fortalecer los mecanismos de protección de tales defensores y llamar la atención de los Estados respecto de
las violaciones a los derechos humanos de las que son objeto.
En 2006, la Comisión emitió el "Informe sobre la situación
de las defensoras y defensores en las Américas" (CIDH,
2006b), subrayando la importancia de la labor que realizan
para la democracia, emitiendo una serie de recomendaciones
específicas para su protección.

7.10. Niñez

La Comisión estableció en su informe 1988-1989 que la política de sustracción de niños hijos de desaparecidos violentaba los derechos de los niños, las niñas y los adolescentes a su identidad, a su nombre, a la personalidad jurídica, a la protección de la familia y a gozar de medidas especiales de protección, atención y asistencia, afectando esto último tanto los derechos de los niños y las niñas como los de las mujeres embarazadas (Cejil, 2006: 18). Asimismo, se ha pronunciado sobre el reclutamiento militar de menores de edad en Guatemala, sobre adolescentes encarcelados, sobre suicidios de menores por causas desconocidas en Cuba, sobre la no separación de adultos y menores en las prisiones de Haití, en Honduras y Guatemala. También se ha manifestado sobre la situación de los niños guatemaltecos, quienes en lugar de ir a la escuela, tenían que trabajan por necesidad económica en su informe de 1996.

Al mismo tiempo, la Comisión en su informe anual de 1999 incluyó un capítulo sobre los derechos de la niñez en la región (Cejil, 2006: 19).

7.11. Refugiados

La Comisión ha manifestado su preocupación por el asilo y la protección de los refugiados por lo menos desde 1965. A través de su actividad en la defensa de los derechos humanos en el hemisferio, ha aportado recomendaciones importantes, muchas de las cuales fueron retomadas por la Asamblea General de la Organización, en particular sobre la necesidad del respeto de los principios esenciales que hacen a la institución del asilo y a la protección de los refugiados, tales como el principio de no devolución; su carácter humanitario y apolítico; la ampliación del concepto de refugiado incluyendo a los desplazados internos; la necesidad de adoptar medidas internas de protección; la importancia de la cooperación internacional en materia de refugiados; y la necesaria vinculación entre el derecho de las personas a buscar y recibir asilo con la posible violación de derechos humanos fundamentales, entre otros importantes aportes. A través de su actividad de

control del respeto de los derechos humanos reconocidos por
la Declaración y la Convención Americanas, la Comisión ha
contribuido en gran medida a estimular el respeto al derecho de los refugiados, y a promover la adopción de medidas
en el marco regional tendientes no sólo a actuar frente a la
emergencia, sino a combatir las causas que generan despla-
zamientos masivos y exilios forzados de personas, destacan-
do la importancia de consolidar los procesos democráticos en
la región y de fortalecer la vigencia del Estado de Derecho
como fundamento esencial para que el efectivo respeto de los
derechos fundamentales sea material y jurídicamente viable
(D´Alotto, 2007).

7.12. Corrupción

En su informe sobre Paraguay, en 2001, la CIDH incorporó un nuevo elemento: la corrupción como violación a los
derechos humanos y como elemento que debilita el sistema
institucional democrático en nuestros países. De esta forma
estableció que: "El fenómeno de la corrupción no sólo atañe
a la legitimidad de las instituciones públicas, a la sociedad,
al desarrollo integral de los pueblos y a los demás aspectos
de carácter más general, sino que además tiene un impacto
específico en el disfrute efectivo de los derechos humanos de
la colectividad en general", estableciendo que en Paraguay la
corrupción existente afecta seriamente la institucionalidad
democrática (Dulitzky, 2001).

7.13. Libertad de Expresión

Desde la creación de la Relatoría para la Libertad de Expresión, en 1997, ésta ha impulsado el desarrollo de jurisprudencia en relación al derecho a la libertad de expresión y acceso
a la información. A través de su trabajo se han promovido
importantes cambios en el hemisferio en materia de prohibición de censura previa, despenalización de los delitos contra
el honor cuando los afectados sean funcionarios de los Esta-

dos o personas públicas, derogación del delito de desacato, así como reconocimiento del acceso a la información pública como derecho humano contenido en la libertad de expresión (Insulza, 2007).

La CIDH adoptó los Principios sobre Libertad de Expresión en octubre de 2001 como interpretación del artículo 13 de la Convención Americana (CIDH, 2001b).

La relatoría además ha elaborado informes sobre la libertad de expresión en los siguientes países: Paraguay (2001); Venezuela, Panamá, Haití, Guatemala (2003) y Colombia (2005). En 2007, la Relatoría publicó además el "Estudio Especial sobre el derecho de Acceso a la Información" (CIDH, 2007c).

8. Acatamiento de las Recomendaciones de la CIDH

8.1. Estatus jurídico de las Recomendaciones de la CIDH

La Comisión es considerada como un órgano cuasi jurisdiccional, ya que emite *recomendaciones*, y no decisiones judiciales. A pesar de la autoridad de la Comisión y de su papel histórico y fundamental dentro de la OEA, ciertos Estados continúan cuestionando la naturaleza obligatoria de las decisiones de la Comisión y algunos se niegan explícitamente a cumplirlas. Otros Estados no rechazan explícitamente las recomendaciones emanadas de la Comisión, pero simplemente no las acatan. La Comisión Interamericana –así como la Corte Interamericana– carece de medios de coerción directa para la ejecución de sus recomendaciones cuando se declara la responsabilidad de un Estado por violación a los derechos humanos y se ordenan ciertas medidas para reparar a las víctimas, o cuando éstas se emiten en un informe para que el Estado en cuestión adecue su legislación o políticas a lo establecido en los instrumentos interamericanos de derechos humanos que el Estado es parte. Por tanto, la eficacia de los sistemas internacionales o regionales de protección de derechos humanos recae en la voluntad de los Estados de cumplir con los compromisos asumidos al obligarse mediante la ratificación de los tratados que los crearon. Sin embargo, esto no significa que no existan medios para promover la implementación de las decisiones de los órganos (Global Rights y Compañeros por la Justicia, 2004: 46). Uno de estos medios puede ser la acción de los órganos políticos de la OEA[10] para promover el cumplimiento de las recomendaciones de la CIDH.

En relación al papel de los órganos políticos de la OEA en el cumplimiento de las recomendaciones y decisiones de la Comisión y la Corte, el entonces Comisionado Juan Méndez señaló que "si bien el cumplimiento de las resoluciones emanadas de la Comisión y la Corte ha aumentado al comparársela con la época en que imperaban numerosas dictaduras en el hemisferio, la situación dista mucho todavía de ser satisfactoria. Llama la atención, sin embargo, que en contraste con la situación actual, durante las dictaduras existía una mayor iniciativa de parte de los órganos políticos de la OEA por respaldar las decisiones de la Comisión (la Corte recién dictó sus primeras sentencias en casos contenciosos en 1988). Todos conocen los serios esfuerzos de países democráticos en aquellos años, por respaldar la actuación efectiva de la Comisión y promover debates en el ámbito del Consejo Permanente y de la Asamblea General sobre el cumplimiento de las recomendaciones que la Comisión formulara con relación a países donde se cometían masivas violaciones a los derechos humanos. Hoy en día, sin embargo, y a pesar de los vientos democráticos que soplan en el hemisferio, los órganos políticos de la OEA no operan suficientemente como guardianes colectivos del sistema" (Méndez, 2002b).

8.2. Esfuerzos de la CIDH por un mayor acatamiento de sus recomendaciones

Debido a la falta de cumplimento de sus recomendaciones, nuevamente la Comisión Interamericana de Derechos Hu-

---

[10]Asamblea General y Consejo Permanente

manos tomó la iniciativa y en la última reforma a su reglamento, en 2001, creó un mecanismo de seguimiento de las recomendaciones hechas bajo el artículo 51 de la Convención y cada año incluye en su informe anual el estatus del cumplimiento de dichas recomendaciones, como medida para impulsar el cumplimiento de las mismas.

A pesar de la falta de cumplimiento de las recomendaciones, las diferentes herramientas que utiliza la Comisión en la promoción y protección de los derechos humanos del Continente han tenido un gran impacto en la situación de los derechos humanos y la democracia en el continente. Es importante resaltar que en el caso de la resolución de casos individuales, la Comisión Interamericana no se limita a emitir recomendaciones específicas para el caso, como lo hace, por ejemplo, la Comisión Nacional de Derechos Humanos en México, sino que emite recomendaciones vinculadas a "medidas de no repetición", que generalmente incluyen cambios en legislación, normas, reglamentos o políticas públicas que eviten que esos hechos vuelvan a ocurrir. De la misma manera, en los informes sobre países que realiza, emite una serie de recomendaciones que van dirigidas a atacar de fondo los problemas estructurales que permiten o facilitan las violaciones a los derechos humanos. Es el cumplimiento de estas recomendaciones "estructurales" el que tiene un impacto significativo en los diferentes países a los que la Comisión las ha dirigido.

Si se compara el nivel de acatamiento de las recomendaciones de la Comisión Interamericana, se podrá observar que éste es mucho mayor actualmente, que en sus inicios, lo cual es una indicación de la evolución positiva del sistema.

8.3. Países que han hecho cambios para acatar las recomendaciones de la CIDH y la Corte

Varios países han modificado sus legislaciones para poder cumplir con las recomendaciones de la CIDH y las resoluciones de la Corte Interamericana, por ejemplo:

• Colombia adoptó una importante medida en materia de derechos humanos, al aprobar la Ley 288 el 5 de julio de 1996. Esta ley establece un procedimiento para indemnizar a las víctimas de las violaciones de los derechos humanos en aquellos casos en que organismos internacionales, como la Comisión, hayan concluido que el Estado de Colombia ha incurrido en una violación de los derechos humanos y hayan recomendado el pago de una indemnización. La legislación ha sido aplicada en varios casos, previamente decididos por la Comisión, en los que se recomendaba una indemnización. Sin embargo, algunos consideran que la adopción de dicha ley puede acarrear un doble riesgo, en la medida en que puede "debilitar las instancias internas creadas para implementar las recomendaciones de la CIDH que ya han demostrado su eficacia y el rigor jurídico de sus decisiones, a la vez que tiende a convertir, de manera simplista, la solución al grave problema de la violación de los derechos humanos en una reparación de carácter económico sin atender a sus causas reales y sin enfrentar, con mecanismos de derecho interno posibles, las alarmantes cifras de impunidad" (Tirado, 2001).

• Argentina reformó su Constitución, en 1994, para darle rango constitucional a los tratados de derechos humanos.

• Venezuela reconoció en su Constitución de 1999 no sólo el rango constitucional de todos los tratados de derechos humanos, sino el establecimiento de que "estos instrumentos se aplicarán con preferencia sobre la Constitución en la medida en que tengan regulaciones más favorables a la persona humana", con lo cual inclusive puede plantearse la posibilidad de que esos tratados tengan un rango supra constitucional.

• De la misma manera, varios jueces y tribunales, incluidas las Cortes Supremas de distintos países, de manera sostenida asumen su obligación de dar validez en el derecho interno a las normas contenidas en las normas consuetudinarias internacionales, los tratados de derechos humanos, así como a las interpretaciones que de dichas normas realizan los órganos del sistema interamericano. Sin embargo, aún son muchas las ocasiones en que sucede lo contrario. Es evidente que, en la medida en que los derechos establecidos en la Declaración y Convención Americana no se encuentren reconocidos en la legislación doméstica no existirán recursos internos efectivos que permitan reparar las consecuencias de su violación (Méndez, 2002b).

9. Impacto de la CIDH, mediante la utilización de todas atribuciones y herramientas

El mayor impacto de la labor de la Comisión Interamericana, sin embargo, no estriba tanto en el acatamiento de las recomendaciones que ha emitido en relación al trámite de casos individuales a los diferentes países del continente, sino en el impacto que han tenido sus visitas *in loco*, sus informes y las soluciones amistosas a las que ha llegado con los diferentes Estados del continente.

9.1. Visitas in loco e informes especiales

El logro más destacado de la CIDH durante sus primeros treinta años de gestión, durante la difícil etapa de gobiernos autoritarios, fue la publicación de los informes por países, sobre todo del Cono Sur, que evaluaban las prácticas de los gobiernos en materia de derechos humanos. Varios de estos informes fueron el resultado de las visitas in loco que realizó la CIDH, mientras que otros, en particular aquellos sobre Uruguay y Paraguay, fueron preparados por iniciativa propia de la Comisión dado que los gobiernos de dichos países no la autorizaban a realizar esas visitas (Goldman, 2006). Durante las primeras décadas del funcionamiento de la Comisión, éste fue un elemento clave para la caída de varios regímenes autoritarios.

9.1.1. República Dominicana

Es a raíz de la situación en República Dominicana después del asesinato del dictador Trujillo en 1958 y del éxodo en

Cuba de partidarios de Batista después del triunfo de la Revolución cubana, que se crea la CIDH. Como se mencionó anteriormente, una de las primeras decisiones que tomó
la Comisión fue aprovechar el hecho de que podía sesionar
fuera de su sede en Washington, para celebrar sus sesiones
ordinarias en República Dominicana. La Comisión realizó
su primera visita en octubre de 1961 como respuesta al golpe
de Estado realizado por las fuerzas armadas y la detención
de partidarios del depuesto presidente Juan Bosch. La segunda visita a República Dominicana la realizó en mayo de
1963 para impulsar los esfuerzos de la OEA en reestablecer
el gobierno constitucional en dicho país. Sin embargo, la visita que tuvo más impacto duró más de un año, y se llevó a
cabo después de la guerra civil a la que siguió la invasión de
las fuerzas armadas de Estados Unidos en el país, en 1965 y
1966. Durante su estancia en el país, la Comisión realizó un
papel silencioso pero muy importante en relación a trabajo
humanitario que incluyó: visitas a prisioneros de guerra para
asegurar un trato humano a los mismos; obtención de salvo-
conductos para personas afines a Bosch que buscaban asilo
en las embajadas amigas; la reunificación familiar; el atesti-
guamiento de los esfuerzos de desarme de las fuerzas contendientes y la observación de las elecciones libres. A pesar de
que esta visita tuvo más trabajo humanitario que de derechos
humanos, entre sus logros están el haber salvado vidas y a
través de "soluciones amistosas" mediar en disputas y lograr
acuerdos evitando mayores sufrimientos. Todo este trabajo
se realizó de forma cercana con el entonces Secretario General de la OEA, José Mora (Padilla, 2003: 295-296).

9.1.2. Chile

Asimismo, la Comisión Interamericana de Derechos Humanos jugó un papel fundamental durante la dictadura militar
de Augusto Pinochet en Chile. Las víctimas de violaciones a
los derechos humanos durante este período de la historia de
Chile, encontraron en la Comisión un foro internacional que

escuchó y difundió sus denuncias. A raíz del golpe de Estado de Pinochet contra Allende, la Comisión empezó a recibir numerosas denuncias sobre graves violaciones a los derechos humanos. En respuesta, la Comisión envió, en una misión previa, a su Secretario Ejecutivo para reunir información sobre la situación del 12 al 17 de octubre de 1973. El Secretario Ejecutivo recomendó que se realizara una visita *in loco*, la cual se llevó a cabo con autorización del gobierno chileno del 22 de junio al 2 de agosto de 1974 (Vargas, 2003: 510). Dicha visita concluyó que existían torturas, detenciones ilegales y otras graves violaciones a los derechos humanos practicadas a escala sistemática. Este informe especial fue seguido de otros a lo largo de la dictadura militar, en los cuales se llamaba la atención de la comunidad internacional sobre las violaciones que se cometían (Informe Anual sobre Derechos Humanos en Chile, 2004: 31-32).

9.1.3. Nicaragua

En el año 1978 la Comisión recibe un mandato de la Asamblea General de la OEA para realizar una visita a Nicaragua y realizar un informe sobre la situación de los derechos humanos en ese país. La Comisión Interamericana produce un informe devastador en contra de la dictadura de Somoza, presentándolo a la Asamblea General y Somoza cae en los días siguientes de que la Comisión hizo público ese informe. Como señala Dulitzky "no fue que la caída de Somoza se debiera a la intervención de la Comisión Interamericana, pero sí el informe que produjo la Comisión, en ese caso, significó el retiro del apoyo internacional que estaba recibiendo el gobierno de Somoza: recibió una categórica denuncia y rechazo por parte de la Asamblea General de la OEA y según confesó varios años después el propio Somoza, este informe de la Comisión fue el factor determinante de lo que estaba perdiendo militarmente frente a los sandinistas" (Dulitzky, 2001). Después de la caída de Somoza, el presidente de la Comisión, Andrés Aguilar, solicitó y obtuvo del Gobierno de Reconstrucción Nacional la ratificación de la Convención Americana sobre Derechos Humanos. La Comisión participó en la creación de una infraestructura orientada hacia los derechos humanos por parte del nuevo gobierno (Ríos, 2005: 21-22). En 1988, cuando la Comisión visitó nuevamente Nicaragua, después de un prolongado estado de emergencia en el marco del conflicto armado entre el gobierno Sandinista y la "contra" nicaragüense, permaneció por un mes revisando 1,834 expedientes judiciales de antiguos agentes de la Guardia Nacional de Somoza (Santoscoy, 2003: 614). Posteriormente, la CIDH fue designada como testigo y monitor de los acuerdos alcanzados entre ambas partes. Previo a la derrota electoral del gobierno Sandinista, en 1989, éste se comprometió a investigar las ejecuciones extrajudiciales cometidas durante su gestión. Asimismo, realizo una enmienda a la Constitución nicaragüense para establecer la figura de *habeas corpus* durante los estados de emergencia, tema en el que la CIDH había manifestado su preocupación (Ríos, 2005: 36).

9.1.4. Argentina

Sin duda, la visita de la Comisión a la Argentina en septiembre de 1979 fue la más exitosa en su historia en término de resultados e impacto. La visita se originó debido a gran número de quejas recibidas por la Comisión antes y después del golpe militar de 1976. Durante su visita, la CIDH recibió 5,580 denuncias y 1,261 comunicaciones relacionadas con casos en trámite (Goldman, 2006). Asimismo, recibió información acerca de varias personas, incluso con nombres, que se encontraban detenidas en forma clandestina en un sector aislado de una cárcel, por lo que al visitar dicha cárcel los comisionados insistieron en recorrer todas las instalaciones, y comenzaron a escuchar gritos de: "¡Estamos aquí, estamos aquí!". Las autoridades del penal tuvieron que permitir a la Comisión entrevistarse de forma privada con esas personas que probablemente estaban destinadas a desaparecer (Global Rights y Compañeros por la Justicia, 2004:30). El informe publicado en 1980 como resultado de dicha visita, tuvo un gran impacto en la sociedad argentina y fue un factor que contribuyó a poner fin a las desapariciones forzadas y a la caída de la dictadura (Dulitzky, 2001), ya que varios gobiernos y órganos intergubernamentales de Europa tomaron este informe como base para definir su políticas sobre Argentina (Goldman, 2006).

9.1.5. Paraguay y Uruguay

En el caso de Paraguay y de Uruguay, la Comisión no pudo realizar visitas in loco, debido a que no obtuvo la autorización de los respectivos gobiernos dictatoriales. Sin embargo, esto no impidió que la Comisión realizara informes sobre la situación en estos países. En su informe sobre Paraguay de 1983 la Comisión expresó: "El 14 de agosto de 1984, con diversos actos, se conmemoró en Asunción el trigésimo aniversario de la llegada al poder de Alfredo Stroessner [...] Desde entonces, el general Stroessner ha sido reelegido por períodos consecutivos de 5 años en elecciones que se han llevado a cabo en 1958, 1963, 1968, 1973, 1978 y en febrero de 1983 [...] Estas elecciones, como las anteriores han sido calificadas por la posición como anómalas y fraudulentas [...] debido a que la permanente vigencia del estado de excepción determinan que todo el proceso electoral se haya desarrollado en un ambiente de temor, zozobra e inseguridad, en donde las fuerzas políticas del país no pueden movilizarse con la libertad necesaria para enfrentar al candidato del partido de gobierno, máxime cuando los principales líderes de oposición se encuentran en la cárcel o en exilio..." (Dulitzky, 2001).

9.1.6. Perú

En el año 2000, la Comisión jugó un papel importante en la caída del régimen de Fujimori, con su informe sobre la situación de los derechos humanos en el Perú, en el que estableció: "En relación con las elecciones del 9 de abril de 2000 –en

primera vuelta– y 28 de mayo de 2000 –en segunda vuelta–,
para la CIDH el proceso eleccionario que ha tenido lugar
en Perú constituye claramente una interrupción irregular
del proceso democrático a que se refiere la Resolución 1080,
adoptada por la Asamblea General en 1991[...]La Comisión
Interamericana estima que tanto el proceso previo como los
resultados de las elecciones del 2000 en Perú, son el producto
previsible de varios años en los que la voluntad arbitraria
del gobierno ha prevalecido sobre las leyes y sobre las instituciones democráticas. De tal manera que el orden jurídico
e institucional ha sido subordinado a la voluntad del gobierno, quien de manera autoritaria ha manipulado su autoridad
para frustrar, con métodos frecuentemente ilícitos, cualquier
acto percibido como amenaza a su evidenciado propósito de
perpetuarse en el poder" (Dulitzky, 2001).

9.1.7. Venezuela

Más recientemente, en 2002, la Comisión tuvo un papel fundamental en el reconocimiento por parte de la OEA de que
había ocurrido un golpe de Estado en Venezuela contra el
presidente Hugo Chávez. Como lo señala Juan Méndez, entonces comisionado de la CIDH: "Antes de que se resolviera
el retorno de Chávez al poder, la CIDH fue el primer organismo internacional que se pronunció contra lo que a todas
luces era un golpe de Estado" (Méndez, 2002c). La CIDH de-
ploró la destitución de las más altas autoridades de todos los
poderes públicos y advirtió que dichos hechos configurarían
los supuestos de interrupción del orden constitucional con-
templado en la Carta Democrática Interamericana (Méndez,
2002d).

9.2. Derogación de Leyes de Amnistía

A lo largo de los años, la CIDH ha desarrollado y consolidado su doctrina en materia de amnistías. Por ejemplo, ha
encontrado que las leyes de amnistía de Chile, El Salvador

y Perú violaban la Convención Americana, recomendando a los respectivos Estados que las dejasen sin efecto. En el año 2000, por ejemplo, la CIDH elevó a la Corte Interamericana el caso Barrios Altos en el que se discutían dos leyes de amnistía elaboradas por el régimen de Fujimori en el Perú. La Corte, avalando la doctrina de la CIDH, falló en 2001 que estas leyes eran violatorias de la Convención y carecían de efectos jurídicos, por lo que no podían obstaculizar la investigación de los hechos, ni la identificación y castigo de las personas responsables (Goldman, 2006).

En el caso de Argentina, la Comisión empezó a recibir denuncias a finales de 1987 por la aplicación de las Leyes de Punto Final y Obediencia Debida y la impunidad que provocaban en relación a graves violaciones a los derechos humanos. También recibió casos en el mismo sentido en el caso de Uruguay. En 1992, la Comisión emitió sendos informes de casos sobre Argentina y Uruguay declarando que las leyes de amnistía de dichos países eran incompatibles con los derechos a la protección judicial y a un juicio justo garantizados en la Convención Americana, y recomendó tomar medidas para individualizar las responsabilidades sobre estas violaciones. Estas decisiones marcaron un hito y serán recordadas en la historia por ser las primeras emitidas por un órgano de derechos humanos en cuestionar las leyes de amnistía (Goldman, 2006).

En 1998, el Congreso Nacional Argentino derogó las Leyes de Punto Final y Obediencia Debida y en 2003, basado en un proyecto del gobierno del Presidente Kirchner, declaró la nulidad de las mismas. Finalmente, la Corte Suprema de Justicia de la Nación, en 2005, en el caso *Simón*, de conformidad con las decisiones de la CIDH y de la Corte Interamericana, resolvió que estas dos leyes eran inconstitucionales. La decisión de la Corte Suprema en el caso *Simón* es, por sí misma, "la decisión más importante hasta el momento que haya sido emitida por un tribunal doméstico del Continente sobre el problema de impunidad" (Goldman, 2006).

9.3. Función de mediación, testigo de calidad y consultora

9.3.1. Colombia

En 1980, como consecuencia del acuerdo celebrado por la Comisión con el Gobierno de Colombia, la Comisión durante varios meses de ese año y del siguiente acudió a Bogotá y a otras ciudades colombianas para presenciar los juicios que se siguieron en contra de los miembros de los grupos insurgentes denominados FARC y M-19 (Insulza, 2007).

9.3.2. Estados Unidos

En 1982, la Comisión investigando una denuncia en la que se alegaban violaciones al derecho a la libertad personal por parte del Gobierno de los Estados Unidos, al haber éste recluido en centro de detención a centenares de refugiados haitianos, visitó los campamentos de Fort Allen en Puerto Rico y de Brooklyn en New York, además de entrevistarse con los abogados defensores en Miami (Insulza, 2007).

9.3.3. Nicaragua

En mayo de 1982 y junio de 1983 la Comisión, a propósito de las dificultades que habían surgido entre un sector de la población nicaragüense de origen miskito y el Gobierno de Nicaragua, visitó la zona de la Costa Atlántica nicaragüense, por ejemplo: los campamentos de refugiados de miskitos nicaragüense en el Departamento de Gracias a Dios de Honduras (Insulza, 2007).

9.3.4. Argentina

Cuando Argentina accedió a la democracia y el presidente Alfonsín creó la Comisión de Desaparecidos, formada por ilustres personalidades y presidida por el eminente escritor Ernesto Sábato, esa Comisión de Desaparecidos solicitó la asistencia de la CIDH (Vargas, 2003: 508).

9.3.5. Colombia-República Dominicana

En gran medida, gracias a la intervención de la Comisión se puso término a la toma de la Embajada de la República Dominicana en Colombia, en el año 1980, por el M-19, en la cual existía un número considerable de diplomáticos como rehenes. Según narra Vargas: "El presidente Turbay llamó a la Comisión y pidió su asesoramiento solicitándole que mediara este conflicto". La solución que la Comisión propuso fue basada en los derechos humanos; el M-19 estaba pidiendo la liberación de las personas que estaban encarceladas alegando que éstas habían sido torturadas. La propuesta de la Comisión fue muy fácil: "si las personas han sido condenadas después de haber sido torturadas, la condena no tiene ningún valor. La Comisión va a solicitar que se haga un nuevo juicio a las personas que han sido torturadas; y con respecto de las personas que están siendo procesadas, que eran en ese momento la mayoría, la Comisión se compromete a observar los juicios y examinar que realmente no pueda haber ningún apremio". Ello fue aceptado por el M-19, y por supuesto, por el Gobierno colombiano. Creo que esta gestión de la Comisión fue realmente de una enorme importancia para la solución de esa crisis a través del respeto de los derechos humanos" (Vargas, 2003: 509).

9.3.6. Perú

Tres Comisionados se presentaron como testigos ante la Comisión de la Verdad y Reconciliación del Perú después de la caída de Fujimori (Dulitzky, 2007).

9.3.7. Panamá

La Comisión entregó la totalidad de sus archivos históricos sobre Panamá a la Comisión de la Verdad de dicho país (Dulitzky, 2007).

9.4. Impactos logrados mediante la tramitación de casos

La tramitación de casos puede tener impactos importantes tanto por el cumplimiento de las recomendaciones emitidas por la Comisión, con el cambio de gobiernos por ejemplo, como por el logro de un acuerdo de solución amistosa entre los peticionarios y el gobierno demandado.

Las soluciones amistosas logradas entre ONG y Estado, con la ayuda de la Comisión, que contienen formas de reparación, han permitido que se lleven a cabo cambios estructurales de instituciones que constituían un obstáculo para la vigencia de los derechos humanos en la sociedad, permitiendo promover reformas legislativas o políticas públicas a favor de los derechos humanos (Global Rights y Compañeros por la Justicia, 2004: 53).

Mediante acuerdos de solución amistosa se han logrado importantes avances en materia de derechos humanos. Los acuerdos alcanzados en procesos de solución amistosa han obtenido mayores índices de eficacia en términos de implementación (Global Rights y Compañeros por la Justicia, 2004: 53).

A continuación algunos ejemplos:

• En 1993 se dio la primera solución amistosa en la historia del Sistema Interamericano. Esto fue en el caso de *Guillermo Birt y otros* contra Argentina. La denuncia interpuesta ante la CIDH alegaba la falta de un recurso judicial efectivo y debido proceso por la resolución de la Corte Suprema de la Nación, que declaró prescritas las acciones por daños y perjuicios morales y patrimoniales causados por su detención arbitraria que iba desde 3 meses hasta 7 años. En este caso, se llegó a una solución amistosa, la cual fue plasmada en un decreto presidencial, convalidado posteriormente mediante la Ley Nacional 24.043 de 1991, extendiendo sus beneficios a todos los que hubieran sido detenidos en esas circunstancias (Goldman, 2007).

• También en 1993, el Estado argentino derogó la figura penal de desacato a través de una ley nacional, al llegar a una solución amistosa en relación a la denuncia presentada por el Sr. Horacio Verbitsky, quien fuera condenado en 1991 por el delito de desacato por, supuestamente, injuriar a un ministro de la Suprema Corte, en violación a la libertad de pensamiento y expresión. Pero el impacto de dicha solución amistosa fue más amplio debido a que a partir de ésta, la Comisión y su Relatoría sobre Libertad de Expresión comenzaron a buscar la eliminación de todas las demás leyes de desacato a lo largo de la región (Goldman, 2007).

• En Chile se aprobó la Ley N° 19.688 que modifica la Ley Orgánica Constitucional de la Enseñanza, estableciendo normas sobre el derecho de las estudiantes embarazadas o madres lactantes de acceder a los establecimientos educacionales en cumplimiento de una solución amistosa en el caso de Mónica Carabantes, una menor que al quedar embarazada fue expulsada del colegio en el que estudiaba (Informe Anual sobre Derechos Humanos en Chile, 2004: 312-313).

• Se alcanzó una solución amistosa en el caso de familiares de víctimas del ataque terrorista contra la sede de la Asociación Mutual Israelita Argentina (AMIA) en Buenos Aires, Argentina, que denunciaron violaciones al derecho a la justicia. Las partes acordaron que la CIDH nombrara un observador internacional en el juicio oral de la "Causa AMIA", siendo nombrado Claudio Grossman, entonces presidente de la CIDH, en 2001. En febrero de 2005 el Decano Grossman, presentó su informe final a la CIDH, concluyendo que hubo serias violaciones al debido proceso durante la investigación del caso. En marzo del 2005, el Estado reconoció su responsabilidad y pidió perdón a los familiares y organizaciones que presentaron el caso ante la CIDH. En julio de 2005, el presidente Kirchner emitió un decreto aprobando lo pactado con los peticionarios (Goldman, 2006).

• En 1998, el gobierno argentino aceptó y garantizó el derecho a la verdad, consistente en el agotamiento de todos los medios para alcanzar el esclarecimiento de lo sucedido con las personas detenidas-desaparecidas, como resultado de una solución amistosa en el caso de Carmen Aguiar Lapacó por la decisión de la Corte Suprema de rechazar la solicitud de la Sra. Lapacó para determinar lo ocurrido con su hija, Alejandra Lapacó, detenida-desaparecida en marzo de 1977 (Goldman, 2006).

• En el caso de María Eugenia Morales de la Sierra contra Guatemala se alegó que varias disposiciones del Código Civil de Guatemala sobre el papel de la esposa en el matrimonio, eran discriminatorias hacia la mujer. Durante el trámite del caso, el gobierno guatemalteco informó a la Comisión que el Congreso había reformado el Código Civil para corregir la discriminación que contemplaba (Méndez, 2007).

• En Argentina se promulgó un decreto presidencial para garantizar que en todas las listas partidarias para las elecciones un 30% de las candidaturas deben ser reservadas para las mujeres, y éstas deben estar ubicadas en las listas de los partidos en posiciones que les garanticen esa representatividad. Lo anterior resultó de una solución amistosa por la denuncia presentada por María Merciadri, en 1994, argumentando que los tribunales argentinos rechazaron sus argumentos de que el decreto anterior no garantizaba la igualdad ante la ley y a los derechos políticos (Goldman, 2006).

• En 1994 varias ONG presentaron una petición a la CIDH contra la República de Brasil, en la que se alegaron hechos relacionados con una situación de trabajo "esclavo", ataque a la vida y derecho a la justicia. José Pereira, trabajador en la hacienda "Espirito Santo" en la zona sur del Estado de Pará, fue gravemente herido, y otro trabajador fue muerto al intentar escaparse de las condiciones de trabajo forzado. El señor Pereira se encontraba entre 60 trabajadores que fueron sometidos a condiciones de trabajo inhumanas e ilegales. "Aunque fueron individuos privados los que atacaron a los trabajadores, la petición alegó que el desinterés e ineficiencia en las investigaciones y procesos a los asesinos y a los responsables de esa explotación constituían un ejemplo de falta de protección y garantías por parte del Estado brasileño. En el 2003 los peticionarios y el Estado de Brasil suscribieron un acuerdo de solución amistosa en la que Brasil reconoció su responsabilidad internacional, y se estableció una serie de compromisos relacionados, entre otros, con medidas de prevención, modificaciones legislativas, medidas de fiscalización y sanción al trabajo esclavo, y medidas de sensibilización contra el trabajo esclavo" (Global Rights y Compañeros por la Justicia, 2004: 53-54)

• Ecuador ha seguido la práctica de las soluciones amistosas asumiendo la responsabilidad en un conjunto de casos y comprometiéndose a implementar las reparaciones correspondientes en relación con las violaciones de derechos infligidas a diferentes víctimas (Global Rights y Compañeros por la Justicia, 2004: 54).

• El gobierno de transición de Perú llevó a cabo una variable de esta práctica a propósito de la caída del régimen de Alberto Fujimori. El 22 de febrero de 2001, el Ministro de Relaciones Exteriores de Perú emitió un comunicado conjunto con la CIDH en el que anunció una propuesta amplia para solucionar 165 casos en distintas etapas de tramitación. El volumen de casos que ingresaron en la propuesta significaba más del 50% del total de denuncias que la Comisión tenía pendientes de trámite contra Perú (Global Rights y Compañeros por la Justicia, 2004: 54).

9.5. Utilización de jurisprudencia por parte de los sistemas judiciales internos

Cabe resaltar que cada vez es más frecuente que las autoridades judiciales nacionales tomen en cuenta en sus decisiones las recomendaciones y estándares provenientes de los órganos del sistema interamericano de derechos humanos.

Un ejemplo de ello es la resolución del Tribunal Constitucional de Ecuador que, siguiendo una recomendación de la CIDH, declaró inconstitucional la figura de la "detención en firme", que era utilizada para prorrogar la prisión preventiva más allá del límite permitido por la Constitución ecuatoriana

y por los estándares internacionales en la materia. Al mismo
tiempo, el Tribunal Constitucional ecuatoriano recomendó
al Congreso Nacional adecuar urgentemente el Código de
Procedimiento Penal para ajustarse a lo establecido en el fallo constitucional (Meléndez, 2007b).

Otro ejemplo es la adecuación de la legislación interna en
Brasil a las normas internacionales sobre derechos humanos,
a través de la aprobación de la Ley de Violencia Doméstica y
Familiar contra la Mujer, conocida como *Lei Maria da Penha*.
Esta ley fue adoptada en atención a las recomendaciones que
hiciera la CIDH en el caso del mismo nombre, y a través
de ella se han mejorado sustancialmente los mecanismos de
protección para las mujeres víctimas de la violencia en Brasil
(Meléndez, 2007b).

10. Limitaciones para la eficacia de la Comisión Interameri-
cana de Derechos Humanos

A pesar de lo exitoso que ha sido el trabajo de la Comisión,
existen una serie de características del sistema que la limitan
en su eficacia. Entre ellas se destacan:

• A diferencia del sistema europeo, como se ha visto, no
todos los países tienen el mismo nivel de adhesión al sistema,
por lo que éste no cuenta con universalidad. A varios países
sólo se les puede aplicar la Declaración Americana, entre los
que se encuentran Canadá, Estados Unidos y muchos países
del Caribe, mientras que los países latinoamericanos, en general, han aceptado incluso la competencia contenciosa de
la Corte Interamericana. Lo anterior implica que no todos
los habitantes del continente cuentan con el mismo nivel de
protección a sus derechos.

• En general, los países del continente tienen una gran debilidad en sus sistemas judiciales y esto hace que no existan
los recursos apropiados, saturando el sistema interamericano
con denuncias de violaciones a los derechos humanos. A pesar de ser un órgano subsidiario y complementario, la Comisión se convierte en la única forma de proteger los derechos

de las víctimas en la región.

• Falta de compromiso de los órganos políticos de la OEA, en particular la Asamblea General y el Consejo Permanente, para el cumplimiento de las decisiones y recomendaciones, no cumpliendo con su función de ser garantes colectivos del sistema. No existe un apoyo adecuado al sistema de derechos humanos. De tal forma que si una recomendación no se cumple, actualmente los órganos políticos del sistema no se pronuncian al respecto.

• Falta de personal y recursos materiales. Como se mencionó anteriormente, el presupuesto con que cuenta la Comisión es claramente insuficiente para llevar a cabo sus funciones. A pesar de que ha existido por casi una década un debate sobre el presupuesto de la Comisión y la Corte Interamericanas y que existen varias resoluciones de la OEA donde se establece que se debe incrementar el mismo, en los últimos años el presupuesto no ha variado e incluso ha disminuido.

• El procedimiento de selección y designación de los Comisionados amenaza la independencia e imparcialidad de la CIDH como se desarrollará más adelante. Los Estados suelen promover activamente candidaturas específicas e intercambiar votos durante la elección de los comisionados, por lo que la elección de las y los comisionados no siempre se basa en sus credenciales, y pueden generar en la práctica determinados lazos de lealtad de los elegidos para con su Estado (Rivera, 2003: 7). Esto da por resultado que, dependiendo de la composición de la CIDH, ésta sea más o menos eficaz y tenga concesiones con determinados Estados, como ha sucedido en los últimos años.

• Que no sea un órgano permanente, sino que sesione 2 o 3 veces por año, a pesar del creciente número de casos que tramitan.

• Debido a la falta de recursos, y algunas veces, a su cercanía con algunos Estados, la tramitación de casos y medidas cautelares se puede volver excesivamente lenta.

11. Intentos por debilitar la función protectora de la Comisión

11.1. Durante la última década

El trabajo progresista de la CIDH no ha estado exento de intentos de diversos gobiernos y entidades por debilitarlo. A mediados de la década de los noventa, algunos Estados pretendieron redefinir la función de la Comisión luego de que en la región comenzaron a asumir el poder gobiernos elegidos democráticamente. En 1996, México gobernado por Zedillo, y Perú con Fujimori en el poder, molestos por la creciente utilización de la Comisión por las organizaciones civiles y por las resoluciones emitidas por la Comisión en contra de estos dos países, iniciaron una campaña de debilitamiento del sistema. Su propuesta era establecer que la principal función de la Comisión era de promoción de los derechos humanos y no de protección a los mismos (Informe Anual sobre Derechos Humanos en Chile, 2004: 304). De esta forma, propusieron que tuvieran prioridad los casos presentados a la CIDH por las instituciones públicas de derechos humanos y no por las víctimas o por las organizaciones no gubernamentales de derechos humanos. Otros países como Chile se sumaron a México y Perú, señalando que la Comisión había sido creada para lidiar con violaciones masivas y sistemáticas a los derechos humanos en los regímenes dictatoriales y que, con la democratización del continente, la CIDH debería dedicarse sólo a su función de promoción y no a la tramitación de peticiones individuales.

A raíz de esta intentona, las organizaciones civiles usuarias del sistema se conformaron en la Coalición Internacional para los Derechos Humanos en las Américas, la cual comenzó presionar para que no se dieran estos cambios, mediante su participación en las Asambleas Generales y reuniones de los órganos políticos de la OEA. Esta discusión se prolongó durante varios años, hasta la derrota del PRI en México y la caída el régimen de Fujimori en Perú, en que ambos países se convirtieron en impulsores del sistema.

Como se ha señalado, la falta de apoyo a la CIDH por parte de los países miembros de la OEA se puede constatar también en la falta de presupuesto y de acción de los órganos políticos de la OEA como garantes del cumplimiento de las decisiones y recomendaciones emitidas por la Comisión.

11.2. Nombramientos de Comisionados no idóneos

Por otro lado, la politización en la elección de comisionados y comisionadas, sin una transparencia adecuada y negociando los votos para su elección ha puesto en grave riesgo la independencia y funcionamiento eficaz de la Comisión Interamericana. En la Asamblea General de 2003 realizada en Santiago de Chile se eligió, entre otros, al Comisionado Freddy Gutiérrez impulsado agresivamente por el gobierno de Venezuela. En febrero de 2005, en el marco de un Seminario Internacional en Oaxaca, el Comisionado Gutiérrez señaló que el Gobierno de Oaxaca no tenía por qué acatar las medidas cautelares dictadas por la CIDH, ya que sólo eran observaciones dictadas por la Secretaría de la CIDH y no por la Comisión. El 8 de marzo de 2005, la CIDH emitió la Resolución 1/05 señalando entre otras cosas que: "Las manifestaciones del Comisionado Freddy Gutiérrez Trejo se suman a otras que ha venido haciendo públicamente desde su incorporación a la CIDH en el sentido de desacreditar o desautorizar aspectos centrales de su trabajo de promoción y protección de los derechos humanos". Por ejemplo, ha señalado pública y reiteradamente que la "Comisión tiene una existencia casi virtual". El Comisionado Gutiérrez también ha afirmado públicamente que el Secretario Ejecutivo de la CIDH ha usurpado las funciones de la CIDH y que es él quien "decide admitir y procesar todos los expedientes en relación con cuestiones de fondo y medidas cautelares". Además, ha expresado en Colombia, en noviembre de 2004, que las medidas cautelares no son obligatorias, precisamente en el país con el mayor número de medidas cautelares que protegen a cientos de personas, en un contexto en donde el Estado nunca se ha opuesto a la obligatoriedad de cumplimiento de las medidas, y respecto a las cuales el propio Tribunal Constitucional colombiano ha señalado la obligatoriedad de su cumplimiento, reiterando reafirmar la obligación internacional que tienen los Estados miembros de la OEA de cumplir de las medidas cautelares dictadas por la Comisión Interamericana de Derechos Humanos (CIDH, 2005).

Por otro lado, a mediados de julio de 2007, en una decisión sin precedentes, la Comisión Interamericana decidió quitarle las funciones de relator sobre El Salvador, Uruguay y Panamá y sobre Migrantes al comisionado venezolano Freddy Gutiérrez, alegando que había filtrado información sobre casos en trámite de su país, y había abusado reiteradamente de su posición de relator para "atacar la integridad institucional y la imparcialidad" de la Comisión y había formulado "declaraciones falsas sobre asuntos y casos pendientes". Además, el comisionado Gutiérrez ha defendido su cercanía con Hugo Chávez, presidente de Venezuela. Este es el ejemplo más palpable de lo que puede suceder con la politización en la elección de los comisionados y comisionadas. No todos los miembros de la CIDH han tenido o tienen el mismo compromiso con los derechos humanos.

II.3. Atentados contra su autonomía e independencia desde la Secretaría General de la OEA

Otro intento por debilitar a la Comisión se dio en 2004, cuando el entonces Secretario General de la OEA, Miguel Ángel Rodríguez, quien posteriormente renunció acusado de corrupción en su país, emitió una Orden Ejecutiva estableciendo la creación de un Departamento de Derechos Humanos al interior de la Secretaría General de la OEA, con facultades que invadirían la autonomía y la independencia de la CIDH, estableciendo la dependencia financiera, política, organizacional y administrativa de la Secretaría Ejecutiva de la CIDH a esta nueva instancia de carácter eminentemente político. Con esta Orden Ejecutiva, se afectaba la independencia y autonomía de la CIDH (Coalición Internacional de Organizaciones de Derechos Humanos para las Américas, 2004). Ante la oposición de las organizaciones usuarias del sistema, de algunos Estados y de la propia CIDH, dicha Orden Ejecutiva fue echada abajo cuando tomó posesión el actual Secretario General de la OEA, Miguel Insulza.

11.4. Atentados contra su autonomía desde dentro de la CIDH

El intento más reciente de debilitamiento de la Comisión ha sido en relación a la sustitución del actual Relator sobre Libertad de Expresión. Como se mencionó anteriormente, esta relatoría es la única encargada a una persona que no es comisionado de la CIDH. El 28 de octubre de 2007 se hizo público un voto disidente de los Comisionados Abramovich y Carozza, denunciando que el 27 de febrero del mismo año se había tomado el acuerdo, por consenso en el seno de la CIDH, de abrir a convocatoria el puesto de Relator Especial en octubre de 2007, para ser seleccionado en marzo del 2008, por que el actual relator había perdido el respaldo de la Comisión. Estos comisionados señalaron que, debido a que esta decisión no se hizo pública, el Relator Especial realizó un intenso cabildeo entre los Estados miembros de la OEA y con el Secretario General, así como con distintos Comisionados de la CIDH, dando como resultado que se revirtiera la decisión previa de la Comisión. En su voto disidente, los Comisionados Abramovich y Carozza señalan la gravedad de esta situación y el riesgo enorme para la autonomía de la Comisión que implicaría la intervención política externa en un asunto que es competencia exclusiva de la misma, con lo que se estaría frente a un "grave retroceso institucional". Finalmente, al parecer, después de protestas por parte de las organizaciones no gubernamentales usuarias del sistema, el presidente de la CIDH, Florentín Meléndez, se comprometió a la elección de un nuevo relator en el año 2008.

12. El papel de la sociedad civil

Las organizaciones de derechos humanos del continente han jugado un papel fundamental para el desarrollo del sistema interamericano y de la jurisprudencia de la Comisión. Por otro lado, el papel jugado por las organizaciones civiles de derechos humanos usuarias del Sistema Interamericano de Protección de los Derechos Humanos para evitar la consumación de los intentos para debilitarlo ha sido fundamental. Sin su trabajo, presión y cabildeo quizá estaríamos frente a un panorama totalmente diferente, con una Comisión dependiente y politizada. Como lo señala Santiago Cantón, actual Secretario Ejecutivo de la Comisión, para que "el sistema de protección lograra cumplir con las expectativas iniciales de sus fundadores" se necesitaba la participación de "personas que actuaran frente a la barbarie opresora y asesina del aparato estatal de varios países de la región", uniéndose "para, de manera organizada, poder enfrentar la violencia estatal. Ese movimiento de derechos humanos se inició en el Cono Sur, en Brasil, Argentina, Chile y Perú, y avanzó por toda la región, habiéndose transformado hoy en día en una pieza clave que impulsa sin descanso el sistema interamericano de derechos humanos" (Cantón, 2007).

13. Conclusiones

El Sistema Interamericano de Protección a los Derechos Humanos, es quizá el más importante y mejor fruto de la Organización de los Estados Americanos. La legitimidad y efectividad de la CIDH ha crecido con el transcurso de los años. Lo anterior se expresa a través de un constante incremento en el número de personas que acuden a la Comisión a presentar casos o solicitan audiencias durante los períodos de sesiones de la misma. También se ha incrementado la utilización de jurisprudencia de la CIDH por varios tribunales de la región y el número de soluciones amistosas alcanzadas entre los peticionarios y los Estados. Dentro de los impactos que ha tenido se encuentran:

1. contribuir en el fin de varias dictaduras en el continente;

2. actuar como una alerta temprana frente a situaciones que comprometen la consolidación de la democracia;

3. salvar numerosas vidas;

4. lograr la liberación un gran número de personas detenidas arbitrariamente;

5. alcanzar justicia en casos individuales;

6. desarrollar estándares internacionales en materia de derechos humanos y su utilización por los tribunales nacionales;

7. crear normas emergentes sobre el derecho a la verdad, libertad de expresión, defensores de derechos humanos, libertad de expresión, etc.;

8. generar cambios legislativos favorables a los derechos humanos como resultado de sus recomendaciones;

9. forjar cambios o desarrollo de políticas públicas con enfoque en derechos humanos en varios países del continente;

10. fundar una dinámica de expansión de derechos;

11. presentar casos a la Corte Interamericana que han desarrollado un importante cuerpo de jurisprudencia en relación al debido proceso, democracia, derechos de los Pueblos Indígenas y un gran número de temas;

12. ser una esperanza para las víctimas de violaciones a los derechos humanos en los países latinoamericanos donde los sistemas de justicia no son adecuados;

13. constituirse como potenciador de los esfuerzos hechos por la sociedad civil de los diferentes países del hemisferio para impulsar cambios en los sistemas de justicia y el fortalecimiento del Estado de Derecho.

Hasta ahora, la Comisión ha tenido éxito para crear, dentro de sus escasas facultades, mecanismos para proteger los derechos humanos. Ha sido la propia Comisión quien ha impulsado y logrado la ampliación de sus facultades, primero interpretando de manera amplia su Estatuto y después logrando que los mecanismos por ella creados fueran reconocidos en los mismos y en la Convención.

Existen varias razones que explican el éxito hasta ahora alcanzado por la Comisión:

1. la visión, entrega y audacia de muchas de las personas que han formado parte de la misma, empezando por su primer presidente, Rómulo Gallegos;

2. los momentos históricos que han forzado a los Estados americanos a tomar acciones para establecer y fortalecer un sistema de protección a los derechos humanos;

3. la voluntad de algunos Estados, en momentos históricos específicos, para impulsar el fortalecimiento del sistema. Como se puede observar de la evolución de la Comisión descrita anteriormente, un mismo Estado en cierto momento histórico como Perú, ha podido apoyar o intentar socavar la eficacia de la Comisión;

4. la utilización por parte de la Comisión de todas las herramientas que ha ido desarrollando en el transcurso de los años: visitas *in loco*, informes de país y temáticos, medidas cautelares, tramitación de casos individuales, soluciones amistosas, presentación de casos ante la Corte Interamericana, establecimiento de audiencias, funciones de mediación, desarrollo de jurisprudencia, entre otros;

5. el papel desempeñado por las organizaciones de la sociedad civil usuarias del sistema para buscar el fortalecimiento del mismo.

A pesar de lo anterior, podemos decir que el Sistema Interamericano de Derechos Humanos, y en particular la Comisión Interamericana de Derechos Humanos, no está blindada contra los intentos de diferentes países miembros de la OEA para debilitarla o restarle facultades. Es necesario vigorizarla incrementando su presupuesto, garantizando su autonomía y mejorando el método de selección de sus miembros para hacerla más transparente y, de esta forma, fortalecer su independencia. Así se logrará transformarla en una institución de carácter permanente, alcanzando, también, la universalización del sistema mediante la ratificación de los tratados interamericanos por todos los miembros de la OEA y haciendo que los órganos políticos de esta Organización actúen verdaderamente como garantes colectivos del cumplimiento de sus recomendaciones.

Bibliografía

Altolaguirre, Martha (2003), "Palabras de Marta Altolaguirre Larraondo, Presidente de la Comisión Interamericana de Derechos Humanos, en la Presentación del Informe Anual 2002 de la CIDH a la Comisión de Asuntos Jurídicos y Políticos del Consejo Permanente de la OEA". CIDH. Washington, D.C. 2 de abril. En línea disponible en: <http://www.cidh.org/Discursos/04.02.03.htm>. Acceso: 23 de Octubre de 2007.

Álvarez Gil, Roberto (2007), "Desafíos y Retos en el Uso del Sistema Interamericano". IIDH. XXV Curso Interdisciplinario en Derechos Humanos. Sistema Interamericano de Protección de Derechos Humanos. San José, Costa Rica, 10 de julio de 2007. En línea disponible en: <http://www.iidh.ed.cr/BibliotecaWeb/PaginaExterna.aspx?url=/BibliotecaWeb/Varios/Documentos/BD_2061358847/38.%20RAlvarez_doc.pdf> Acceso: 12 de Octubre de 2007.

Ayala Corao, Carlos (2007), "Palabras del Presidente de la Comisión Interamericana de Derechos Humanos, Dr. Carlos Ayala Corao, en la Sesión Inaugural del 102º Periodo Ordinario de Sesiones". CIDH. Washington, D.C. 22 de febrero de 1999. En línea disponible en: <http://www.cidh.org/Discursos/2.22.99.htm> Acceso: 23 de Octubre de 2007.

Cantón, Santiago A. (2007), "El Sistema Interamericano: Antecedentes Históricos y Estado Actual. Instituto Interamericano de Derechos Humanos". IIDH. XXV Curso Interdisciplinario en Derechos Humanos. Sistema Interamericano de Protección de Derechos Humanos. San José, Costa Rica, 10 de julio de 2007. En línea disponible en: http://www.iidh.ed.cr/BibliotecaWeb/PaginaExterna.aspx?url=/BibliotecaWeb/Varios/Documentos/BD_2061358847/10.%20SCanton_doc.pdf Acceso: 12 de Octubre de 2007.

Cantón, S.A (2002), "Presentación del Dr. Santiago A. Cantón, Secretario Ejecutivo de la CIDH". OEA. Consejo Permanente. Comisión de Asuntos Jurídicos y Políticos. Reunión Conjunta de la Corte Interamericana de Derechos Humanos (Corte IDH) y la Comisión Interamericana de Derechos Humanos. OEA/Ser. G. CP/CAJP-1950/02, 3 de Mayo de 2002. En línea disponible en: <http://www.oas.org/xxxiiga/espanol/documentos/docs_esp/cpcajp1950_02.htm> Acceso: 23 de Octubre de 2007.

CIDH (2007a), *El acceso a la justicia como garantía de los derechos económicos, sociales y culturales. Estudio de los estándares fijados por el sistema interamericano de derechos humanos.* 2007. En línea disponible en: <http://www.cidh.org/pdf%20files/ACCESO%20A%20LA%20JUSTICIA%20DESC.pdf> Acceso: 28 de Diciembre de 2007.

CIDH (2007b), *Acceso a la Justicia para las Mujeres Víctimas de Violencia en las Américas.* 2007. En línea disponible en: <http://www.cidh.org/pdf%20files/Informe%20Acceso%20a%20la%20Justicia%20Espanol%20020507.pdf> Acceso 20 de Diciembre de 2007.

CIDH (2007c), *Estudio Especial sobre el Derecho de Acceso a la Información.* 2007. En línea disponible en: http://www.cidh.org/countryrep/Defensores/DEFENDERS.SPANISH.pdf Acceso: 20 de Diciembre de 2007.

CIDH (2006a), *Las Mujeres frente a la Violencia y la Discriminación Derivadas del Conflicto Armado en Colombia.* 2006. En línea disponible en: http://www.cidh.org/countryrep/ColombiaMujeres06sp/indicemujeres06sp.htm Acceso: 20 de Diciembre de 2007.

CIDH (2006b), *Informe sobre la Situación de las Defensoras y Defensores de los Derechos Humanos en las Américas.* 2006. En línea disponible en: http://www.cidh.org/countryrep/Defensores/DEFENDERS.SPANISH.pdf Acceso: 20 de Diciembre de 2007.

CIDH (2005), "Resolución 1/05. 8 de Marzo de 2005". En línea disponible en: http://www.cidh.org/resolucion1.05.htm

Acceso: 20 de Diciembre de 2007.

CIDH (2003), *Situación de los Derechos de la Mujer en Ciudad Juárez, México: El Derecho a no ser Objeto de Violencia y Discriminación*. 2003. En línea disponible en: http://www. cidh.org/annualrep/2002sp/cap.vi.juarez.htm Acceso: 20 de Diciembre de 2007.

CIDH (2001a), *Fuentes en el Derecho Internacional y Nacional del Proyecto de Declaración Americana sobre los Derechos de los Pueblos Indígenas*. 2001. En línea disponible en: http://www. cidh.org/Indigenas/Indigenas.sp.01/Indice.htm Acceso: 20 de Diciembre de 2007.

CIDH (2001b), *Declaración de Principios sobre Libertad de Expresión*. 2001. En línea disponible en: http://www.cidh.org/ Basicos/Basicos13.htm Acceso: 20 de Diciembre de 2007.

CIDH (2000), *La situación de los derechos humanos de los indígenas en las Américas*. En línea disponible en: http://www. cidh.org/Indigenas/indice.htm Acceso 20 de Diciembre de 2007.

CIDH (1998), *Informe de la Comisión Interamericana de Derechos Humanos sobre la Condición de la Mujer en las Américas*. En línea disponible en: http://www.cidh.org/women/Mujeres98/Mujeres98.htm Acceso: 20 de Diciembre de 2007.

CIDH (1997), *Informe Anual 1996*, OEA/Ser. L/V/II.95/ Doc. 7 rev., 14 de marzo 1997. En línea disponible en: < http:// www.cidh.org/annualrep/96span/IA1996Indice.ht > Acceso: 20 de Diciembre de 2007.

CEJIL (2006), *Construyendo los Derechos del Niño en Las Américas*. Save the Children. Suecia. Segunda Edición. En línea disponible en: <http://www.scslat.org/search/publi.php?_cod_31_lang_s> Acceso: 12 de Octubre de 2007.

Coalición Internacional de Organizaciones para los Derechos Humanos en las Américas (2004), "Comentarios y propuestas sobre la Reorganización de la Secretaría General". Carta al Dr. Luigi R. Eunaudi. Secretario General Interino de la OEA. 28 de Octubre de 2004. En línea disponible en: http:// www.frayba.org.mx/archivo/boletines/041028_reorganizacion_secretaria_oea.pdf Acceso: 20 de Octubre de 2007.

D'Alotto, Alberto (2007), *El sistema Interamericano de Protección de los Derechos Humanos y su Contribución a la Protección de los Refugiados en América Latina*. En línea disponible en: http://www.acnur.org/biblioteca/pdf/3190.pdf Acceso: 20 de Octubre de 2007

Dulitzky, Ariel E. (2001), "La Comisión Interamericana de Derechos Humanos". IIDH. XIX Curso Interamericano de Derechos Humanos. La Participación Política. En línea disponible en: <http://www.iidh.ed.cr/BibliotecaWeb/PaginaExterna.aspx?url=/BibliotecaWeb/Varios/Documentos/BD_2013172078/ARIEL%20DULITZKY.pdf> Acceso> 23 de Octubre de 2007.

Dulitzky, Ariel E. (2007), "The Interamerican Commision on Human Rights" en *Victims Unsilenced. The Inter-American Human Rights System and Transitional Justice in Latin America. Due Process of Law Foundation.* 2007. Washington, D.C. En línea disponible en: <http://www.dplf.org/uploads/1190403828.pdf> Acceso: 31 de Octubre de 2007.

Faúndez Ledesma Héctor (1999), *El sistema Interamericano de Protección de los Derechos Humanos. Aspectos Institucionales y Procesales.* IIDH. 2ª edición.

Fernández de Daniels, Gloriana y Ali Daniels (2004), "El Sistema Interamericano de Protección a los Derechos Humanos: Características y Funcionamiento". Manual de Participantes para Jueces y Juezas. Proyecto Capacitación de Jueces en Derechos Tribunal Supremo de Justicia. Amnistía Internacional, Sección Venezolana, Programa de las Naciones Unidas para el Desarrollo. Primera Edición. Módulo III. Lectura 7. En línea disponible en: <http://www.jueces.org.ve/download.htm> Acceso: 4 de Noviembre de 2007.

Global Rights (2004), "Compañeros por la justicia. El Uso del Sistema Interamericano para los Derechos Humanos. Guía Práctica para ONGs". Mayo de 2004. En línea disponible en: <http://www.flacso.org.do/libros/Inter-American_Spanish_Final.pdf> Acceso: 1 de Noviembre de 2007.

Goldman, Robert (2006), *El impacto del Sistema Interamericano de Derechos Humanos en el Orden Interno de la Argenti-*

na. *Ministerio de Relaciones Exteriores, Comercio Internacional y Culto. Buenos Aires, Argentina.* 30 de Octubre de 2006. En línea disponible en: <http://www.mrecic.gov.ar/portal/prensa/comunicado.php?buscar=2445&fecha=30/10/2006&numero=499/06&titulo=EL%20IMPACTO%20DEL%20SISTEMA%20INTERAMERICANO%20DE%20DERECHOS%20HUMANOS%20EN   EL%20ORDEN%20INTERNO%20DE%20LA%20ARGENTINA> Acceso: 12 de Octubre de 2007.

Grossman, Claudio (1998), "Los Desafíos Actuales del Sistema Interamericano de Derechos Humanos en el Contexto de la Integración Hemisférica". Rights and Democracy. Seminario Fortaleciendo el Sistema Interamericano de Derechos Humanos: El Debate Actual. Montreal, Canadá. 4 al 6 de febrero de 1998. En línea disponible en: <http://www.dd-rd.ca/site/publications/index.php?id=1287&lang=es&page=2&subsection=catalogue> Acceso: 23 de Octubre de 2007

Grossman, Claudio (2001), "Discurso del Decano Claudio Grossman, Presidente de la Comisión Interamericana de Derechos Humanos, en la Presentación del Informe Anual 2000 de la CIDH a la Comisión de Asuntos Jurídicos y Políticos del Consejo Permanente de la OEA". CIDH. Washington, D.C. 26 de abril de 2001. En línea disponible en: <http://www.cidh.org/Discursos/04.21.01.htm> Acceso: 23 de Octubre de 2007.

Grossman, Claudio (2003), "Examen de comunicaciones: Experiencia de la Comisión Interamericana de Derechos Humanos" en AA.VV. *Memoria del Seminario El Sistema Interamericano de Protección de los Derechos Humanos en el Umbral del siglo XXI.* Corte Interamericana de Derechos Humanos. 23-24 de noviembre de 1999. San José, Costa Rica. En línea disponible en: <http://www.bibliojuridica.org/libros/libro.htm?l=2454> Acceso: 12 de Octubre de 2007.

Insulza, José Miguel (2007), "Presentación del Secretario General" OEA. Comisión Interamericana de Derechos Humanos. Washington, D.C. Sesión Inaugural del 127 Periodo de Sesiones, 26 de Febrero de 2007. En línea

disponible en: < http://www.oas.org/speeches/speech.
asp?sCodigo=07-0020>. Acceso: 2 de noviembre de 2007
López Gareli, Mario (2004), "El Papel de la CIDH en la
Evolución del Sistema Interamericano de Protección y Pro-
moción de los Derechos Humanos" en Seminario Los Ins-
trumentos de Protección Regional e Internacional de los
Derechos Humanos. 2004. México. Secretaría de Relaciones
Exteriores.
Martín, Claudia y Diego Rodríguez Pinzón (2005), "La
Prohibición de la Tortura y los Malos Tratos en el Sistema
Interamericano. Manual para Víctimas y sus Defensores".
OMCT. 2005. Serie de Manuales. Segundo Tomo. En línea
disponible en: <http://www.omct.org/pdf/UNTB/2006/
handbook_series/vol2/esp/handbook2_esp_01_parte1.pdf>
Acceso: 4 de Noviembre de 2007
Medina Quiroga, Cecilia y Claudio Nash Rojas (2007), Sis-
tema Interamericano de Derechos Humanos: Introducción a sus
Mecanismos de Protección. Universidad de Chile. Facultad de
Derecho. Centro de Derechos Humanos. Abril 2007. En lí-
nea disponible en: http://www.publicacionescdh.uchile.cl/
Libros/SIDH.pdf Acceso: 1 de Noviembre de 2007
Meléndez, Florentín (2007a), "Las Relatorías de la Comisión
Interamericana de Derechos Humanos y las Medidas Cau-
telares" IIDH. XXV Curso Interdisciplinario en Derechos
Humanos. Sistema Interamericano de Protección de Dere-
chos Humanos. San José, Costa Rica, 10 de julio de 2007. En
línea disponible en:
<http://www.iidh.ed.cr/BibliotecaWeb/PaginaExter-
na.aspx?url=/BibliotecaWeb/Varios/Documentos/
BD_850222371/F_Melendez.pdf> Acceso: 27 de Octubre de
2007.
Meléndez, Florentín (2007b), "Presentación del Informe
Anual 2006 de la Comisión Interamericana de Derechos Humanos por el Presidente de la CIDH Florentín Meléndez".
CIDH. 29 de Marzo de 2007. Washington, D.C. En línea
disponible en: <http://www.cidh.org/Discursos/03.29.07sp.
htm> Acceso: 12 de Octubre de 2007.

Méndez, Juan E. (2003), "Comisión Interamericana de Derechos Humanos" en James A. (Comp) *Sesión de Trabajo sobre la Implementación de los Compromisos y los Estándares Internacionales de los Derechos Humanos en el Sistema Interamericano. The International Justice Project.* 1 de Marzo de 2003. En línea disponible en: ‹http://www.internationaljusticeproject.org/interAmStandEsp.pdf› Acceso: 31 de Octubre de 2007.

Méndez, Juan E. (2002a), "La Comisión Interamericana de Derechos Humanos". IIDH. XX Curso Interdisciplinario. 24 de julio de 2002. En línea disponible en: ‹http://www.defensoria.gob.ve/detalle.asp?sec=1407&id=881&plantilla=8› Acceso: 20 de Octubre de 2007

Méndez, Juan E. (2002b), "Presentación del Presidente de la CIDH, Doctor Juan Méndez". OEA. Reunión Conjunta de la Corte Interamericana de Derechos Humanos y la Comisión Interamericana de Derechos Humanos. OEA. Consejo Permanente. Comisión de Asuntos Jurídicos y Políticos. OEA/Ser. G. CP/CAJP-1931/02. 23 de Abril de 2002. En línea disponible en: ‹http://www.oas.org/consejo/sp/cajp/docs/cp09649s04.doc›. Acceso: 1de Noviembre de 2007.

Méndez, Juan E. (2002c), "Afirmar la Democracia y Superar la Retórica Pura" *Revista del Instituto para la Defensa Legal.* Ideele 149. Lima. Septiembre de 2002. En línea disponible en: ‹http://www.idl.org.pe/idlrev/revistas/149/149juanmendez.pdf ›. Acceso: 1 de noviembre de 2007

Méndez, Juan E. (2002d), "Mensaje del Dr. Juan E. Méndez, Presidente de la Comisión Interamericana de Derechos Humanos, en la Presentación del Informe Anual 2001 de la CIDH a la Comisión de Asuntos Jurídicos y Políticos del Consejo Permanente de la OEA". CIDH. 30 de abril de 2002. En línea disponible en: ‹http://www.cidh.org/Discursos/04.30.02.htm› Acceso: 23 de Octubre de 2007.

Padilla, David J. (2003), "*The Interamerican Commission on Human Rights: The Dominican Republic and Suriname*" en AA.VV. *Memoria del Seminario El Sistema Interamericano de Protección de los Derechos Humanos en el Umbral del siglo XXI.* Corte Interamericana de Derechos Humanos. 23-24 de noviembre de

1999. San José, Costa Rica. En línea disponible en: <http://
www.bibliojuridica.org/libros/libro.htm?l=2454> Acceso: 12
de Octubre de 2007

Rincón Eizaga, Lorena (2004), "La protección de los derechos
humanos en las Américas", *Revista de Ciencias Sociales* Vol.
X, No. 3, Septiembre – Diciembre 2004. En línea disponible
en: <http://oai.redalyc.uaemex.mx/redalyc/src/inicio/Ar-
tPdfRed.jsp?iCve=28010309&iCveNum=5488> Acceso> 4 de
Noviembre de 2007.

Ríos, Lidiana (2005), *Effectiveness of the Inter-American
Commission on Human Rights – A Case Study of Nicaragua,
1978–1992*. Pace University. En línea disponible en: http://
digitalcommons.pace.edu/honorscollege theses/25 Acceso:
16 de Noviembre de 2007.

Rivera, José Antonio (2003), "Limitaciones en las acciones y
resoluciones de la Comisión Interamericana de los Derechos
Humanos". Programa Regional de Apoyo a las Defensorías
del Pueblo. *Cuadernos Electrónicos* Nº 01, Derechos Humanos
y Democracia. 2003. En línea disponible en: <http://www.
portalfio.org/cuadernos/rivera.htm> Acceso> 23 de Octubre
de 2007.

Rodríguez Pinzón, Diego (2006), "La Comisión Interamericana de Derechos Humanos" en Guevara, José Antonio,
Claudia Martín y Diego Rodríguez Pinzón, *Derecho Internacional de los Derechos Humanos*, México: Fontamara, Aca-
demy of Human Rishts & Humanitarian Law y Universidad Iberoamericana. Segunda Edición. Capítulo VI. Págs.
173-207.

Salazar Soplapuco, Jorge. "El Sistema Interamericano de los
Derechos Humanos". *Revista Jurídica Cajamarca*. En línea
disponible en: http://www.galeon.com/donaires/REVIS-
TA5/interamerica.htm

Santoscoy, Bertha (2003), "Las visitas *in loco* de la Comisión Interamericana de Derechos Humanos" en AA.VV.
*Memoria del Seminario El Sistema Interamericano de Protección
de los Derechos Humanos en el Umbral del siglo XXI*. Corte Interamericana de Derechos Humanos. 23-24 de noviembre de

1999. San José, Costa Rica. En línea disponible en: <http://
www.bibliojuridica.org/libros/libro.htm?l=2454> Acceso: 12
de Octubre de 2007
Taiana, Jorge E (2003), "El Caso de la Comisión Interamericana de Derechos Humanos", en AA.VV. *Memoria del Seminario El Sistema Interamericano de Protección de los Derechos
Humanos en el Umbral del siglo XXI.* Corte Interamericana de
Derechos Humanos. 23-24 de noviembre de 1999. San José,
Costa Rica. En línea disponible en: <http://www.bibliojuri-
dica.org/libros/libro.htm?l=2454> Acceso: 12 de Octubre de
2007.
Tirado, Álvaro (2001), "Avances, Fortalezas y Desafíos del
Sistema Interamericano de Derechos Humanos". Presentación en el Seminario: El Sistema Interamericano Frente
al Nuevo Siglo. Rionegro, Antioquia, Colombia. 21, 22 y 23
de marzo de 2001. En línea disponible en: <http://www.oas.
org/juridico/spanish/alvaro_tirado_mejía.htm> Acceso: 23
de octubre de 2007.
Anuario de Derechos Humanos (2007), "Simposio *Una Revisión Crítica del Sistema Interamericano de Derechos Humanos:
Pasado, Presente y Futuro*". Universidad de Chile. Facultad de
Derecho. Centro de Derechos Humanos. En línea disponible
en: <http://www.anuariocdh.uchile.cl/anuario03/5-Simpo-
sio/anuario03_simposio.pdf> Acceso: 4 de Noviembre de
2007.
Informe Anual sobre Derechos Humanos en Chile (2004),
Chile frente a los Órganos Internacionales de Derechos Humanos.
Universidad Diego Portales, Facultad de Derecho. Capítulo
3. En línea disponible en: <http://www.udp.cl/derecho/de-
rechoshumanos/informesddhh/informe_04/15.pdf> Acceso:
31 de Octubre de 2007.
Vargas Carreño, Edmundo (2003), "Funciones de la Comisión Interamericana de Derechos Humanos: Observaciones
in loco e informes de la Comisión Interamericana de Derechos Humanos" en AA.VV. *Memoria del Seminario El Sistema Interamericano de Protección de los Derechos Humanos en el
Umbral del siglo XXI.* Corte Interamericana de Derechos Hu-

manos. 23-24 de noviembre de 1999. San José, Costa Rica. En línea disponible en: <http://www.bibliojuridica.org/libros/ libro.htm?l=2454> Acceso: 12 de Octubre de 2007.

Una institución acosada por la política: el Instituto Federal Electoral mexicano

por
Citlali Villafranco Robles

Una institución acosada por la política: el Instituto Federal Electoral Mexicano[1]

Citlali Villafranco Robles

La intención de este trabajo es analizar desde una perspectiva institucional el desempeño del Instituto Federal Electoral en México (IFE). Una de las hipótesis que se han planteado, y que sometemos a examen, es que el Instituto Federal Electoral es una institución que se mueve en un espacio en el que existen interacciones de actores gubernamentales, políticos y sociales que buscan obtener ventajas identificando los puntos débiles de la institución. Consecuentemente, al reto de organizar y vigilar los procesos electorales, que es su cometido por antonomasia, el Instituto Federal Electoral suma la existencia de dos puntos que lo hacen vulnerable: (i) la manera como se procesan y realizan los nombramientos de los miembros del Consejo General, cuya finalidad es garantizar autonomía e imparcialidad, (ii) junto con las dificultades para asegurar el desarrollo de procesos electorales equitativos.

La primera vulnerabilidad es justamente resultado de la interacción de los actores que intervienen en la designación de los miembros del Consejo General. Esta designación es realizada por las fracciones parlamentarias de los partidos políticos, lo que supone que el nombramiento deba alcanzarse con el acuerdo de todos los partidos políticos relevantes, lo que implica que esos partidos hayan logrado los equilibrios necesarios para producir consenso. Esta es, evidentemente, la situación ideal. Sin embargo, en el diseño mismo se posibilita que, en ausencia de esos acuerdos consensuados, puedan construirse acuerdos por mayoría, lo que consecuentemente expresa la existencia de problemas en la construcción de los equilibrios requeridos, falta de consenso y déficit de confianza.

[1]Este documento fue mejorado gracias a la atenta lectura y comentarios de Orlando Delgado Selley.

La otra fuente de vulnerabilidad que enfrenta el Instituto
Federal Electoral es la que se deriva de la dificultad para garantizar procesos electorales equitativos. Las razones de esto
tienen que ver con las capacidades limitadas del IFE y los
problemas que se enfrentan para fiscalizar y limitar, durante
la competencia electoral, la interacción de los partidos políticos con los medios de comunicación. Se trata del hecho de
que los medios electrónicos tienen la posibilidad de influir a
favor o en contra de alguno de los candidatos, lo que cuestio-
na severamente la equidad en la competencia. Ello implica el
debilitamiento del Instituto Federal Electoral.

En este trabajo, nos proponemos explicar estas dos vul-
nerabilidades, que denotaremos como una doble tensión.
Nuestro planteo es que tanto la configuración del IFE como
su desempeño tienen que ser explicadas por el juego de interacciones que ocurren en el sistema político. Sostenemos
que la formación y desarrollo del IFE resulta de tensiones,
demandas y acuerdos políticos y que, en consecuencia, es
imposible que durante el ejercicio de sus funciones escape
a las relaciones que se dan en la lucha política, y por tanto
a las diversas correlaciones de fuerzas que se producen. Del
mismo modo que es altamente improbable que los actores
involucrados en los procesos electorales resistan la tentación
de influir –si están en condiciones de hacerlo— en la conducción de los procesos electorales.

Para realizar este ejercicio utilizaremos el marco analítico propuesto por el neoinstitucionalismo, que plantea que
las instituciones son las reglas del juego en una sociedad, las
limitaciones ideadas por el hombre que dan forma a la interacción humana. El cumplimiento de las reglas no necesariamente implica que se cumpla con los objetivos de construcción de procesos equitativos, lo que explica la existencia de
incentivos no deseados en el intercambio humano, sea este
político, social o económico (North, 1990: 13) Siguiendo este
razonamiento, entendemos que la dinámica de funcionamiento del Instituto Federal Electoral obliga a tener siempre presente la idea de que no obstante las reglas de juego

formales, también existen conductas sociales orientadas y regidas por reglas no formales. En nuestro marco analítico resulta fundamental la distinción entre instituciones formales e informales, ya que es la combinación de estas diferentes instituciones la que permite explicar la existencia de cálculos y estrategias cooperativas establecidas por los actores políticos.

Para el desarrollo de nuestro análisis incorporaremos el planteamiento de que existen actores estratégicos que son capaces de determinar cambios institucionales y de influir en el desempeño del IFE. Con este fin, seguimos lo planteado por Tsebelis (2006), quien parte de una premisa central que resulta de fundamental importancia cuando se analiza al Instituto Federal Electoral, los votantes, los representantes de organizaciones no gubernamentales y los propios partidos se preocupan por los resultados políticos. Estos resultados de la política son el producto de dos factores esenciales: las preferencias políticas de todos los actores implicados y la manera en que funcionan las instituciones predominantes.

En el análisis del funcionamiento de estas instituciones resulta fundamental considerar que en todas las instituciones políticas (tipo de régimen, parlamentos, sistemas de partidos, partidos, etc.) existen jugadores que tienen capacidad de veto: actores cuyo consenso es indispensable para un cambio de *status quo*. El número y la ubicación de estos jugadores con veto, por supuesto, afectan la estabilidad política estableciendo las condiciones requeridas para procesar los cambios institucionales fundamentales. Estos jugadores con capacidad de veto pueden ser individuales, como el Presidente de la República, o colectivos, como los partidos políticos. En cada país los jugadores con capacidad de veto son especificados por la Constitución o por el funcionamiento del sistema político en el que se reconoce a ciertos actores esa condición. Por supuesto, cada sistema político tiene una configuración de jugadores con capacidad de veto y sus características afectan el conjunto de resultados que pueden modificar el orden establecido.

Con base en las consideraciones hechas, la exposición que se presenta se integra en cinco apartados cuyo hilo conductor es la búsqueda y exposición de los principios de imparcialidad y equidad. La primera parte, que aborda los antecedentes de la organización electoral en México, presenta dos períodos de la organización electoral en los que es posible apreciar la importancia de los jugadores con capacidad de vetos institucionales y partidarios en la redefinición de las reglas. El período 1917-1943 se caracteriza por la descentralización de la organización electoral y la ausencia de reglamentación de la competencia electoral. Mostraremos cómo, en el diseño institucional de esa época, se reconoce la importancia de jugadores partidarios con una capacidad de veto de carácter regional, al tiempo que se ilustran las dificultades para hacer efectivos tanto el principio de imparcialidad como el de equidad. El período 1946-1989 se caracteriza por la centralización de la organización electoral y el interés por fomentar una competencia política limitada y controlada por un jugador de veto institucional: el Presidente de la República.

La segunda parte del texto, donde se analiza la creación y ciudadanización del Instituto Federal Electoral, expone las reformas electorales de 1990, 1994 y 1996, que sucesivamente restaron importancia al jugador institucional (Presidente) con capacidad de veto y las trasladaron a otro jugador de veto institucional, pero colectivo (el Legislativo), y a los jugadores de veto colectivos (partidos). Esta nueva configuración de los actores relevantes para las modificaciones institucionales propició que se ampliaran las posibilidades para hacer efectivos los principios de imparcialidad y equidad. Aprovechando el proceso de renovación del Consejo General del IFE en 2003, se expone una tesis fundamental en nuestro análisis: un avance importante como la ampliación del número de jugadores con capacidad de veto, evidentemente provoca dificultades para construir acuerdos consensuados, pero ello garantiza estabilidad. De no ocurrir esos consensos se generan problemas trascendentes que pueden ser causa de debilidades institucionales difíciles de revertir.

La tercera parte, en la que se analiza el IFE y su propósito de asegurar la equidad, se ocupa de la descripción de la operación del Instituto en relación con el control y supervisión de las campañas políticas y el uso del dinero. Un asunto relevante es el de la participación de los medios de comunicación electrónicos y su responsabilidad en la consecución de la equidad en la contienda electoral.

La cuarta parte del texto, que recorre introductoriamente la cuestión de la re-configuración del Instituto Federal Electoral, aborda la reforma electoral de 2007. En esta parte se destaca que la reforma implica un cambio de un modelo electoral en el que fue posible que uno de los jugadores con capacidad de veto fuera excluido del proceso en el que se nombró al Consejo General, lo que no garantizó la imparcialidad indispensable, hacia otro modelo en el que se que busca garantizar los principios de imparcialidad, asegurando que los jugadores de veto relevantes participen en la designación de los consejeros electorales y que, además, amplíe las posibilidades de que esa autoridad electoral garantice la equidad en el desarrollo de los procesos electorales.

En la quinta parte, se expone como conclusión central la posibilidad de que tras la reforma electoral de 2007 el Instituto Federal Electoral se fortalezca y recupere los espacios de confianza que había perdido. Junto con esta conclusión se desarrolla ampliamente el argumento de que los problemas para garantizar la equidad y el consecuente desgaste que el cumplimiento de esta tarea le genera al Instituto Federal Electoral pudieran no desaparecer, ya que son resultado de las características estructurales de la democracia representativa.

1. Antecedentes de la organización electoral en México

En México hay una larga historia electoral. Sin embargo, hasta antes de 1997 no existía un organismo autónomo encargado de organizar los procesos electorales,[2] y tampoco existía

---

[2] El Instituto Federal Electoral cumple otras funciones fundamentales: reúne las

una legislación que se propusiera impulsar el acceso equitativo de los partidos políticos a los medios de comunicación. El resultado es que hasta ese año no se podía considerar que en México se desarrollaran elecciones que cumplieran con los requerimientos democráticos. La ausencia de una institucionalidad electoral democrática, en el caso mexicano, se condensa en la inexistencia de un órgano electoral autónomo, el Instituto Federal Electoral (IFE). Este es, ni más ni menos, el organismo encargado de administrar el conflicto político durante los tiempos de competencia electoral entre los actores interesados. Se trata de una institución determinada por las otras instituciones que integran el sistema político y a las que también afecta, en tanto que es el árbitro de la competencia político-electoral.

Es en la legislación electoral en donde, a lo largo de prácticamente todo el siglo XX, se trató de determinar las características de los partidos políticos y del conjunto del espacio electoral. No se trata, evidentemente, de una historia lineal y acumulativa en la que se van precisando aspectos y se añaden nuevos elementos a partir del acuerdo de los diferentes participantes. Se trata, por el contrario, de una historia de idas y venidas, de rupturas y continuidades, explicadas por las características de la lucha política entre los partidos políticos y entre fuerzas políticas a las que la legislación no les reconocía la calidad de partidos. De ahí que la legislación electoral deba ser contemplada como un lento y contradictorio proceso de armado institucional que se transforma continuamente, introduciendo constantes modificaciones en diversos sentidos políticos que impactan al sistema de partidos.

Con el propósito de observar este complejo proceso de armado institucional que el propio régimen ha ido formulando en materia electoral, conviene hacer una revisión analítica de la evolución de las leyes en esta materia. De acuerdo con el objetivo e hipótesis planteados que sostienen que los problemas de desempeño que enfrenta el IFE se encuentran en el equilibrio entre los principios de imparcialidad y equidad, el análisis de la legislación electoral nos remite a tres aspectos que aparecen separados en la legislación: primero, las características del órgano encargado de organizar la elección; segundo, lo referido a los partidos políticos, su definición, derechos, obligaciones y atribuciones; tercero, las campañas electorales y en su difusión a través de los medios de comunicación.

No resulta extraño que la institucionalidad electoral en México fuera determinada por las propias características del sistema político y por la fuerza de los actores en disputa. En el período inmediato posterior a la Revolución, el sistema político fue destruido y empezó a construirse uno nuevo, en el que los jefes militares locales se convirtieron en gobernantes municipales, imponiéndose como factores decisivos. En consecuencia, la responsabilidad de la organización y el cuidado de los procesos electorales estuvieron en manos de los alcaldes. Desde la Ley Electoral de 1917 hasta las reformas a la Ley para Elecciones de Poderes Federales del 4 de enero de 1943, las elecciones fueron organizadas por las autoridades municipales.

En este período de más de 25 años, la reglamentación de los partidos políticos fue breve y no se mencionaban las campañas electorales. Esto es explicable porque los conflictos no se dirimían en la arena electoral, la competencia era reducida y las campañas prácticamente inexistentes. El régimen no buscaba su legitimidad a través de la competencia electoral y lo que se denominaba campaña electoral presidencial era un recorrido por el país que presentaba al candidato del partido oficial, el futuro Presidente de la República, ante la población.[3] De hecho, lo que pudiera entenderse como la construcción de la institucionalidad política-electoral debe buscarse

---

actividades relativas al padrón electoral, preparación de la jornada electoral, cómputos y otorgamiento de constancias, capacitación y educación cívica e impresión de materiales electorales.

[3]La Ley Electoral del 6 de febrero de 1917 no mencionaba el término de campaña electoral e incluso su legislación en torno a los partidos políticos era muy breve. Los controles políticos se encontraban en el funcionamiento mismo del régimen, de modo que la arena electoral era apenas simbólica. Prácticamente desde la elección de Francisco I. Madero hasta la del General Lázaro Cárdenas no existió reglamentación sobre los partidos políticos y la campaña electoral.

en la formación del Partido Nacional Revolucionario (PNR) en las épocas de Calles, en la reforma a los períodos presidenciales que pasaron de cuatro a seis años a partir de 1934, lo que explica el planteo del primer plan sexenal que no solo tenía características electorales, esto es, un plan en el que se formulaba la plataforma electoral de Lázaro Cárdenas, sino que por su consideración de candidato triunfador por definición, se constituyó en el plan de gobierno.

Fue la Ley Electoral Federal del 7 de enero de 1946, la primera que reguló la formación de los partidos políticos y que centralizó la organización electoral. En ella se determinó que "la vigilancia del proceso electoral en la elección de los Poderes Legislativo y Ejecutivo de la Unión, se efectuará a través de una Comisión Federal de Vigilancia Electoral con asiento en la capital de la República" (García, 1978: 331). En el artículo 7 de esta misma ley se estableció que: "La Comisión Federal de Vigilancia Electoral se integrará por el Secretario de Gobernación y con otro miembro del gabinete, comisionados del Poder Ejecutivo; con dos miembros del Poder Legislativo, un Senador y un Diputado y con dos comisionados de Partidos Nacionales" (García, 1978: 331). Esta comisión era presidida por el Secretario de Gobernación. Con ligeras variantes, introducidas con las reformas de 1973, 1977 y 1987, se mantuvo este diseño de autoridad electoral hasta 1990. No fue sino hasta 1996 que el Secretario de Gobernación dejó de participación como presidente del órgano electoral federal.

La reforma electoral de 1946 centralizó la organización de los procesos electorales en el Poder Ejecutivo, lo que se mantuvo hasta 1996. En estos cincuenta años, de manera igualmente sinuosa y frecuentemente estableciendo cambios cosméticos, hubo ciertamente un proceso muy paulatino de reforma y apertura, sobre todo en lo relativo a la participación de los partidos políticos de oposición en las prerrogativas. Estas transformaciones, también contradictorias, fueron resultado de dos procesos esencialmente distintos y con implicaciones en direcciones contrarias: la consolidación del modelo de partido hegemónico y las tensiones en el sistema político. Particularmente entre 1946 y 1970 ocurrieron situaciones políticas que provocaron que hubiese una cierta competencia en algunas elecciones presidenciales. Se trató de contiendas entre el partido del gobierno y frentes políticos creados expresamente para que un candidato compitiera y que nunca se plantearon constituirse en un partido político con actividades que trascendiesen el momento electoral. En esos momentos el espacio electoral cobró cierta relevancia ante la presencia de candidatos opositores.[4]

En materia de equidad en la competencia, hasta el año 1972 la legislación en torno a las campañas electorales seguía siendo breve y no establecía lineamientos para el acceso equitativo a los medios de comunicación. Tampoco se mencionaba el tema de los recursos, tanto públicos como privados, empleados en las campañas. No existía mención sobre el financiamiento público, lo que tenía un sentido claro: implicaba que el acceso del partido oficial a los recursos públicos estuviera totalmente ausente de cualquier mecanismo, ya no de control sino incluso de registro. Evidentemente ello implicaba que el Partido Revolucionario Institucional (PRI) disponía de la cantidad de recursos que le hiciese falta, mientras que los otros partidos carecían de acceso a los recursos públicos y, en consecuencia, estaban limitados económicamente.

En la Ley Federal Electoral del 5 de enero de 1973 se amplió sustancialmente la reglamentación de las campañas electorales y se establecieron las prerrogativas de los partidos. El gobierno de Echeverría enfrentaba la falta de credibilidad democrática, provocada por la represión al movimiento estudiantil de 1968. De hecho, el gobierno autoproclamó una "apertura democrática" con el fin de intentar recuperar capacidad de maniobra, lo que tuvo que validarse institucionalmente. En esa reforma se incorporó por primera vez, en el

---

[4]La campaña electoral de Ezequiel Padilla en 1946 y la de Miguel Henríquez Guzmán en 1952 pusieron en evidencia la pertinencia del espacio electoral, pese a que no había condiciones de competencia democráticas. Esto se constata cuando se atiende el número de votos que se registraron formalmente para los dos principales opositores a los candidatos oficiales (Martínez, 1990: 28).

artículo 39, el uso de los tiempos oficiales de los que disponía el gobierno en la televisión por parte de los partidos políticos durante los períodos de campaña electoral.

Aparentemente, la ley de 1973 aumentó las posibilidades de los partidos políticos pues incluyó, por primera vez, el acceso a los medios de comunicación masiva, pero la asignación de tiempos, la producción y los contenidos eran controlados por la Secretaría de Gobernación lo que, por supuesto, limitó la difusión de sus ideas y planteamientos político-electorales. Otra limitación significativa fue que la ley le otorgaba a la Secretaría de Gobernación facultades amplias para sancionar a los partidos, incluso con la pérdida del registro, cuando incumplieran con lo que establecía la propia ley y que, en caso de controversia, era interpretada por la misma Secretaría de Gobernación. Con las restricciones y sanciones esta ley era muy rigurosa, lo que le permitió mantener un control absoluto sobre las campañas electorales.

La legitimidad de la siguiente elección presidencial fue severamente cuestionada, ya que no se presentó ninguna candidatura opositora. El único contendiente fue Valentín Campa, del Partido Comunista, que carecía de registro, de modo que su participación fue de carácter testimonial. Por ello, en la Ley Federal de Organizaciones Políticas y Procesos Electorales, del 30 de diciembre de 1977, la gran novedad fue que se reconoció el acceso a los medios de comunicación como prerrogativa de los partidos políticos, lo que implicaba que el establecimiento de un derecho fundamental de los partidos políticos que, por cierto, se mantiene hasta la fecha. La consecuencia central fue que esto implicaba el reconocimiento de que los otros partidos también eran parte del Estado. En el artículo 48 se estableció como prerrogativa de los partidos políticos tener acceso en forma permanente a la radio y la televisión.

Por supuesto, el acceso a estas prerrogativas tenía límites y requisitos. El acceso a los medios de comunicación se mantuvo centralizado, limitando los posibles contenidos que los partidos podían dar a su propaganda y se mantuvo un control absoluto en la asignación de estos recursos en tres instancias del Poder Ejecutivo: la Secretaría de Gobernación, la Comisión Federal Electoral y la Comisión de Radiodifusión. Con las reformas de 1987 la centralización en la asignación de tiempos y producción técnica de los programas de los partidos políticos dio un pequeño paso a favor de una cierta apertura, aceptando la participación de los partidos políticos al establecer que tenían el derecho a contar con un representante en la Comisión de Radiodifusión. De este modo, aunque se abrían espacios de comunicación con el electorado, no resultaban decisivos en la contienda electoral, ya que se mantenía una legislación ciertamente restrictiva de la competencia electoral. La implicación obvia era que la propia competencia electoral no era equitativa.

En resumen, en materia de imparcialidad y equidad en la competencia, la institucionalidad electoral en México ha tenido dos etapas determinadas por el entorno político. La primera, de 1917 a 1943, que podríamos caracterizar por dos aspectos fundamentales: la descentralización en la organización de los procesos electorales que estaban a cargo de los ayuntamientos, y una legislación prácticamente inexistente de la competencia electoral. Evidentemente, en esas condiciones es imposible pensar que los procesos electorales fueran imparciales y equitativos. El segundo momento, de 1946 a 1989, se caracteriza por la centralización de la actividad electoral en manos del Ejecutivo Federal y tiene dos etapas diferentes: la primera, en la que el Ejecutivo Federal se consolida como el factor único de decisión con un partido a su servicio, y la segunda, después de los acontecimientos de 1968, en los que se observa una lenta y gradual ampliación de las prerrogativas de los partidos políticos, que al tiempo que dieron pié al inicio de procesos electorales en los que crecientemente los partidos políticos de oposición fueron evidenciando un respaldo importante de porciones significativas del electorado, se fortalecieron y profundizaron los reclamos por una mayor equidad. Evidentemente, ninguno de estos dos momentos de la historia electoral del país puede ser explicado sin incorporar las condiciones específicas y las modificaciones de las correlaciones de fuerza que ocurrían en el sistema político.

2. Creación y ciudadanización del Instituto Federal Electoral

El Instituto Federal Electoral es una institución que no puede escapar de las tensiones políticas. De hecho, su creación es resultado de importantes presiones de los partidos opositores que generaron tensiones al conjunto de la institucionalidad electoral. Fruto de esas condiciones, su cometido central es imponerse a los conflictos erigiéndose en un juez imparcial y equilibrador de estas tensiones. La formación del Instituto Federal Electoral corresponde a la etapa de liberalización y competencia política y, en consecuencia, a la fuerza de unas oposiciones que demandaban condiciones equilibradas de competencia y que exigían certeza en los resultados.

Como había ocurrido con la sucesión de 1946 y de 1952, en 1988 la selección del candidato presidencial no fue aceptada por un grupo relevante en el seno del partido gobernante. Como en las ocasiones anteriores, parecía claro que esas fisuras que se estaban produciendo implicarían el surgimiento de un nuevo brote opositor que, se pensaba, se limitaría al tiempo del proceso electoral y que una vez terminado, independientemente de los resultados obtenidos, se negociaría una salida política funcional a la institucionalidad vigente. Otro factor importante era el hecho de que se habían iniciado las reformas orientadas al mercado, que redujeron sustancialmente las intervenciones estatales discrecionales en materia económica. En esa ocasión, sin embargo, la historia fue distinta.

El conflicto postelectoral de 1988 y la polarización entre las dos oposiciones relevantes, el partido oficial y el gobierno, obligaron a que se iniciara un lento y gradual proceso de liberalización política. La nueva institucionalidad que empezaría a construirse se haría bajo la certidumbre de que los procesos electorales anteriores no habían sido ni equitativos, ni imparciales. Por esa razón había que modificar las condiciones para el desarrollo de procesos electorales, buscando que en su administración se establecieran las garantías necesarias para que verdaderamente se dieran bajo los principios de imparcialidad y equidad. Con las reformas al artículo 41 constitucional y con el nacimiento del Código Federal de Instituciones y Procedimientos Electorales de 1990, el famoso COFIPE, se introdujeron modificaciones ya no solo cosméticas, sino que se dio forma a una nueva administración electoral y se empezaron a abrir las posibilidades de contiendas electorales relativamente equitativas: la reforma al artículo 41 constitucional puede ser considerada resultado de los reclamos de las oposiciones por organizar procesos electorales imparciales y equitativos y el inicio de un nuevo proceso: el de la ciudadanización de los órganos electorales.

Para dar respuesta al reclamo de imparcialidad y certeza en la organización de los procesos electorales, con la reforma del artículo 41 se abre y difumina el control que el Ejecutivo ejercía sobre los procesos electorales, estableciendo que la organización de las elecciones federales es una función estatal que se ejerce por "los poderes Legislativo y Ejecutivo de la Unión con la participación de los partidos políticos nacionales y de los ciudadanos según lo disponga la ley" (Constitución, 1990). Por primera vez se determina que la administración de los procesos electorales será atribución de "un organismo público dotado de personalidad jurídica y patrimonio propios. La certeza, legalidad, imparcialidad, objetividad y profesionalismo serán principios rectores en el ejercicio de esta función estatal" (Constitución, 1990).

Se determina que el órgano superior de dirección de este instituto se integrará por consejeros y consejeros magistrados designados por los "poderes Legislativo y Ejecutivo y por representantes nombrados por los partidos políticos" (Constitución, 1990). Los requisitos establecidos para ser magistrados fueron: ser personalidades sin filiación partidista, con conocimiento en materia electoral y con formación en derecho. El mecanismo de designación de los consejeros

magistrados fue el siguiente: las propuestas provendrían del
Ejecutivo, teniendo que ser aprobados por las dos terceras
partes de la Cámara de Diputados. En términos formales se
concedió a los partidos políticos que tenían representación
parlamentaria la posibilidad de participar en los nombramientos de los consejeros magistrados, pero en la práctica
en esa Legislatura, como en todas las que se habían formado
desde el triunfo de la Revolución, el partido gobernante, el
PRI, tenía la mayoría absoluta, ya que había recibido el 52%
de los votos para diputados por el principio de mayoría relativa. De esta manera, aunque la reforma reconocía otros
jugadores con capacidad de veto, realmente esa capacidad
estaba concentrada en las diversas expresiones del partido
hegemónico.

Con esta reforma, el Consejo General quedó conformado de la siguiente manera: el presidente del Consejo fue el
Secretario de Gobernación, Fernando Gutiérrez Barrios en
los años 1990-1992, y después, Patrocinio González Blanco
Garrido en el año 1993, Secretario de Gobernación en ese momento. Los seis consejeros magistrados fueron: Sonia Alcántara Magos (1990-1991), Manuel Barquín Álvarez (1990-1991),
Luis Espinosa Gorozpe (1990-1994), Olga Hernández Es-
píndola (1990-1994), Germán Pérez Fernández (1990-1994),
Luis Tirado Ledezma (1990-1994) y Luis Carballo Balvanera
(1991-1994) (IFE, 2007). Además, lo integraban el Secretario
General del Consejo, Arturo Ruíz de Chávez (1990-1993),
también nombrado por el Ejecutivo, dos diputados, dos senadores y representantes de los partidos políticos, cuyo número era variable porque se determinaba de acuerdo a los
resultados de la última votación (IFE, 2007).

En materia de atribuciones, se determinó que: "El organismo público agrupará las actividades relativas al padrón
electoral, preparación de la jornada electoral, cómputos y
otorgamiento de constancias, capacitación electoral y educación cívica e impresión de materiales electorales. Asimismo,
atenderá lo relativo a los derechos y prerrogativas de los partidos políticos" (Constitución, 1990).

En relación con los resultados electorales, la primera elección organizada bajo este esquema todavía ofreció un porcentaje muy alto de votación favorable al Partido Revolucionario Institucional. Tomando en cuenta los resultados en la votación de 1991 para diputados federales por el principio de mayoría relativa para los tres partidos que hoy son mayoritarios y que para los fines de este trabajo importan –porque se constituyeron en los jugadores con capacidad de veto, es decir, aquellos cuyo consenso es necesario para realizar una reforma electoral–, el Partido Revolucionario Institucional obtuvo el 58.47% de los votos, el Partido Acción Nacional el 16.82% y el Partido de la Revolución Democrática el 7.91% de los votos (IFE, 2007).

En materia de equidad para la competencia se continuó especificando el contenido de los discursos electorales. Por la mayor presencia de los partidos políticos en los medios de comunicación y por la fuerza y representatividad que alcanzaron frente a la opinión pública, se amplió y puntualizó la obligación de dar a conocer su plataforma electoral.[5] El control de la comunicación de los partidos políticos, se centralizó en una comisión gubernamental que se hacía cargo del proceso, para después dar paso a una entidad descentralizada en la que los partidos tenían el derecho de contar con un representante con derecho a voz y voto.

De este modo vemos que acorde con el artículo 31:

1. La Dirección Ejecutiva de Prerrogativas y Partidos Políticos y la Comisión de Radiodifusión del Instituto Federal Electoral tendrán a su cargo la producción y difusión de los programas de radio y televisión de los partidos políticos y el trámite de las aperturas de los tiempos correspondientes.

---

[5] Según el artículo 38 son obligaciones de los partidos políticos nacionales: a) publicar y difundir en las demarcaciones electorales en que participen, así como en los tiempos oficiales que les corresponden en las frecuencias de radio y en los canales de televisión, la plataforma electoral que el partido y sus candidatos sostendrán en la elección de que se trate. En este caso, el tiempo que le dediquen a la plataforma no podrá ser menor de cincuenta por ciento del que les corresponda; b) abstenerse de cualquier expresión que denigre a los ciudadanos, a las instituciones públicas o a otros partidos políticos y sus candidatos (COFIPE, 1990: 25-26).

2. "La Comisión de Radiodifusión será presidida por el Director Ejecutivo de Prerrogativas y Partidos Políticos [de la Secretaría de Gobernación, C.V.]. Cada uno de los partidos políticos tendrá derecho a acreditar ante la Comisión un representante con facultades de decisión sobre la elaboración de los programas de su partido" (COFIPE, 1990: 29).

En esta ley, por primera vez en el México posrevolucionario, tras ochenta años de campañas electorales ininterrumpidas y como evidencia de la incipiente función de las campañas como actos verdaderos en búsqueda de votos, se reglamentó la realización de encuestas electorales. En este ordenamiento se consideró que, incluso, las encuestas mismas eran instrumentos que no solo medían las preferencias electorales, sino que las producían con los resultados. Por ello se planteó que:

3. "Durante los cinco días anteriores al de la jornada electoral queda prohibido llevar a cabo o aplicar cualquier tipo de encuestas o sondeos que tenga[n] por objeto conocer las preferencias electorales de los ciudadanos, así como publicar o difundir durante esos días, en cualquier medio de comunicación, los resultados de lo que se haya realizado" (COFIPE, 1990: 106).

Con la reforma al artículo 41 Constitucional de 1990, se inició el proceso de ciudadanización del Instituto Federal Electoral, acentuándose con las reformas al Código Federal de Instituciones y Procedimientos Electorales de 1994 que crearon la figura de consejero ciudadano, otorgándole peso e influencia en la integración y toma de decisiones de los órganos de dirección del propio Instituto y dándoles la mayoría de votos en el Consejo. Sin embargo, pese a su indudable importancia, esta apertura fue parcial e incompleta, ya que el Secretario de Gobernación permanece como Presidente del Consejo General del IFE.[6]

---

[6]Lo extraordinario de las circunstancias de 1994 obligó al gobierno a dar un paso igualmente extraordinario y que había resistido desde su nacimiento: otorgar independencia a la autoridad electoral. Hasta ese momento, la Secretaría de Gobernación era el gran juez y parte en el proceso electoral y poco importaba que los resultados tuvieran ese enorme vicio de origen. Obligado por las circunstancias

Se mantuvo la redacción del artículo 41 Constitucional de 1990 en torno a la organización de los procesos electorales, pero en lo relativo a la integración del órgano encargado de organizar los procesos electorales, se incorporaron a los ciudadanos, desapareciendo la figura de consejeros magistrados electorales. Específicamente, la redacción fue la siguiente: "...en cuya integración concurren los poderes Ejecutivo y Legislativo de la Unión, con la participación de los partidos políticos nacionales y de los ciudadanos según lo disponga la ley" (Constitución, 1994). Se mantiene la decisión de que el organismo público sea autoridad en la materia y se determina que el órgano superior de dirección se integrará por "Consejeros Ciudadanos designados por los Poderes Legislativo y Ejecutivo y por representantes nombrados por los partidos políticos. Los órganos ejecutivos y técnicos dispondrán del personal calificado necesario para prestar el servicio profesional electoral" (Constitución, 1994). Con esta modificación constitucional se avanza en el proceso de ciudadanización, se sustituyen los Consejeros Magistrados por Consejeros Ciudadanos, ya no es requisito ser abogado y, más importante, el Ejecutivo Federal pierde la atribución de proponer a los consejeros, trasladando esta atribución, por primera vez en la historia electoral del país, a las fracciones de los partidos políticos en la Cámara de Diputados. Además, se define que para su aprobación se requieren las dos terceras partes de los miembros de la Cámara de Diputados.

Como se observa, el Ejecutivo pierde la facultad de proponer, que pasa a un Poder Legislativo en el que se mantiene una situación de amplia mayoría para el PRI. De modo que, por lo menos en esa nueva legislatura, la capacidad de veto seguía concentrada en el mismo interés, aunque el jugador había cambiado. Con esta modificación, se reestructuró el Consejo General y el sistema de toma de decisiones. Hasta entonces en el Consejo votaban todos los participantes, lo que signifi-

coyunturales y por los efectos de la evolución de largo plazo, en 1994 el gobierno debió ceder la dirección del Instituto Federal Electoral a un cuerpo de consejeros donde ya no dominaban los priístas (Meyer, 2000: xvi).

caba que el mayor peso argumentativo se concentraba en los representantes de los partidos políticos, aunque no tuviera relevancia al momento de decidir. Con la reforma, esos actores decisivos –los representantes de los partidos políticos– perdieron el derecho de voto. El nuevo Consejo General quedó integrado de la siguiente manera: el Consejero presidente fue Jorge Carpizo MacGregor (1994), Secretario de Gobernación, y los consejeros ciudadanos, Santiago Creel Miranda (1994-1996), Miguel Ángel Granados Chapa (1994-1996), José Agustín Ortíz Pinchetti (1994-1996), Ricardo Pozas Horcasitas (1994-1996), José Woldenberg Karakowski (1994-1996) y Fernando Zertuche Muñoz (1994-1996). Además de este consejero presidente y los seis consejeros ciudadanos, también fueron parte del Consejo General cuatro representantes del poder legislativo. Los resultados electorales para los tres jugadores de veto fundamentales en la transformación del órgano electoral fueron: el Partido Acción Nacional obtuvo el 24.98% de los votos, el Partido Revolucionario Institucional el 48.58%, y el Partido de la Revolución Democrática el 16.12% de la votación (IFE, 1994).

Respecto a la búsqueda de apertura y condiciones de equidad en la competencia, con el COFIPE de 1994 la legislación se hizo más compleja, sobre todo en lo referente a las campañas políticas y los discursos electorales. Los derechos de los partidos políticos reconocidos en la legislación se ampliaron. En el artículo 36, de nueva cuenta se plantea el tema del financiamiento público y se reconoce el derecho de todos los partidos políticos a disfrutarlo en condiciones de equidad (COFIPE, 1994: 25). Con el propósito de dar la mayor credibilidad posible a los procesos electorales, el acceso a los medios de comunicación aumentó considerablemente: el porcentaje de los tiempos oficiales que se destina al IFE aumenta, estableciendo una regla en la que el 30% se distribuye igualitariamente entre los partidos políticos participantes y el otro 70% se distribuye también entre los partidos, pero de acuerdo a los resultados de la elección anterior.

El Código Federal de Instituciones y Procedimientos

Electorales estableció, en el artículo 182, que los gastos de los partidos políticos en propaganda electoral no podían rebasar los topes de gastos de campaña establecidos por el propio Instituto. Evidentemente, esto representó un avance fundamental en el proceso de apertura y competitividad electoral, sobre todo porque redujo la discrecionalidad en la asignación de los recursos y limitó el acceso indiscriminado del PRI a los recursos gubernamentales. De esta manera, por lo menos en la ley se hizo un reconocimiento explícito de que se había funcionado en condiciones inequitativas, y que eso tenía que corregirse.

Con el fin de elevar el nivel político de la propaganda electoral y en concordancia con la competitividad electoral creciente, lo que implicaba que diversos partidos políticos se disputaban verdaderamente el mercado electoral, el artículo 186 buscó que los partidos y candidatos tuvieran un intercambio discursivo con nivel. Estableció que los partidos "..que realicen propaganda electoral a través de la radio y la televisión deberán evitar en ella cualquier ofensa, difamación o calumnia que denigre a candidatos, partidos políticos, instituciones y terceros" (COFIPE, 1994: 25).

En la legislación de 1994 la reglamentación del uso de los medios de comunicación continuó ampliándose. Se mencionó, por primera vez, el derecho de los partidos políticos a contratar tiempo en radio y televisión para buscar votos y se ratificó el establecimiento de topes en los gastos de campaña. Como solución a lo que siempre se señaló como una de las principales fuentes de inequidad electoral, se incluyó en el articulado de la ley que el Director Ejecutivo de Prerrogativas se reuniera con la Comisión de Radiodifusión de la Cámara Nacional de la Industria de Radio y Televisión para sugerir los lineamientos generales aplicables en sus noticieros y en la difusión de actividades de campaña.

Estas reformas electorales, sin duda, obedecieron a una situación en la que los partidos políticos de oposición se habían fortalecido, lo que provocaba una competencia electoral intensa. A su vez, la contienda electoral se ampliaba como

resultado del continuo proceso de liberalización política. En
este sentido, con las reformas al Código Federal de Instituciones y Procedimientos Electorales aplicables al proceso
electoral de 1997, el control sobre el proceso electoral que durante ochenta años mantuvo el Ejecutivo Federal, a través
del Secretario de Gobernación, dio paso a una nueva conformación de los órganos electorales: el avance, en esta ocasión, llegó a ser de enorme trascendencia, ya que el control
del proceso electoral quedó en manos de ciudadanos, refor-
zándose la independencia del Instituto Federal Electoral al
desligar al Poder Ejecutivo de su integración y reservar el
voto en el Consejo General exclusivamente a los consejeros
ciudadanos.

Con este nuevo marco de competencia electoral, en los
subsecuentes procesos electorales era esperable que se obser-
varan condiciones en las que la competencia se realizara con
mayor intensidad. Los partidos tendrían que disputar verdaderamente los votos y, para ello, había que hacer uso de
todas las alternativas posibles para difundir masivamente
sus planteos políticos, sus programas e incluso sus consignas
centrales. Por esa razón, resultaba casi natural que esa competencia se realizara esencialmente a través de los medios de
comunicación. En los hechos, la verdadera disputa electoral
ocurre en los medios de comunicación, ya que es en ellos en
donde se establece el vínculo entre partidos políticos y ciudadanos. Con la reforma de 1996, que se aplicó para el proceso
electoral de 1997, arrancó una legislación con los propósitos
enunciados. Ello fue el producto natural de la evolución política del país, de la presencia e influencia cada vez mayor de
las fuerzas políticas que se oponían a un régimen de partido
hegemónico.

El 22 de agosto de 1996 se publicaron las reformas al artículo 41 constitucional incorporando un cambio fundamental
que impulsó la completa ciudadanización del IFE, determinando que: "El Consejo General será su órgano superior de
dirección y se integrará por un Consejero Presidente y ocho
Consejeros Electorales, y concurrirán, con voz pero sin voto,

los Consejeros del Poder Legislativo, los representante de los partidos políticos y un Secretario Ejecutivo" (Constitución, 1996). Con esta reforma se da por concluida la presencia del Secretario de Gobernación como Consejero Presidente y se determina que: "El Consejero Presidente y los Consejeros Electorales serán elegidos sucesivamente por el voto de las dos terceras partes de los miembros presentes de la Cámara de Diputados, o en sus recesos por la Comisión Permanente, a propuesta de los grupos parlamentarios" (Constitución, 1996). Tanto el Consejero Presidente como los Consejeros Electorales durarán en su cargo siete años.

En esta reforma se mantiene la presencia de los Consejeros del Poder Legislativo, legisladores en alguna de las Cámaras propuestos por los grupos parlamentarios que, por supuesto, tienen una afiliación partidaria. Se mantiene, asimismo, las atribuciones del Instituto Federal Electoral. De esta manera, el Consejo General quedó integrado por nueve consejeros con derecho a voto: Consejero Presidente José Woldenberg Karakowski (1996-2003), y los siguientes Consejeros: José Barragán Barragán (1996-2003), Jaime Cárdenas Gracia (1996-2003), Jesús Cantú Escalante (1996-2003), Alonso Lujambio Irazábal (1996-2003), Mauricio Merino Huerta (1996-2003), Juan Molinar Horcasitas (1996-2003), Jacqueline Peschard Mariscal (1996-2003) y Emilio Zebadúa González (1996-2003).

La reforma de 1996 significó el establecimiento de una nueva institucionalidad electoral, en la que se reconoció la existencia de tres diferentes jugadores con capacidad de veto presentes en el espacio legislativo, uno de los cuales representaba al otro jugador con esa misma capacidad de veto que fue desplazado: el Presidente de la República. Por esta razón, no se trata de la desaparición de la capacidad de veto de un jugador fundamental hasta ese momento, sino de la conservación de su capacidad de veto, pero ahora ejercida a través de su representación legislativa. El régimen de partido hegemónico operaba en sus momentos terminales, manteniendo sus prestaciones políticas en una forma distinta. Evidentemente,

la implicación de mayor calado era que al desplazarse la capacidad de veto al espacio legislativo tenía que ejercerse con
los procedimientos normales en la actuación parlamentaria.
La nueva institucionalidad funcionó en el nombramiento del
Consejo General del IFE, ya que los tres jugadores con veto,
representando a los partidos con mayor respaldo electoral,
concurrieron a esa designación, incorporando a sus Consejeros. El amplio acuerdo logrado en el proceso de designación –en el que cada jugador estableció sus propuestas que
al formar parte del Consejo defendían intereses parciales,
pero que al constituirse en un órgano donde operaban las tres
parcialidades logró imparcialidad, sumado al desempeño del
Consejo en el período 1996-2003, en tres elecciones para legisladores federales, una de ellas también para elegir Presidente
de la República y Senadores— generó el apoyo de los actores
políticos y credibilidad entre la ciudadanía.

En cambio, para la renovación del Consejo General en
2003, operando con la misma institucionalidad no se alcanzaron acuerdos entre los tres partidos políticos, y se tuvo que
nombrar un Consejo en cuya elección sólo participaron dos
de los tres jugadores políticamente relevantes. Esto, por supuesto, pudo ocurrir ya que esa institucionalidad permitía
que si se aliaban dos jugadores podían eliminar la participación del tercero. El Consejo General fruto de esa alianza
quedó integrado de la siguiente manera: el Consejero Presidente Luis Carlos Ugalde Ramírez, Consejeros Electorales Andrés Albo Márquez (2003-actual), Virgilio Andrade
Martínez (2003-actual), Marco Antonio Gómez Alcántara
(2003-actual), María Teresa de Jesús González Luna Corvera
(2003-actual), Luisa Alejandra Latapí Renner (2003-actual),
María Lourdes del Refugio López Flores (2003-actual), Ro-
drigo Morales Manzanares (2003-actual), y Arturo Sánchez
Gutiérrez(2003-actual) (IFE, 2007).

El consenso para su nombramiento y los niveles de aprobación que despertaron uno y otro consejo permiten sostener
la hipótesis de la importancia de los jugadores de veto en
el desempeño institucional. La importancia del acuerdo de

estos actores resulta fundamental: el principio del que parecen partir los partidos políticos es que participando en la designación neutralizan la parcialidad de los propuestos por los otros partidos, y por eso se trata de sumar parcialidades que, unidas, se equilibren y neutralicen. Este acuerdo se logró con la designación de los consejeros en 1996. El consenso y legitimidad del consejo permitió superar las dificultades de equidad en la competencia, especialmente en lo relativo al financiamiento ilícito que ejercieron el Partido Revolucionario Institucional y el Partido Acción Nacional. A pesar de que estos partidos políticos fueron sancionados con multas, el resto de los partidos confiaron y aceptaron las decisiones de la autoridad electoral, reconociendo el resultado de la elección de Presidente de la República para el período 2000-2006.

El contraste en la designación de los Consejeros en el año 2003 fue total. Los tres jugadores de veto no lograron acuerdos y la integración del Consejo General se realizó únicamente con el acuerdo de dos de los tres jugadores. Este desacuerdo de origen generó un Consejo General que careció de la legitimidad necesaria para funcionar con los márgenes de libertad que demandan los procesos electorales competidos. Esto fue generando, en el curso del proceso electoral de 2006, una crisis de confianza cuyo origen está en la falta de acuerdo en la designación de los Consejeros que, combinada con las dificultades que tenía la propia institución para garantizar la equidad en la competencia electoral y la alta competitividad, tuvieron profundos efectos en el desempeño del IFE, generando una crisis política con dimensiones institucionales que condujo a una nueva reforma electoral.

La falta de acuerdo en torno a la integración del Consejo General, la inconformidad y el abierto rechazo de uno de los partidos políticos hacia este Consejo, los problemas de equidad que se observaron durante el proceso electoral de 2006 y, sobre todo, un resultado electoral con una muy corta diferencia entre los dos contendientes principales originaron entre los actores desconfianza en el resultado, lo que incluso llevó a cuestionar el desempeño de Consejo Electoral y en conjunto del Instituto Federal Electoral.

Los resultados en las elecciones de 1997, 2000, 2003 y 2006 para los tres jugadores de veto dejan en claro que a una menor diferencia en los resultados mayor confrontación política. Para estar en condiciones de implementar procesos electorales de este tipo, como seguramente serán los próximos, es indispensable contar con un árbitro en quien se confié y que sea capaz de administrar el conflicto político.

Los problemas de confianza y credibilidad que enfrentaba el Instituto Federal Electoral eran suficientemente serios con los dos ingredientes mencionados: falta de acuerdo en la renovación del Consejo General en 2003 y una elección muy competida con un resultado muy cerrado, en el que, además, la pequeña diferencia fue contraria al partido que cuestionaba la misma integración del Consejo y, en consecuencia, su capacidad para ejercer imparcialmente su autoridad. Sin embargo, la crisis que se generó por la presencia de estos dos problemas, ya de por sí suficientes para complicar todo el orden institucional, se agudizó porque se generaron problemas de equidad en la competencia. La legislación electoral permitía que los partidos políticos compraran espacios en los medios de comunicación electrónicos, lo que abría la posibilidad de que el duopolio televisivo eligiera aún antes del propio proceso electoral, lo que complicaba la ecuación con la delicada intervención del financiamiento público y privado, del financiamiento legal e ilegal. El diseño institucional existente generaba dificultades para que la autoridad electoral tuviera capacidad para garantizar la equidad en la competencia.

En materia de equidad en la competencia, un factor determinante fue la posibilidad de que los partidos compraran espacios en los medios electrónicos para anunciarse. El comportamiento de los partidos políticos en México durante los procesos electorales federales de 1997, 2000, 2003 y 2006 en relación con el acceso a los medios, responde a los incentivos y castigos diseñados en nuestro modelo constitucional, por lo menos en lo referente a su función como entidades de interés público, a su derecho a recibir financiamiento público y prerrogativas y al derecho a comprar espacios en los medios de comunicación. La legislación electoral otorga en estos tres rubros amplios derechos a los partidos políticos y en los tres, al igual que en toda la legislación electoral, los cambios pueden describirse como graduales e incrementales, lo que responde a las condiciones de la lucha de los partidos por conseguir que el régimen autoritario terminara. Estas características generarían dificultades que cada vez resultó más importante resolver con una reforma electoral posterior.

3. El Instituto Federal Electoral y el propósito de la equidad

El avance legislativo en esta materia puede remitirse a los propios términos constitucionales. En el artículo 41 constitucional se determina que:

I. "Los partidos políticos tienen como fin promover la participación del pueblo en la vida democrática, contribuir a la integración de la representación nacional y, como organizaciones de ciudadanos, hacer posible el acceso de éstos al ejercicio del poder público, de acuerdo con los programas, principios e ideas que postulan y mediante el sufragio universal, libre, secreto y directo. Sólo los ciudadanos podrán afiliarse libre e individualmente a los partidos políticos.

II. La ley garantizará que los partidos políticos nacionales cuenten de manera equitativa con elementos para llevar a cabo sus actividades. Por tanto, tendrán derecho al uso en forma permanente de los medios de comunicación social, de acuerdo con las formas y procedimientos que establezca la misma. Además, la ley señalará las reglas a que se sujetará el financiamiento de los partidos políticos y sus campañas electorales, debiendo garantizar que los recursos públicos prevalezcan sobre los de origen privado (...). La ley fijará los criterios para determinar los límites a las erogaciones de los partidos políticos en sus campañas electorales; establecerá los montos máximos que tendrán las aportaciones pecunia-

rias de sus simpatizantes y los procedimientos para el control y vigilancia del origen y uso de todos los recursos con
que cuenten y, asimismo, señalará las sanciones que deban
imponerse por el incumplimiento de estas disposiciones.
III. La organización de las elecciones federales es una función estatal que se realiza a través de un organismo público
autónomo denominado Instituto Federal Electoral, dotado de
personalidad jurídica y patrimonio propio, en cuya integración participan el Poder Legislativo de la Unión, los partidos
políticos nacionales y los ciudadanos, en los términos que
ordene la ley. En el ejercicio de esa función estatal, la certeza,
legalidad, independencia, imparcialidad y objetividad serán
principios rectores." (Constitución, 1999: 44)

Éste es, por supuesto, el marco general de referencia para
cualquier desarrollo legislativo. La relación entre los medios
de comunicación y los partidos políticos en la democracia
representativa resulta compleja y difícil de regular, debido
a que ambos actores establecen una relación de intercambio
comercial. En ella, las dificultades se fundan en la diferente
definición de su calidad frente a la estructura legislativa en
su conjunto. Como se establece en el artículo 41 Constitucional, los partidos políticos son definidos como entidades
de interés público que realizan la función de organizar y ca-
nalizar las preferencias ciudadanas y no se trata de simples
actores que concurren en el mercado. Los medios de comunicación, por su parte, son entidades que reciben una concesión
del estado para explotar una señal de comunicación y son, al
mismo tiempo, empresas privadas regidas por la legislación
mercantil.

La definición de los partidos políticos como entidades de
interés público involucra un conjunto de valoraciones para
aceptar que a las entidades existentes pueda añadirse una o
más nuevas entidades. La legislación obliga a que cualquier
organización interesada en participar en los procesos electorales deba contar con su registro como partido político
nacional. Se trata, para describirlo de acuerdo a las formas
de competencia económicas, de una estructura oligopólica

constituida por los partidos políticos con registro que han construido barreras a la entrada para dificultar el ingreso de nuevos competidores al "mercado" electoral. Esta estructura oligopólica, además, está protegida por el Estado y cuenta con financiamiento público, de modo que los partidos políticos nacionales constituyen oligopolios protegidos por el Estado ya que son los únicos con posibilidades legales, lo que equivale a decir con posibilidades reales, de representar a la ciudadanía. En este sentido, los partidos políticos ingresan en un mercado oligopólico, no en un mercado en el que exista competencia perfecta, como un sector protegido por el Estado, distorsionando el funcionamiento completo del mercado.

Las condiciones que se demandan para poder aspirar a construirse en partido político nacional definen un sistema formado por unos cuantos partidos, lo que concentra la representación y la posibilidad de acceso al poder. Ello también es un obstáculo al funcionamiento plenamente democrático y al control de las actividades de estas entidades de interés público. En el caso de los medios de comunicación el asunto es más difícil aún, ya que se trata casi de una situación monopólica, en la que participan sólo dos empresas. Ello les permite concentrar una capacidad de interlocución con los representantes del Estado, con los partidos políticos y con cualquier actor, lo que se convierte en un poder de facto que resulta complicado controlar.

Para que los partidos políticos reciban la protección por parte del Estado se requiere, en primer lugar, contar con el registro como partido político nacional. Una vez superado este obstáculo, los partidos políticos tendrán derecho a gozar de financiamiento público que "se compondrá de las ministraciones destinadas al sostenimiento de sus actividades ordinarias permanentes y las tendientes a la obtención del voto durante los procesos electorales" (Constitución, 1999: 44).

En el mismo artículo 41, fracción II inciso b, se establece que "el financiamiento público para las actividades tendientes a la obtención del voto durante los procesos electorales

equivaldrá a una cantidad igual al monto del financiamiento
público que le corresponda a cada partido político por actividades ordinarias en ese año" (Constitución, 1999: 44). Con
la reforma de 1996 al Código Federal de Instituciones y Procedimientos Electorales se dio cumplimiento al mandato
constitucional respecto de fijar los criterios y límites para los
gastos de los partidos políticos en sus campañas, así como
para establecer los procedimientos para el control y vigilancia del origen y uso de todos los recursos y las sanciones por
incumplimiento.

El tema del financiamiento, sin embargo, está inmerso en
un conjunto mayor. Éste es el de la legislación que se ha establecido para las campañas electorales. Las reformas al Código de 1997 resultan fundamentales porque dotaron de autonomía al Instituto Federal Electoral, pero también porque
determinaron las bases de los derechos y obligaciones de los
partidos políticos durante sus campañas electorales y en su
relación con los medios de comunicación. La reforma de 1997
fue tan importante que desde entonces el libro segundo sobre
los Partidos Políticos no sufrió modificaciones sino hasta el
año de 2006.

Esta reforma se caracterizó por buscar imparcialidad en
la organización de los procesos electorales, garantizar condiciones de equidad en el acceso al financiamiento público y a
las prerrogativas para todos los partidos políticos. En el Código de Instituciones y Procedimientos Electorales de 1997 se
buscó sobre todo reglamentar las campañas y los discursos
de los partidos políticos en los medios de comunicación, se
mantuvo y fortaleció el derecho de los partidos políticos al
financiamiento público y a las prerrogativas. En el artículo
38 se determinaron como obligaciones de los Partidos Políticos:

(i) "publicar y difundir en las demarcaciones electorales en
que participen, así como en los tiempos oficiales que les corresponden en las frecuencias de radio y en los canales de televisión, la plataforma electoral que el partido y sus candidatos sostendrán en la elección de que se trate. En este caso, el

tiempo que le dediquen a la plataforma no podrá ser menor del 50% del que les corresponda;
(ii) permitir la práctica de auditorías y verificaciones que ordene la comisión de consejeros (...);
(iii) utilizar las prerrogativas y aplicar el financiamiento público exclusivamente para el sostenimiento de sus actividades ordinarias, para sufragar los gastos de campaña (...)" (COFIPE, 2005).

Para el ejercicio de las prerrogativas, en el artículo 43, con el fin de garantizar el acceso de los partidos políticos a los medios de comunicación, se estableció que la Dirección Ejecutiva de Prerrogativas y Partidos Políticos y la Comisión de Radiodifusión del Instituto Federal Electoral tendrán a su cargo la difusión de los programas de radio y televisión de los partidos políticos. Adicionalmente, para garantizar el proceso de autonomía e independencia de los órganos electorales, cada uno de los partidos políticos tendrá derecho de acreditar ante esa Comisión de Radiodifusión un representante con facultades de decisión sobre la elaboración de los programas de su partido.

Respecto a los tiempos de radio y televisión, en el artículo 44 se estableció que "del tiempo total que le corresponde al Estado en las frecuencias de radio y en los canales de televisión, cada partido político disfrutará de 15 minutos mensuales en cada uno de estos medios de comunicación" (COFIPE, 2005). Con el fin de asegurar que esos tiempos se utilizarán adecuadamente, se determinó que los partidos políticos deberán utilizar, por lo menos, la mitad del tiempo que les corresponda durante los procesos electorales para difundir el contenido de sus plataformas electorales. Al mismo tiempo, con el propósito de garantizar las condiciones de equidad en la transmisión de los programas de los partidos políticos, se estableció que los partidos harán uso de su tiempo mensual en dos programas semanales. El orden de presentación de los programas que correspondan a cada partido se hará mediante sorteos semestrales.

Un cambio interesante que aparece con la reforma de 1997

es sobre la información difundida a través de los medios de comunicación que tiene que realizarse bajo el principio de equidad. Al respecto en el artículo 46 se determina que:
1. La Dirección Ejecutiva de Prerrogativas y Partidos Políticos determinará las fechas, los canales, las estaciones y los horarios de las transmisiones. Asimismo, tomará las previsiones necesarias para que la programación que corresponda a los partidos políticos tenga la debida difusión a través de la prensa de circulación nacional.
2. Los tiempos destinados a las transmisiones de los programas de los partidos políticos y del Instituto Federal Electoral tendrán preferencia dentro de la programación general en el tiempo estatal en la radio y la televisión. Se cuidará que los mismos sean transmitidos en cobertura nacional y los concesionarios los deberán transmitir en horarios de mayor audiencia.
3. La Dirección Ejecutiva gestionará el tiempo que sea necesario en la radio y la televisión para la difusión de las actividades del Instituto, así como las de los partidos políticos (COFIPE, 2005).

En cuanto a la regulación sobre el uso de la televisión, en el artículo 47 se hicieron precisiones acerca de este tema, incluso se establecieron tiempos de transmisión. Se fijó que en las elecciones para elegir Presidente de la República "(...) el tiempo total de transmisión para todos los partidos políticos será de 250 horas en radio y 200 en televisión, y en los procesos electorales en que se elija el Congreso de la Unión los tiempos de transmisión serán del 50%" (COFIPE, 2005). Sin duda, gran parte de los esfuerzos de esta reforma electoral se concentraron en hacer posible que todos los partidos políticos tuvieran acceso a los medios de comunicación bajo condiciones de equidad. Ello condujo a que en el artículo 47 se estableciera que:
1. "Durante el tiempo de las campañas electorales (...) se adquirirán, por conducto del Instituto Federal Electoral para ponerlos a disposición de los partidos políticos y distribuirlos mensualmente, hasta 10,000 promocionales en radio y 400

en televisión, con duración de 20 segundos. En ningún caso el costo total de los promocionales excederá el 20% del financiamiento público que corresponda a los partidos políticos para las campañas en año de elección presidencial y el 12% cuando sólo se elija a integrantes del Congreso de la Unión.
2. Del tiempo de transmisión (...) corresponderá a cada partido político sin representación en el Congreso de la Unión un 4% del total.
3. El tiempo de transmisión (...) se distribuirá entre los partidos con representación en el Congreso de la Unión de la siguiente manera: el 30% en forma igualitaria, y el 70% restante en forma proporcional a su fuerza electoral" (COFIPE, 2005).

En esta ley se conservó la atribución de los partidos políticos de contratar tiempo en la radio y televisión y se hicieron modificaciones que tienen que ver con la imparcialidad de los medios informativos. De entrada se repitió que: "El Director Ejecutivo de Prerrogativas y Partidos Políticos se reunirá a más tardar el 15 de diciembre del año anterior al de la elección, con la Comisión de Radiodifusión y la Cámara Nacional de la Industria de Radio y Televisión, para sugerir los lineamientos generales aplicables en sus noticieros respecto de la información o difusión de las actividades de campaña de los partidos políticos" (COFIPE, 2005). Adicionalmente, se determinó que:

(i) La Comisión de Radiodifusión realizará monitoreos muestrales de los tiempos de transmisión sobre las campañas de los partidos políticos en los espacios noticiosos de los medios de comunicación para informar al Consejo General.
(ii) En ningún caso se permitirá la contratación de propaganda en radio y televisión en favor o en contra de algún partido político o candidato por parte de terceros (COFIPE, 2005).

En realidad, estos intentos para conseguir que los medios fueran imparciales no resultaron exitosos. Los medios no responden a la legislación electoral, y los monitoreos sólo pueden controlar los tiempos de transmisión en los noticieros, pero no los contenidos. Tampoco es posible evitar que particulares contraten tiempo de transmisión para favorecer a un partido o para hacer propaganda contra de otro. Se trata, así, de esfuerzos encomiables, pero definitivamente insuficientes.

Una consideración novedosa de la reforma de 1997 al Código Federal de Instituciones y Procedimientos Electorales fue que, por primera vez, se trató de resolver el problema de la parcialidad de los medios de comunicación. En el artículo 186 se reconoció a partidos y candidatos el derecho de aclaración, cuando consideren que la información difundida en los medios de comunicación deforma sus actividades, atributos y mensajes. Este derecho es reconocido con independencia de las disposiciones civiles y penales.

Un asunto que mereció la atención de los legisladores fue el relativo a las encuestas. Como ya se había advertido en la reforma anterior, las encuestas pueden ser un arma propagandística. Por ello, en congruencia con el propósito de que el clima de competitividad se preserve y en prevención de malos manejos de los partidos políticos y medios de comunicación, en el artículo 190 se estableció que las personas que realicen encuestas o estudios de opinión, además de entregar el estudio completo al Instituto Federal Electoral "adoptarán los criterios generales de carácter científico, que para tal efecto determine el Consejo General" (COFIPE, 2005).

La reforma al Código Electoral de 1997 trató de resolver un conjunto de asuntos que pudieran manchar la imparcialidad y transparencia indispensables para que un proceso electoral fuese democrático. Las modificaciones son precisiones que llegan al detalle con respecto a los tiempos y a los usos de la propaganda electoral en los medios de difusión masiva, se puntualizan los montos del financiamiento público, se afinan los mecanismos de registro y control del ejercicio de ese financiamiento y, finalmente, son más rigurosas las sanciones para los partidos que violen las disposiciones. Como hemos advertido, toda la fiscalización se localiza en un solo lado de la ecuación, mientras que el otro se mantiene intocado, lo que altera las condiciones de equidad perseguidas.

Adicionalmente a la Constitución y al Código Electoral de Procedimientos e Instituciones Electorales, las actividades de los partidos políticos son delimitadas por el Reglamento que establece los Lineamientos, Formatos, Instructivos, Catálogos de Cuentas y Guía Contabilizadora aplicables a los Partidos Políticos Nacionales en lo referido al Registro de sus Ingresos y Egresos y en la Presentación de sus Informes (en adelante Reglamento). El objetivo de esta norma es vigilar el destino del financiamiento público y, en el caso del financiamiento privado de los partidos políticos, averiguar su origen y también su destino. Para ello se faculta a la autoridad electoral para vigilar el apego a derecho en el ejercicio de estas atribuciones.[7] Este Reglamento surge para dar cumplimiento a lo establecido en el artículo 49 A del Código Electoral.[8]

---

[7]"El imperio de la ley es una variable que parece impactar de manera clara en la pretensión preservativa de los regímenes de financiamiento, puesto que por más salvaguardas que contemplan los diseños de financiación de la actividad político-electoral, si no se encuentran acompañadas de un escenario de confiabilidad de las disposiciones normativas, difícilmente puede garantizarse un desempeño acorde a la naturaleza democrática de los actores que intervienen en las actividades de financiamiento" (IFE, 2000: 81).

[8]La comisión que aplique el Reglamento tendrá a su cargo, entre otras, las siguientes atribuciones:

a) elaborar lineamientos con bases técnicas, para la presentación de los informes del origen y monto de los ingresos que los partidos políticos y las agrupaciones políticas reciban por cualquier modalidad de financiamiento, así como su empleo y aplicación;

b) establecer lineamientos para que los partidos políticos y las agrupaciones políticas lleven el registro de sus ingresos y egresos y de la documentación comprobatoria sobre el manejo de sus recursos;

c) vigilar que los recursos que sobre el financiamiento ejerzan los partidos políticos y las agrupaciones políticas, se apliquen estricta e invariablemente para las actividades señaladas en la ley;

e) revisar los informes que los partidos políticos y las agrupaciones políticas presenten sobre el origen y destino de sus recursos anuales y de campaña, según corresponda;

h) presentar al Consejo General los dictámenes que formulen respecto de las auditorias y verificaciones practicadas;

i) informar al Consejo General de las irregularidades en que hubiesen incurrido los partidos políticos y las agrupaciones políticas derivadas del manejo de sus recursos; el incumplimiento a su obligación de informar sobre la aplicación de los mismos y, en su caso, de las sanciones que a su juicio procedan (COFIPE, 2005).

Aunque se formulan con un mismo propósito general y
un sentido específico común, el Código Electoral y el Reglamento tratan de garantizar cosas diferentes. En el Código se establecen los derechos de los partidos políticos, tanto
al financiamiento público como a las prerrogativas, y en el
Reglamento se establecen las obligaciones de los partidos
políticos de reportar tanto el origen como el destino de sus
recursos. Con el diseño del Código se resuelven derechos y
con el Reglamento, en la medida en que se da por supuesto
que los partidos políticos buscarán ventanas de oportunidad
para lograr mejores condiciones en la competencia electoral,
ya sea rebasando los topes de campaña, recibiendo financiamiento de fuentes prohibidas, o bien superando los topes
para financiamiento privado, se busca controlar, por lo que
se establecen obligaciones.

El diseño de la fiscalización de los partidos políticos es
muy reciente. La primera experiencia de fiscalización ocurre
con el Reglamento que Establece los Lineamientos, Formatos, Instructivos, Catálogos de Cuentas y Guía Contabilizadora Aplicables a los Partidos Políticos Nacionales en el
Registro de sus Ingresos y Egresos y en la Presentación de
sus Informes, del 7 de diciembre de 1998. Durante el proceso federal de 1997 los partidos políticos gozaron del derecho
al financiamiento público pero no tuvieron que reportar ni
justificar su ejercicio[9]. Ello, por supuesto, da cuenta del avance en la competencia electoral, ya que el uso de recursos se
convierte en un factor que puede desequilibrar la contienda.
Estos recursos que, además, pueden provenir de fuentes estatales, aunque diferentes de las prerrogativas acordadas y
conocidas, así como de origen privado, incluso extranjero, se
entienden como ilegales y, por tanto, motivo suficiente para
modificar el carácter de una elección.

Por la importancia del tema y por las dificultades técnicas

---

[9]El Código Federal Electoral de 1987 en el artículo 1 fracción VIII señalaba que
los partidos políticos justificaron anualmente ante la Comisión Federal Electoral
el empleo del financiamiento público. No existe constancia de que esa norma se
haya acatado (Cárdenas, 2004: 6).

que implica la fiscalización, se han realizado varias reformas al Reglamento tendientes a aumentar sus posibilidades de vigilancia y a mejorar los resultados. Respecto a la elección federal de 2000,[10] los partidos políticos condujeron sus acciones de acuerdo con el Código Electoral y el Reglamento con las modificaciones aprobadas el 17 de diciembre de 1999 y publicadas en el Diario Oficial de la Federación el 7 de enero de 2000.

En esa versión del Reglamento, en la parte de lineamientos y en lo relativo al registro de los ingresos y egresos tanto en efectivo como en especie, se estableció la obligación de que los partidos políticos tuvieran registros contables realizados con base en procedimientos previamente acordados (IFE, 2006) y se especificó que todos los ingresos, tanto públicos como privados, deberán ser depositados en cuentas bancarias, para posibilitar su seguimiento.

Respecto a los egresos, el mismo ordenamiento en el artículo 12 establece que: "Deberán registrarse contablemente y estar soportados con la documentación que expida a nombre del partido político la persona a quien se efectuó el pago. Dicha documentación deberá cumplir con los requisitos que exigen las disposiciones fiscales aplicables" (IFE, 2006).

En lo directamente relacionado con el acceso y gasto de los partidos políticos en los medios de comunicación, se establece en el mismo artículo 12 que:

(i) "Los comprobantes de los gastos efectuados en propaganda en radio y televisión deberán incluir los promocionales que amparan la factura y el período de tiempo en el que se transmitieron. Los promocionales que resulten de las bonificaciones recibidas por el partido por la compra de otros son parte de la operación mercantil y no implican donación alguna.

(ii) Los comprobantes de gastos efectuados en propaganda

---

[10]Sin embargo, "incrementar la eficacia de la fiscalización supone darse a alguna de las siguientes tareas o una combinación de ellas: elevar la eficiencia respecto al uso de recursos, aumentar el presupuesto destinado a esta tarea ó limitar la cantidad de personas u organizaciones sujetas a fiscalización" (IFE, 2000: 117).

en televisión también deberán especificar el tipo o tipos de promocionales que amparan, y el número de transmisiones realizadas para cada tipo de promocional;

(iii) los comprobantes de gastos efectuados en propaganda en radio, también deberán especificar el tipo o tipos de promocionales que amparan, y el número de transmisiones realizadas para cada tipo de promocional" (IFE, 2006).

Dado el derecho de los partidos políticos para gozar de financiamiento y las dificultades para fiscalizar el destino de los recursos asignados a cada uno de los partidos, se otorgaron amplias facultades a la comisión de fiscalización. En el artículo 19 se determinó que: "La Comisión de Fiscalización, a través de su Secretario Técnico, tendrá en todo momento la facultad de solicitar a los órganos responsables de cada partido político la documentación necesaria para comprobar la veracidad de lo reportado en los informes. Durante el período de revisión de los informes los partidos políticos tendrán la obligación de permitir a la autoridad electoral el acceso a todos los documentos originales que soporten sus ingresos y egresos, así como a su contabilidad, incluidos sus estados financieros" (IFE, 2006).

Sin duda, uno de los temas que más ha llamado la atención es el relativo a los gastos de los partidos políticos durante las campañas electorales. Lo reciente de los procedimientos de fiscalización, las dificultades técnicas para llevar a cabo la vigilancia y los comportamientos de los dos grupos de actores motivo de este análisis: los partidos políticos y los medios de comunicación han propiciado que el órgano fiscalizador realice constantes reformas al reglamento a fin de ampliar sus capacidades técnicas de fiscalización. Ésta es la razón por la que el proceso electoral de 2003 se llevó a cabo bajo las reformas al Reglamento de diciembre de 2002. Estas reformas incorporan básicamente ajustes técnicos que buscan volver eficiente el control y vigilancia del origen, uso y aplicación de los recursos de los partidos políticos y en la presentación de sus informes.

Resultado de esta modificación, en el artículo 12 se dispone que se podrá requerir a los partidos políticos que presenten los documentos que respalden los movimientos bancarios que se deriven de sus estados de cuenta y que esos estados podrán ser auditados con información proveniente de las propias empresas bancarias. Por ello se establece la obligación de los partidos políticos de enviar un oficio a la Comisión Nacional Bancaria y de Valores mediante el cual autoricen al Instituto Federal Electoral para obtener cualquier información y certificaciones relacionadas con sus instrumentos y operaciones en las distintas instituciones de banca múltiple e intermediarios financieros en el sistema financiero nacional. Textualmente se establece que: "Todos los ingresos en efectivo que reciban los partidos políticos deberán depositarse en cuentas bancarias a nombre del partido político, que serán manejadas mancomunadamente por quienes autorice el encargado del órgano de finanzas de cada partido. El Secretario Técnico de la Comisión de Fiscalización podrá requerir a los partidos políticos que presenten los documentos que respalden los movimientos bancarios que se deriven de sus estados de cuenta" (IFE, 2006)

En el artículo 12.8, que regula la facturación de propaganda en radio y televisión, se incorporan los requisitos que deberán cumplir los comprobantes de los gastos efectuados. En primer lugar, se precisa que en las hojas membreteadas que deberán anexarse a cada factura, debe incluirse una relación de cada uno de los promocionales que ampara la factura junto con el valor unitario de todos y cada uno de ellos, independientemente de que éstos sean o no resultado de bonificaciones. Asimismo, se dispone que el importe y el número total de los promocionales detallados en las hojas membreteadas deben coincidir con el valor y número de promocionales que ampara la factura respectiva, incluyendo los promocionales que fueron resultado de bonificaciones hechas por las empresas transmisoras.

Con estas precisiones se busca obtener dos objetivos. En primer lugar, que la información relativa al valor unitario de cada uno de los promocionales de cada partido político

permita transparentar las operaciones entre los partidos políticos y los medios de comunicación. En segundo lugar, se
complementa la regla del artículo 12.8 que establece que los
promocionales que resulten de las bonificaciones recibidas
por el partido por la compra de otros promocionales no implican donación alguna. Ello se realiza obligando a que las
empresas vendedoras formalicen la factura en papel oficial y
en materia de bonificaciones se incluyen una consideración
sobre los valores unitarios y las tarifas de los promocionales.[11]

Para brindar mayor claridad en el registro contable de los
gastos que se realicen en medios masivos de comunicación y
tener claramente identificados los gastos que se realicen en
prensa, radio y televisión se incorpora un inciso al artículo
12. En concordancia con este artículo se reforma el Catálogo
de Cuentas para separar claramente dichas cuentas contables: "Todos los gastos que los partidos políticos realicen en
prensa, radio y televisión deberán tenerse claramente regis-
trados e identificados en las cuentas contables del partido,
de conformidad con el Catálogo de Cuentas previsto en el
presente Reglamento" (IFE, 2006).

Como puede observarse, las reglas que determinan el
comportamiento de los partidos políticos han tenido una
evolución que se explica por la manera como se fueron fortaleciendo los partidos opositores al partido oficial, convir-
tiendo la arena electoral en un espacio en el que verdaderamente se disputan los votos de los electores. A través de la
vía electoral los partidos buscaron hacerse del gobierno, lo
que se convirtió en un impulso al proceso de liberalización
política que, posteriormente, condujo a la transición demo-

---

[11]Con la precisión de que esto es así siempre y cuando el valor unitario de los promocionales recibidos por dicho concepto no sea menor al mínimo de las tarifas
que fije la Secretaría de Comunicaciones y Transportes de conformidad con los
artículos 9, fracción IV y artículo 53 de la Ley Federal de Radio y Televisión. Lo
anterior se establece en consonancia con lo dispuesto en el artículo 49, párrafo 2,
inciso g del Código Federal de Instituciones y Procedimientos Electorales en el
sentido de que las empresas mexicanas de carácter mercantil no podrán realizar
aportaciones o donativos a los partidos políticos, en dinero o en especie, por sí o
por interpósita persona y bajo ninguna circunstancia.

crática. Durante el período de liberalización política, la regla electoral tendía a equilibrar las condiciones de competencia de los partidos políticos con registro. Ello implico un esfuerzo constante que se concentraba en garantizar el acceso al financiamiento y a las prerrogativas y a buscar que los partidos accedieran a él bajo condiciones de equidad.[12] Por otro lado, con las reglas establecidas para el reconocimiento de nuevos partidos políticos se mantuvo la estructura oligopólica vigente, abriendo a cuentagotas la puerta a los nuevos competidores. Es indudable que, también en este aspecto, un factor que contribuyó poderosamente al mantenimiento de la estructura política oligopólica es el interés de los partidos actuales y el tipo de alianzas que se han desarrollado con los partidos menores, permitiéndoles subsistir pese a carecer de un respaldo popular demostrable.

Una vez que el proceso de transición democrática por la vía electoral permitió la alternancia, las preocupaciones cambiaron. La competencia electoral obligó a enfrentar dinámicas propias de sistemas competitivos. Garantizado el derecho al financiamiento público y a las prerrogativas, la preocupación esencial es vigilar el ejercicio de ese financiamiento y controlar la relación de los partidos políticos con los medios de comunicación, factor esencial en la competencia electoral, con el objetivo primordial de que la competencia electoral no distorsione las condiciones de equidad establecidas en la ley.

En resumen, podríamos decir que hasta 1997 una preocupación importante fue lograr condiciones equitativas de competencia. Una vez establecidas las condiciones para una verdadera competencia electoral, la dinámica de los partidos políticos y sus técnicas de adaptación a esa competencia han obligado a preocuparse y a buscar una reglamentación muy

---

[12]La alta propensión rentista del régimen de financiamiento de la actividad político-electoral en México es quizá una de sus características torales. Esto supone que los actores políticos se muevan en un ambiente presupuestal relajado. A los partidos políticos se los proporcionan recursos de manera permanente para llevar a cabo sus actividades ordinarias; gozan de esta prerrogativa porque están definidas como entidades de interés público (IFE, 2000: 121).

precisa respecto al ejercicio de sus atribuciones y a los límites, principalmente en lo relativo al financiamiento público
y al acceso a los medios de comunicación.

En todo caso, los partidos políticos tienen la clara obligación de presentar informes. Son vigilados por una autoridad y reciben sanciones si sus actividades se ubican fuera
del marco legal.[13] Las actividades de los partidos políticos se
encuentran limitadas por un marco jurídico que reconoce sus
derechos, pero que además les asigna importantes obligaciones que son fiscalizadas por una autoridad, ciertamente limitada pero activa. De modo que la acción de los partidos políticos durante los procesos electorales enfrenta restricciones
importantes, mientras que la de los medios de comunicación
es prácticamente inexistente.

El contraste entre el funcionamiento del Consejo General
del IFE de 1996 y de 2003 permite concluir que la estabilidad
y desempeño institucional dependen de tres factores que,
combinados, son capaces de generar una crisis institucional
como la que se vivió en México durante el año de 2006: primero, el mecanismo de selección de los consejeros electorales
propició que ante la falta de participación y acuerdo de uno
de los jugadores con capacidad de veto se cuestione la propia
interacción de todos los jugadores y el desempeño del propio
Consejo General, provocando una situación de inestabilidad,
desconfianza y permanente cuestionamiento de la autoridad
electoral; segundo, habiendo resultados electorales con márgenes de diferencia muy pequeños se enfrentan dificultades
para establecer con claridad a los ganadores, abriendo espacios para la incertidumbre y la desconfianza; y, tercero, el
modelo de competencia electoral anglosajón, cuya principal

---

[13]"El debate actual en torno a las reformas que requiere nuestro sistema electoral gire fundamentalmente en torno a la necesidad de promover una reforma
que fortalezca los mecanismos de fiscalización y transparencia en los ingresos y
gastos de los partidos. Este asunto está relacionado con la demanda de disminuir
gradualmente el monto de financiamiento público a partidos y campañas, pues
además de que el financiamiento público que gozan es muy alto a escala internacional, la falta de fiscalización no permite garantizar que los recursos que provee tal financiamiento se asignen a las actividades contempladas originalmente"
(Guerrero, 2004: 11).

característica es permitir que los partidos políticos contraten espacios para anunciarse en los medios electrónicos de comunicación generando enormes dificultades para que la autoridad electoral controle el desarrollo de la competencia y que, ante la dimensión de los factores en juego, carezca de instrumentos prácticos para hace valer el principio de la equidad.

La tensión política que se vivió durante el proceso electoral de 2006 y la tensión postelectoral que no se vivía en México desde 1988 demuestran que es imposible entender el desempeño del IFE sin tener en cuenta que su función es la de administrar el conflicto y la disputa política. Por lo tanto, se encuentra constantemente expuesto a los acontecimientos políticos, porque es en sí mismo una instancia política y un elemento de fragilidad en su funcionamiento, y que limita el cumplimiento de sus importantes actividades al hecho de contar con el reconocimiento como árbitro de todos los actores relevantes involucrados en el juego.

4. Hacia una reconfiguración del Instituto Federal Electoral

La paulatina construcción de la institucionalidad electoral democrática, que se inició en 1990 disminuyendo las atribuciones del Ejecutivo y culminó con la reforma constitucional de 1996 que ciudadaniza los órganos electorales, fue un elemento fundamental en la lucha por la democratización. Naturalmente, en su aplicación se enfrentaron dificultades importantes para garantizar la imparcialidad en la organización de los procesos electorales y la equidad en la competencia electoral, en un entorno de creciente competitividad con jugadores poco dispuestos a la cooperación.

Durante el proceso electoral de 2006 el Instituto Federal Electoral enfrentó una crisis de confianza y credibilidad reconocida por prácticamente todos los actores políticos. La superación de esta crisis hizo necesaria una nueva reforma electoral que atendiera los dos puntos más vulnerables de la institución: la designación de los Consejeros Electorales y el modelo de comunicación entre ciudadanos y partidos políticos. Como requisito para nombrar un nuevo Consejo, la reforma establece que en 2007 dejarán su cargo el Consejero Presidente y dos Consejeros Electorales, en 2008 dejarán su cargo otros tres Consejeros Electorales y en 2009 se irán los tres Consejeros Electorales restantes. En torno a la integración del Consejo General, en la última reforma del artículo 41 se destaca que: "El Consejo General será su órgano superior de dirección y se integrará por un Consejero Presidente y ocho Consejeros Electorales, y concurrirán, con voz pero sin voto, los Consejeros del Poder Legislativo, los representantes de los partidos políticos y un Secretario Ejecutivo (...) Una Contraloría General tendrá a su cargo, con autonomía técnica y de gestión, la fiscalización de todos los ingresos y egresos del Instituto" (Constitución, 2007).

El Consejero Presidente durará en su cargo seis años y podrá ser reelecto una sola vez. Los Consejeros Electorales durarán en su cargo nueve años, serán renovados en forma escalonada y no podrán ser reelectos. Serán elegidos por el voto de las dos terceras partes de los miembros presentes de la Cámara de Diputados "a propuesta de los grupos parlamentarios, previa realización de una amplia consulta a la sociedad" (Constitución, 2007). Buscando generar una mayor autonomía, se impone a los Consejeros la prohibición de ocupar cargos públicos durante los dos años siguientes a que dejen el cargo.

Con esta reforma se modificó la estructura del Instituto, incorporando la figura del titular de la Contraloría General del Instituto que también será designado por la Cámara de Diputados con el voto de las dos terceras partes de sus miembros presentes y a propuesta de instituciones públicas de educación superior. La designación es por seis años, con posibilidades de ser reelecto por una sola vez.

Uno de los mayores retos que ha vivido el Instituto es el relativo a la fiscalización de los recursos que los partidos políticos utilizan para el desarrollo de sus campañas políticas. Con la reforma de 2006, el Instituto Federal Electoral mantiene sus atribuciones en lo relativo a la organización de los procesos electorales e incorpora "un órgano técnico del Consejo General del Instituto Federal Electoral, dotado de autonomía de gestión, cuyo titular será designado por el voto de las dos terceras partes del propio Consejo a propuesta del Consejero Presidente" (Constitución, 2007). Una modificación importante es que se subsanan las limitaciones para la fiscalización, fortaleciendo sus capacidades de revisión de la situación financiera y de los movimientos de dinero, porque para el cumplimiento de sus atribuciones el órgano técnico no estará limitado por los secretos bancario, fiduciario y fiscal.

Para dar cumplimiento a lo establecido en el artículo 41 reformado en lo referente a nombrar a Consejeros, previa consulta con la sociedad, se estableció un procedimiento inédito: la Cámara de Diputados emitió una convocatoria abierta publicada en la Gaceta Parlamentaria del martes 20 de noviembre de 2007. La principal característica de esta convocatoria fue que los ciudadanos y las organizaciones ciudadanas pudieran participar libremente en el proceso de designación del Consejero Presidente y de dos Consejeros Ciudadanos, abriendo la posibilidad de inscribirse voluntariamente todos los que reunieran los requisitos señalados: ser ciudadano mexicano; estar inscrito en el Registro Federal de Electores; contar con más de treinta años de edad; poseer al día de la designación título profesional o formación equivalente; tener conocimientos en la materia político-electoral; por supuesto, gozar de buena reputación; y , finalmente, la entrega de un ensayo en el que se abordara la reforma constitucional en materia electoral de 2007.

En la convocatoria se ratifica claramente el ánimo de garantizar el carácter ciudadano del máximo órgano del Instituto Federal Electoral, ya que se cierra la posibilidad de que militantes de los partidos políticos se inscriban al establecer las siguientes prohibiciones: no desempeñar ni haber desempeñado el cargo de Presidente del Comité Ejecutivo Nacional en un partido político; no haber sido registrado como

candidato a cargos de elección popular en los últimos cinco
años; no ser Secretario de Estado, ni Procurador General de
la República o del Distrito Federal, Subsecretario ni Gober-
nador ni Secretario de Gobierno.

Este procedimiento de registro fue organizado por la Comisión de Gobernación de la Cámara de Diputados y cons-
taba inicialmente de cuatro etapas: la primera fue la verificación del cumplimiento de los requisitos por parte de los
candidatos; la segunda, de integración de una lista con los
candidatos que cumplían con los requisitos (lista que fue integrada por la propia Comisión de Gobernación); la tercera,
del proceso de selección que llevó a los candidatos a asistir a
una entrevista realizada por los integrantes de la Comisión
de Gobernación, repartidos en cuatro subgrupos, en la que
los candidatos expusieron los puntos centrales de su ensayo, para después responder a los cuestionamientos que les
formulaban los Diputados. Las entrevistas tuvieron la característica de realizarse en sesiones públicas y ser transmiti-
das por el Canal del Congreso. La cuarta etapa del proceso
consistió en que la Comisión de Gobernación preparara un
informe con la evaluación de cada uno de los participantes
y con una selección de un grupo que sería enviado a la valo-
ración de la Junta de Coordinación Política de la Cámara de
Diputados.

Para destacar la importancia de que los tres jugadores con
capacidad de veto participaran en la designación de los consejeros electorales, en la misma convocatoria se definió que:
"Los Grupos Parlamentarios a través de la Junta de Coordinación Política determinarán por el más amplio consenso
posible la propuesta del nombre del candidato a Consejero
Presidente y de los dos candidatos a Consejeros Electorales del Instituto Federal Electoral" (Gaceta Parlamentaria,
2007). La noción del más amplio consenso posible es indica-
tiva de este requerimiento político

La convocatoria constituyó una nueva etapa en la designación de los consejeros electorales toda vez que se abrió un
procedimiento de registro que fue público, lo que resultó con-

trastante con los procesos de designación de los años 1996 y 2003. Una diferencia fundamental fue la publicidad del proceso que permitía que los medios de comunicación le dieran seguimiento. Otra diferencia fue que para ser considerado candidato resultaba necesario registrarse personalmente, de modo que la inclusión en las listas no dependía, como en el pasado, de ser postulado por alguno de los partidos políticos con representación en el Congreso.

Aunque el mecanismo para ser considerado candidato constituyó un importante avance, en la última etapa no logró construirse un acuerdo que fuera aceptable para los tres jugadores con capacidad de veto. El asunto probablemente se dificultó por los acuerdos iniciales tomados por la Junta de Coordinación Política, que eliminaba las evaluaciones particulares entregadas por la Comisión de Gobernación y hechas públicas, lo que puso en igualdad de condiciones a los 36 finalistas. Además, el nombramiento del Consejero Presidente se separó del de los otros Consejeros dificultando la construcción de consenso. El resultado fue que los tres partidos mayoritarios no pudieron alcanzar un acuerdo en torno a las propuestas para Consejero Presidente y Consejeros Electorales, postergando la decisión para la primera semana de febrero de 2008, cuando formalmente se iniciará un nuevo período ordinario de sesiones. De modo que el proceso quedó interrumpido y a pesar de las críticas que ha suscitado la falta de acuerdo y el paréntesis abierto en la designación, es necesario destacar que posponer la designación de consejeros fue una buena decisión, ya que la otra alternativa posible era que dos de los tres actores pudieron imponer un punto de vista, reeditando la designación de consejeros de 2003 y profundizando la crisis de confianza y credibilidad en la institución electoral, polarizando aún más a los actores políticos.

Después de largas sesiones de discusión, el 7 de febrero de 2008, tras el consenso alcanzado por los tres jugadores de veto a los que se sumaron los otros cinco coordinadores parlamentarios, el pleno de la Cámara de Diputados aprobó con 398 votos a favor y 43 en contra el nombramiento de Leonardo Antonio Valdés Zurita como Presidente Consejero del Instituto Federal Electoral (IFE), cuyo mandato concluirá el 30 de octubre de 2013; el pleno también votó a favor de Benito Nacif Hernández y Marco Antonio Baños Martínez como integrantes del Consejo General del IFE, con 387 votos a favor y 54 en contra. Ambos concluirán su encargo el 30 de octubre de 2016.

Respecto a los problemas de equidad con esta reforma electoral, se reconocen las dificultades de la autoridad electoral para conseguir procesos electorales equitativos con la participación de los medios de comunicación. Con esta reforma se transformó el modelo de comunicación entre partidos políticos y ciudadanos, prohibiendo que los partidos políticos compren espacios en radio y televisión y fortaleciendo las capacidades de administración y fiscalización del Instituto Federal Electoral. Sobre la relación medios de comunicación-partidos políticos se amplió la regulación en torno al acceso a los medios de comunicación y se estableció en el artículo 41 que: "Los partidos políticos nacionales tendrán derecho al uso de manera permanente de los medios de comunicación social" (Constitución, 2007), definiéndose que el Instituto Federal Electoral será autoridad única para la administración del tiempo que corresponda al Estado. Además, se prohibió que los partidos políticos compren tiempo en radio y televisión, así como la difusión de propaganda de gobierno durante los procesos electorales.

Con la prohibición de que los partidos políticos compren espacios en los medios de comunicación, la asignación de los tiempos oficiales resulta fundamental. La reforma busca que la distribución de los espacios en los medios de comunicación se realice de manera equitativa, determinando la siguiente fórmula para su distribución: "El treinta por ciento en forma igualitaria y el setenta por ciento restante de acuerdo a los resultados de la elección para diputados federales inmediata anterior" (Constitución, 2007). Para garantizar el equilibrio en la competencia electoral se determinó que ninguna persona física o moral podrá contratar propaganda en radio y televisión "dirigida a influir en las preferencias electorales de los ciudadanos, ni a favor o en contra de partidos políticos o de candidatos a cargos de elección popular" (Constitución, 2007). Para reforzar la reforma queda prohibida la transmisión en territorio nacional de este tipo de mensajes contratados en el extranjero.

En lo relativo al financiamiento y los medios de comunicación, la reforma del año 2007 significa el cambio del modelo norteamericano hacia un modelo de comunicación de corte europeo. Incluso se redujo la duración de las campañas electorales limitándose a noventa días cuando se elija Presidente, Senadores y Diputados y reduciéndose a sesenta para la elección de Diputados.

La preocupación e intención de esta reforma es restaurar la confianza y credibilidad de la institucionalidad electoral en su conjunto. Particular importancia en este proceso de restauración es que la institución que administra la competencia política y cuya fortaleza es fundamental para lograr que los partidos políticos y la ciudadanía acepten sus decisiones tenga la legitimidad necesaria.

5. Reflexiones finales sobre el Instituto Federal Electoral

Durante el período 2003-2006, el Instituto Federal Electoral vivió el deterioro de sus niveles de aceptación y confianza entre los partidos políticos y los ciudadanos. Este deterioro se explica en que, al no ser considerada una de las fuerzas políticas en la integración del Consejo General, se rompió el frágil equilibrio de los contrapesos. El principio de las parcialidades que se neutralizan no se cumplió porque una de las parcialidades no se reconocía en ese Consejo. Esta desconfianza se intensificó con el desarrollo del proceso electoral de 2006: el IFE enfrentó una competitividad y polarización electoral tan elevada que no reunió las capacidades para garantizar la equidad en la competencia. Además, el muy reducido margen de diferencia entre las dos fuerzas electorales con mayor respaldo electoral hizo aún más vulnerable a la institución, en tanto que resultaba muy difícil que los actores aceptaran el resultado. Con las reformas de 2007 se buscó restaurar esta confianza en la institucionalidad electoral y el Instituto Federal Electoral tuvo ante sí la oportunidad de fortalecerse.

Sin embargo, la posibilidad de fortalecerse y de recuperar la confianza perdida está limitada por lo que parecen condiciones estructurales de las democracias representativas: la comunicación entre partidos políticos y ciudadanos, y la necesidad de dinero para lograr esta comunicación. La joven y frágil democracia mexicana, y con ella el Instituto Federal Electoral, ha enfrentado en los últimos diez años la tensión del dinero y su relación con las campañas electorales. En estos años los medios de comunicación, específicamente la televisión, han cobrado tal relevancia que tienen la capacidad de determinar y condicionar el acontecer político. Esta tensión es resultado de la interacción de todos los actores involucrados en los procesos electorales: autoridades electorales y partidos políticos. Ello es así ya que la transición democrática y la competencia electoral han ocurrido básicamente en el espacio de los medios de comunicación privados.[14] Esto ha obligado a que los partidos políticos en sus estrategias electorales se concentraran en difundir su propaganda en los medios electrónicos, destinando una parte muy importante de sus recursos para pagar este tipo de campaña. Se trata de un gasto que era necesario financiar, que crecía en cada elección y para el que siempre resultaba limitado el financiamiento público.

A pesar de los recursos gastados en estas campañas electorales centradas en los medios de comunicación electrónicos, su resultado en términos de consolidación y ampliación

[14]Para Giovanni Sartori, previamente a la elección, los ciudadanos observan las campañas electorales de los partidos políticos y dan forma a la opinión pública, hasta llegar al proceso de elección. En este proceso, "el poder electoral en sí es la garantía mecánica de la democracia; pero las condiciones bajo las cuales el ciudadano obtiene la información y está expuesto a las presiones de los fabricantes de opinión son las que constituyen la garantía sustantiva [...] la opinión de los gobernados es la base real de todo gobierno" (Sartori, 1989: 117).

democrática dejaban mucho que desear. Esto obedeció a una razón básica: la competencia electoral que se desarrolla y resuelve a través de los medios de comunicación, particularmente la televisión, entorpece el principio de equidad.[15]Las campañas electorales difundidas por televisión vulneran el principio de equidad en la competencia por tres razones. Una, porque frente el interés de competir por los votos pagando espacios en la televisión los partidos políticos tenían poderosos incentivos para buscar fuentes de financiamiento privado. Otra, porque existía un espacio prácticamente ilimitado para la discrecionalidad de las televisoras, ya que bajo la fachada de "paquetes", "promociones" y "bonificaciones" podían otorgar precios diferenciados a cada uno de los partidos políticos. En realidad, estos precios de las televisoras fueron determinados por su preferencia política. Era perfectamente posible que las televisoras fijaran un precio diferenciado a cada uno de los partidos políticos en función de sus preferencias,[16] lo que tenía un doble efecto altamente nocivo: al tiempo que ubicaba al partido de sus preferencias en una situación ventajosa para la competencia, cuestionaba la independencia del probable gobierno de ese partido político.

Un tercer efecto era la vulnerabilidad del principio de la información disponible para la toma de decisión de los ciu-

---

[15]Dentro de esta perspectiva hay autores decisivos: J. A. Schumpeter quien escribiera su señera obra *Capitalism, Socialism, and Democracy* en 1942; Anthony Downs con su *An economic theory of democracy* de 1957; Giovanni Sartori, en toda su obra, pero particularmente en su *Theory of Democracy* traducida al castellano por Alianza en 1989; Norberto Bobbio con *El futuro de la democracia* editado en México por Fondo de Cultura Económica en 1986; Robert Dahl con su *Polyarchy: Participation and Opposition* de 1972; Arendt Lijphart con su clásico texto *Democracy in Plural Societies: A Comparative Exploration* de 1977; Guillermo O'Donell, C. Philippe Schmitter y Laurence Whitehead con su pionero estudio sobre *Transitions from Authoritarian Rule: Comparative Perspectives*; y Adam Przeworski con *Democracy and the Market: Political and Economic Reforms in Eastern Europe and Latin America* publicado por Cambridge University Press en 1991.
[16]Castells postula que aunque no toda la política puede reducirse a imágenes, sin los medios no es posible obtener el poder y, una vez obtenido, tampoco es posible ejercerlo. "La lógica y la organización de los medios electrónicos encuadra y estructura la política" (Castells, 1997: 344).

dadanos.[17] Los partidos políticos adaptaban sus mensajes a las características de la publicidad comercial reduciendo la difusión de su plataforma e ideología a la emisión de breves mensajes que no eran más que frases sueltas y frecuentemente sólo imágenes, que no transmitían información relevante para la toma de decisiones.

Las reformas constitucionales recientemente aprobadas modifican este modelo de comunicación entre ciudadanos y electores, modifica también la relación de los partidos políticos y los medios de comunicación electrónicos y consolida estas dos transformaciones ampliando las facultades de fiscalización del órgano encargado. Con estas modificaciones se busca corregir las dinámicas no previstas en la reforma de 1996 y que ocasionaron serias dificultades en el desarrollo de los procesos electorales de los años 2000, 2003 y particularmente 2006.

Tomando en cuenta los procesos electorales federales de 2000 y 2006 y su relación con las televisoras privadas, era evidente que el modelo de comunicación definido por la legislación electoral vulneraba el principio de equidad en la competencia. Pese a los esfuerzos normativos establecidos en la legislación e instrumentados por la autoridad electoral, las elecciones fueron marcadamente inequitativas. Esta conclusión se fundamenta en un dato central: se legisló para controlar el financiamiento que recibían los partidos para cada elección; también se fueron perfeccionando los formatos para controlar el gasto que realizaban los partidos, se estableció que las televisoras comunicaran a la autoridad electoral los precios máximos de sus espacios televisivos para cada tipo de horario de transmisión, pero lo que no se controló, porque no es posible hacerlo desde la legislación electoral, fueron las prácticas comerciales de las televisoras.[18]

---

[17]Robert Dahl sugiere "asegurar que la información sobre el programa de acción política, sea adecuada tanto en su nivel como en su forma; crear para todos los ciudadanos oportunidades accesibles; influir en la elección de los temas sobre los cuales se dispone de la información antes mencionada; y participar en forma significativa en los debates políticos" (Dahl, 1992: 406).
[18]Un ejemplo que ilustra bien estas insuficiencias se halla en la reforma de 1996 al

En el curso de las campañas, e incluso probablemente desde antes, se establecían negociaciones entre los partidos políticos y los medios de comunicación. En estas negociaciones que debieran ser de carácter eminentemente comercial, donde uno demanda tiempos de emisión y otro los ofrece, lo normal era establecer precios iguales para todos los participantes en el proceso electoral. Esos precios, dado el carácter de la industria, irían aumentando conforme se acercase el momento de la decisión electoral, afectando a todos los competidores por igual. Sin embargo, ya que las negociaciones eran entre cada partido y cada televisora, se acordaban precios y contenidos editoriales sin que mediara ninguna fiscalización. Este tipo de negociación se daba entre representantes políticos y magnates industriales,[19] lo que implicaba que existían condiciones desiguales en las que estos últimos ofrecían descuentos especiales a las opciones políticas que les interesaba promover, a cambio de compromisos que les permitían conservar el control de un mercado excesivamente concentrado. Es obvio que estas negociaciones modificaban las condiciones de la competencia electoral, lo que no beneficiaba ni a los ciudadanos ni a las instituciones democráticas, y tampoco fomentaba la consolidación democrática. Las negociaciones que llevaban a cabo tanto los partidos políticos como las dos

---

sistema electoral mexicano. Se resolvió un asunto central: el acceso al financiamiento público y a los tiempos oficiales de radio y televisión. Ello, sin embargo, no terminó con el problema de la equidad en el acceso a los medios. Se mantuvieron enormes lagunas, dadas las dificultades derivadas de las enormes trabas que tenía el organismo autónomo para fiscalizar el gasto y controlar las posibles relaciones determinadas por los intereses de los partidos políticos con los medios de comunicación y de los medios con los partidos, o bien de manera particular con los candidatos.

[19]La propiedad de los medios de comunicación se encuentra concentrada en compañías multinacionales que deciden sobre la economía, la sociedad y la cultura. Nueve empresas globales de la comunicación, seis de las cuales son estadounidenses, controlan la mayor parte de los satélites, las telecomunicaciones, la televisión, la radio, la Internet, el acceso a la información, la industria cultural y el entretenimiento en todo el mundo. Televisa de México, O'Globo de Brasil, Clarín de Argentina y el grupo Cisneros de Venezuela están entre las corporaciones más grandes del mundo, que siguen en tamaño a las nueve grandes (Fieldhouse, 2000).

televisoras privadas produjeron inequidad, control, parcialidad y enriquecimientos basados en los recursos públicos.

Frente al principio de equidad en la competencia, el poder de las televisoras se imponía con su participación como
grupos de poder, premiando o castigando a través de su actividad económica, pero actuando básicamente como lo que
son: un duopolio poderoso[20] con intereses económicos que,
para preservarse, tomaba decisiones políticas y elegía antes
de que ocurrieran los procesos electorales.

En contraste con el supuesto normativo de la democracia
que establece que los partidos políticos compitan bajo condiciones de equidad, en los procesos electorales de México,
los medios de comunicación participaban como entidades
económicas, pero especialmente como actores políticos que,
por la vía de los precios y la línea editorial de sus noticieros,
realizaban una votación estratégica previa al proceso electoral, limitando las opciones disponibles para los electores.[21]
Si aceptamos que la teoría de la democracia establece que
la información es el bien fundamental que da sentido a la
representación democrática, entonces debemos aceptar que
el sistema electoral mexicano tenía dificultades estructurales
para cumplir este cometido.

En el sistema electoral mexicano la brecha informativa

---

[20]Resulta incluso paradójico frente a la importancia estratégica que los medios
de comunicación adquieren en los procesos democráticos de los Estados-nación,
sean industrias cada vez menos reguladas. Estas modificaciones a las capacidades
regulatorias de los Estados sobre los medios de comunicación fueron posibles en
el contexto de los cambios de dirección en la economía mundial promovidos por
el FMI, el Banco Mundial y la Organización Mundial del Comercio. Por esta
razón, en los últimos 20 años la radio y televisión pública, primero, vivieron
recortes en su presupuesto y, posteriormente, fueron privatizadas (Held y Mc-
Grew, 2002: 429).

[21]Carey establece que lo verdaderamente peligroso de los medios de comunicación es que se han convertido en la principal fuente de información política, pero
esta información es influida y distorsionada por el doble papel que juegan los
medios: por una parte, son "constructores/voceros de los discursos de las instituciones políticas y los grupos de interés a partir de los cuales [...] los electores
pueden configurar un escenario de posiciones [...] y una segunda función es la
de constructores/voceros de la opinión pública a partir de la cual los políticos
conforman sus agendas y toman sus decisiones" (Carey, 1997: 245).

inherente a los procesos de representación se amplió y profundizó por la participación política de los medios de comunicación. La posibilidad de estas relaciones fue determinada por el desequilibrio del armado institucional. A partir de 1989, el sistema electoral vivió un proceso continuo de reformas que buscaban mejorar las condiciones de equidad en la competencia política. En contraste, la reglamentación de los medios de comunicación no ha sufrido reformas. En el proceso de cambio político en México, un asunto central fue la redefinición de reglas electorales que se propusieron favorecer la equidad. Para lograrlo, un aspecto central fue el financiamiento público a los partidos y que éstos tuvieran un acceso en forma equitativa a los tiempos oficiales de radio y televisión. Sin embargo, a estas reformas no correspondieron cambios en la legislación relativa a la televisión que, para estos procesos electorales, actuaron bajo una ley promulgada en el año de 1960.[22] Este desequilibrio en los diseños institucionales, y la negociación que establecían ambos actores, vulneró el principio de equidad y, todavía más importante, restringió de forma fundamental las posibilidades de fiscalización de la autoridad electoral.

En los hechos, lo que ocurrió fue que, buscando procesos electorales equitativos, se diseñó un complejo armado institucional que determinaba el acceso de los partidos políticos al financiamiento y a los tiempos oficiales de televisión, mientras que en relación con los medios de comunicación, se buscaba preservar el derecho de expresión sin garantizar el derecho a la información de los electores.[23] Esto ocurría en

---

[22]En México, a los problemas de la relación entre partidos y medios de comunicación y a las características de la evolución de la industria de la comunicación, hay que agregar que el tema de la reglamentación de los medios ha estado ausente de las tareas legislativas. Las leyes más importantes en esta materia son antiguas: la de Imprenta, que fue promulgada en 1917, y la Federal de Radio y Televisión de 1960. De hecho, la reforma de los medios de comunicación tendría que haber sido parte de la reforma de la legislación electoral (Trejo, 2001).

[23]Esta función de los medios de comunicación, concretamente como la llevan a cabo durante los procesos electorales, supone tres derechos interrelacionados que deben respetarse, pero que frecuentemente entran en contradicción: a) el derecho de los electores a realizar una elección plenamente informada); b) el derecho de

condiciones en las que un elemento fundamental para garantizar este derecho es la diversidad de fuentes de información que en el caso mexicano se ve restringido porque la televisión se concentra en solamente dos empresas.[24]

El cumplimiento de los ideales de equidad y representación en México se vieron limitados porque ocurría una negociación entre entidades que operaban en mercados concentrados con formas oligopólicas que actuaban bajo la protección y promoción del Estado.[25] Los puntos positivos de la reforma de 2007 se ubican precisamente en el esfuerzo para lograr un ejercicio transparente del dinero público y privado en los procesos electorales. Para lograr este objetivo resultaba central la definición del IFE como autoridad única facultada para regular los procesos electorales.

Constituyen avances fundamentales de esta reforma, el cambio de fórmula para asignar el financiamiento público en sus tres modalidades (la regulación de los procesos internos y los gastos de precampaña, las obligaciones para los partidos que pierdan el registro, la prohibición para que los partidos

---

los candidatos a divulgar sus propuestas políticas, y c) el derecho de los medios a informar y expresar sus opiniones sobre asuntos de interés público (Villanueva, 2000).

[24]Una de las resistencias más fuertes para reformar las leyes en esta materia es la de los propietarios de los medios electrónicos, quienes ante la posibilidad de una reforma argumentan que se pretende atentar contra la libertad de expresión. Este debate plantea un falso dilema entre libertad de expresión y derecho a la información, que legislaciones como la española han resuelto reconociendo el "derecho fundamental de todos a recibir una información veraz". Este planteamiento jurídico define con certeza que la regulación e intervención de las autoridades para hacer que se respete el derecho fundamental a contar con información veraz no significa violación de la libertad de expresión sino salvaguarda del derecho a la información de los ciudadanos.

[25]Los medios de comunicación fueron considerados entidades vulnerables en el régimen autoritario, pero cuando éste fue desplazado se aprovecharon de la ausencia de una reglamentación que los obligase a funcionar de manera sincrónica a lo que se construía en materia político-electoral, de modo que operaron como organizaciones tendientes al oportunismo. Los medios fueron capaces de capitalizar la búsqueda de una verdadera libertad de expresión –que también había limitado el autoritarismo priísta–, sin que se incorporaran realmente a los requerimientos propuestos por el derecho a la información. Ello se evidencia en la falta de mecanismos que tiendan a ampliar y a diversificar las fuentes de información disponibles para los ciudadanos.

políticos compren tiempo en radio y televisión), la prohibición de difundir propaganda de gobierno durante los procesos electorales, la creación de una Contraloría General que fiscalice los ingresos y egresos del Instituto Electoral Federal y la creación de un órgano técnico que fiscalice los gastos de los partidos políticos. También resulta un avance fundamental, el que se eleve la fiscalización y las sanciones para todos los actores.

Respecto a los problemas que plantean las campañas electorales difundidas en los medios electrónicos, resulta fundamental lo establecido en el artículo 41 constitucional, apartado A, que establece que: "Los partidos políticos en ningún momento podrán contratar o adquirir por sí o por terceras personas, tiempos en cualquier modalidad de radio y televisión" (Constitución, 2007). Resalta la prohibición de que "ninguna otra persona física o moral, sea a título propio o por cuenta de terceros, podrá contratar propaganda en radio y televisión dirigida a influir en las preferencias electorales de los ciudadanos, ni a favor o en contra de partidos políticos o de candidatos a cargos de elección popular" (Constitución, 2007).

Resultó fundamental que en la forma se reconocieran las dificultades que enfrentaba la autoridad electoral para fiscalizar los gastos de los partidos políticos en los medios de comunicación. En realidad, era indeseable cargar de obligaciones de comprobación y justificación a los partidos políticos y resultaba imposible que la autoridad electoral fuera capaz de analizar y dictaminar cantidades crecientes de información.[26]

Lo mejor fue que una autoridad independiente gestione y

---

[26] Adicionalmente a la Constitución y al COFIPE, las actividades de los partidos políticos fueron delimitadas por el Reglamento que establece los Lineamientos, Formatos, Instructivos, Catálogos de Cuentas y Guía Contabilizadora Aplicables a los Partidos Políticos Nacionales en el Registro de sus Ingresos y Egresos y en la Presentación de sus Informes. El objetivo de esta norma es vigilar el destino del financiamiento público y, en el caso del financiamiento privado de los partidos políticos, averiguar su origen y también su destino. Para ello, se faculta a la autoridad electoral para vigilar el apego a derecho en el ejercicio de estas atribuciones.

acuerde los tiempos y precios de los espacios en los medios
de comunicación, cerrando las posibilidades para una negociación privada entre estos dos actores. De acuerdo con lo
establecido en el mismo apartado A, del artículo 41 constitucional: "El Instituto Federal Electoral será autoridad única
para la administración del tiempo que corresponda al Estado
en radio y televisión destinado a sus propios fines y al ejercicio del derecho de los partidos políticos nacionales" (Constitución, 2007).

En los procesos electorales de 2000, 2003 y 2006 los partidos políticos gastaron sus recursos a partir de la consideración de que existía relación entre los anuncios en televisión y
sus posibilidades de obtener votación. De hecho, lo determinante en la contratación fue el criterio del *rating*: los canales,
horarios, tipos de programa y precios que los partidos políticos pagaron fueron determinados por la posibilidad de llegar
al mayor auditorio posible.

Con propaganda difundida en los canales de mayor audiencia, presentados durante la transmisión de programas de
concursos y telenovelas, con 30 y 20 segundos de duración,
los partidos políticos ni incrementaban, ni mejoraban la información con la que los electores toman decisiones. Esta
decisión de los partidos, basada en la posibilidad de incrementar los votos, tuvo el efecto de encarecer los espacios pu-
blicitarios de las televisoras y abrió espacios para la expresión
de la preferencia política de los medios de comunicación, a
través de la asignación de tiempos y tarifas preferenciales
para algunos partidos políticos.

El hecho de que las campañas electorales se concentraran
en los medios de comunicación tenía importancia en términos de la transferencia de recursos públicos a empresas privadas, pero ése no fue su mayor efecto. El mayor efecto fue
el sesgo que imprimió en la equidad de la competencia y en
el tipo de representación ciudadana que posibilitaba.

Ambas características –la imposibilidad de garantizar por
la vía del financiamiento público la equidad en la competencia electoral y la dificultad para transmitir por televisión

información a partir de la cual los ciudadanos tomarán decisiones –,[27] junto con la cada vez mayor concentración del poder en manos de las televisoras, lleva a plantear que la legislación y la autoridad electoral, hasta antes de la reformas constitucionales recientes, no podían garantizar la equidad en el acceso de los partidos políticos a los medios de comunicación y, en consecuencia, no podían garantizar la equidad en la competencia electoral.

No existe evidencia que demuestre que la contienda electoral por televisión mejora la calidad de la democracia. En cambio, existe evidencia que demuestra que la participación de las televisoras en la competencia electoral entorpece y pone en riesgo todo el armado democrático.

Las reformas constitucionales resultan convenientes porque modifican realmente el modelo de comunicación entre partidos políticos y electores, reconociendo que los contenidos difundidos en espacios pagados en los medios electrónicos no brindan la información necesaria para que los electores tomen decisiones informadas. Con la prohibición para que los partidos políticos compren espacios en los medios de comunicación y con la entrega de lineamientos del IFE a las televisoras para la difusión de información sobre los partidos políticos, se elimina la posibilidad del trato inequitativo de las televisoras.

---

[27]Las dificultades de la relación partidos políticos medios de comunicación no son privativas del sistema político mexicano, al contrario son una de las características más relevantes de las democracias contemporáneas. Para Pzerworski "la vida política democrática cotidiana no es un espectáculo que inspire reverente respeto; al contrario, aparece como un inacabable tira y afloja entre ambiciones mezquinas, una retórica dirigida al ocultamiento y la tergiversación, turbias conexiones entre el poder y el dinero, leyes que ni siquiera aparentan ser justas, políticas que refuerzan los privilegios" (Pzerworski, 1995: 161).

Bibliografía

Ackerman, John (2007), *Organismos autónomos y democracia el caso de México*, México: Siglo XX.

Bobbio, Norberto (1992), *El futuro de la democracia*, México: Fondo de Cultura Económica.

Cárdenas Gracia, Jaime (1996), *Transición Política y Reforma Constitucional en México*, México: Universidad Nacional Autónoma de México.

Carey, James W. (1997), "The press, public opinion and public discourse", en *A critical reader*, Minneapolis: University of Minnesota Press.

Castells, Manuel (1997), *La era de la información: el poder de la identidad*, Madrid: Alianza Editorial.

Dahl, Robert (1989), *La poliarquía, participación y oposición*, Madrid: Tecnos.

Dahl, Robert (1992), *La democracia y sus críticos*, Barcelona: Paidós.

Downs, Anthony (1957), *An economic theory of democracy*, Nueva York: Harper and Row.

García Orozco, Antonio (1978), "Recopilación y trabajo introductorio, Legislación Electoral Mexicana 1812-1977", *Gaceta Informativa de la Comisión Federal Electoral*, México.

Guerrero Gutiérrez, Eduardo (2004), *Fiscalización y transparencia del financiamiento a partidos políticos y campañas electorales*, México, Auditoría Superior de la Federación.

Held, D. y A. Mcgrew (2002), *Transformaciones globales, política económica y cultura*, México: Oxford University Press.

Lijphart, Arendt (1988), *Democracia en Sociedades plurales*, México: Prisma.

Martínez Assad, Carlos (1990), *La sucesión presidencial en México 1928-1988*, México: Nueva Imagen.

Merino, Mauricio (2003), *La transición votada. Crítica a la interpretación del cambio político en México*, México: Fondo de Cultura Económica.

North, Douglas (1990), *Instituciones, cambio institucional y des-*

empeño económico, México: Fondo de Cultura Económica.
O´Donnell, Guillermo y C. Philippe Schmitter (1986),*Transiciones desde un gobierno autoritario*, Barcelona: Paidós.
Pzerworski, Adam (1995), *Democracia y mercado: reformas políticas y económicas en la Europa del Este y América Latina*, Cambridge University Press.
Sartori, Giovanni (1989), *Teoría de la democracia: El debate contemporáneo*, México, Alianza. Tomo I.
Schumpeter, J.A. (1996), *Capitalismo socialismo y democracia*, España: Folio.
Tsebelis, George (2006),*Jugadores con veto. Cómo funcionan las instituciones políticas*, México: Fondo de Cultura Económica.
Trejo Delarbre, Raúl (2001), *Mediocracia sin mediaciones. Prensa, televisión y elecciones*, México: Cal y Arena.
Villanueva, Ernesto (Coord.) (2000), *Hacia un nuevo derecho de la información*, México: Universidad Iberoamericana.

Leyes consultadas:

Ley Electoral del 6 de febrero de 1917.
Ley para la Elección de Poderes Federales del 2 de julio de 1918.
Decreto del ciudadano Jefe interino del Ejército Liberal Constitucionalista del 25 de mayo de 1920.
Decreto que reforma la *Ley Electoral* del 2 de julio de 1918 del 7 julio de 1920.
Decreto que adiciona la *Ley Electoral* del 2 de julio de 1918 del 24 de diciembre de 1921.
Decreto que modifica los artículos 14 y 15 del decreto que reforma el artículo 14 y 15 de la *Ley para Elección de Poderes Federales* del 24 de noviembre de 1931.
Decreto que reforma el Artículo 14 de la *Ley de Elecciones de Poderes Federales* del 19 de enero de 1942.
Decreto que reforma varios artículos de la *Ley para Elecciones de Poderes Federales* del 4 de enero de 1943.
Ley Electoral Federal del 7 de enero de 1946.
Decreto que reforma diversos artículos de la *Ley Electoral Federal* del 21 de febrero de 1949.

Ley Electoral Federal del 4 de diciembre de 1954.
Decreto que reforma diversos artículos de la *Ley Electoral Federal* del 7 de enero de 1954.
Ley de Reformas y Adiciones a la Ley Electoral Federal del 28 de diciembre de 1963.
Decreto que reforma los artículos 51,52 fracción II, 60,67,70,71,72,77,78,84 fracción II y Párrafo final, 93 fracción II y VI, 94 fracciones I, II, III, 105 fracción VI y 110 fracción III de la *Ley Electoral Federal* del 29 de enero de 1970.
Ley Federal Electoral del 5 de enero de 1973.
Ley Federal de Organizaciones Políticas y Procesos Electorales del 28 de diciembre de 1977.
Ley Federal de Organizaciones y Procesos Electorales, Reglamento de los organismos Electorales y previsiones para la *Ley Federal de Organizaciones Políticas y Procesos Electorales* del 30 de diciembre de 1977.
Código Federal Electoral del 12 de febrero de 1987
Código Federal Electoral Con las adiciones y reformas de 1988 del 6 de enero de 1988.
Código Federal de Instituciones y procedimientos electorales del 15 de agosto de 1990.
Código Federal de Instituciones y Procedimientos Electorales de 1994.
Código Federal de Instituciones y Procedimientos Electorales de 1997.
Código Federal de Instituciones y Procedimientos Electorales de 2000.
Código Federal de Instituciones y Procedimientos Electorales de 2003.
Reforma del artículo 41 constitucional publicada en el Diario Oficial de la Federación, viernes 6 de abril de 1990.
Reforma del artículo 41 constitucional publicada en el Diario Oficial de la Federación, martes 19 de abril de 1994.
Reforma del artículo 41 constitucional publicada en el Diario Oficial de la Federación, Jueves 22 de agosto de 1996.
Reforma del artículo 41 constitucional publicada en el Diario Oficial de la Federación, martes 13 de noviembre de 2007.
Documentos en línea:

Instituto Federal Electoral, resultados electorales 1991 disponible en: http//:www.ife.org.mx/documentos/RESELEC/

nuevo_1991/dip_91/nac_edo/nac_dmr_91.html

Instituto Federal Electoral, historia institucional disponible en: http://www.ife.org.mx/portal/site/ife/menuitem.af8d2ec8e2c3eeea7a12e5e9100000f7/

Instituto Federal Electoral, resultados electorales de 1994 disponible en: http//:www.ife.org.mx/documentos/RESELEC/nuevo_1994/dip_94/nac_edo/nac_dmr_94.html

Convocatoria para consejeros electorales en disponible : http://gaceta.diputadons.gob.mx/Gaceta/60/2007/nov/2-011120-V.html

Lista de autores

Dante Avaro. Economista y Doctor en Filosofía. Es argentino y desde hace algunos años reside en México. Es miembro del Sistema Nacional de Investigadores Nivel I. Profesor Titular C en la Universidad Autónoma de Baja California. Sus últimos libros son: *La maldición de Adam Smith*, Buenos Aires, Libros del Zorzal, 2003. *Leña podrida y papeles mojados*, Buenos Aires, Teseo, 2006. *Los límites morales al gasto público*, Buenos Aires, Teseo, 2007. Es miembro fundador de Distribuendum A.C.

Sergio Martínez Romo. Es académico de la Universidad Autónoma Metropolitana desde 1975, en las unidades académicas de Azcapotzalco y Xochimilco. Profesor titular C de tiempo completo. Ha sido Profesor Invitado del Instituto Politécnico Nacional y de las Universidades Autónomas de Aguascalientes, Ciudad Juárez, Tamaulipas, Querétaro y otras instituciones de educación superior públicas y privadas. Es Profesor Asociado de la Universidad de Londres en Inglaterra, Profesor Visitante de la Universidad del Tres de Febrero en Buenos Aires, Argentina, y fue Profesor Invitado de la Universidad de Salamanca, España. PhD en Educación Superior (Filosofía, Política y Planeación Educativa), por la Universidad de Londres, Inglaterra. Maestro en Investigación Educativa (Planeación y Currículum) por la Universidad de Lancaster, Inglaterra. Diplomado en Planeación Educativa por el DEC de Santiago de Chile, y Licenciado (LAE) en Administración de Empresas por la UNAM, México. Ha realizado estudios de posgrado en Sociología Rural, Antropología, Historia, Estudios Latinoamericanos, Ciencia Política, Economía y Educación de Adultos. Algunos de los principales trabajos de investigación y publicaciones: "La internacionalización del postgrado en América Latina. Largo proceso en perspective" en Navarro M.A. y Sánchez I. (coord) (2007) *Transformación Mundial de la Educación Superior*. México. UIA-Puebla y UAT-Tamaulipas. "Globalization and higher education. Internationalising the academic tribes and their society? An overview from Mexican higher education". Reporte compartido con la Mtra. N. Minoa Reséndiz García, presentado en la 2006 Conferencia Internacional de la SRHE, Society for Research into Higher Education. Brighton, Inglaterra. Diciembre del 2006. "Building the Academic Society", Reporte de investigación presentado en la 2005 Conferencia Internacional de la SRHE, Society for Research into Higher Education. Edimburgh, Inglaterra. Diciembre del 2005. "Grupos, tribus, cuerpos y redes académicas. Las vicisitudes de la política educativa en educación superior" en *Repensando la Universidad*. UAM.X. 2005.

Emma (Michel) Maza Calviño. Es miembro de la Secretaría Ejecutiva de la Red Nacional de Organismos Civiles de Derechos Humanos "Todos los Derechos para Todas y Todos" (Red TDT). De octubre de 1997 a octubre de 2004 trabajó en el Área de Relaciones Internacionales del Centro de Derechos Humanos "Miguel Agustín Pro Juárez", la cual coordinó de 1999 a 2004. De enero a octubre de 1997 trabajó en la Secretaría Técnica de la Red TDT. De 1991 a 1996 fue miembro del Consejo de Directores del Centro Potosino de Derechos Humanos. Ha participado en las sesiones de la entonces Comisión de Derechos Humanos en Ginebra; coordinado la preparación de informes y reuniones con varios relatores de Naciones Unidas que han visitado México; participado en Audiencias de la CIDH y en diversas Asambleas Generales de la OEA. Actualmente es candidata al grado de Maestra en Derechos Humanos y Democracia por la Facultad Latinoamericana de Ciencias Sociales-México.

Mario Torrico. Economista y politólogo por la Universidad Mayor de San Simón (Cochabamba-Bolivia). Maestro en Desarrollo Económico en América Latina por Universidad Internacional de Andalucía (España). Maestro en Ciencias Sociales y Candidato a Doctor en Ciencias Sociales con mención en Ciencia Política por la Facultad Latinoamericana de Ciencias Sociales (FLACSO-México). Ha publicado "Un Balance del Neoliberalismo en Bolivia" (coaut), en *Búsqueda* No 15. IESE-UMSS, Cochabamba-Bolivia. "¿Qué ocurrió realmente en Bolivia?", en *Perfiles Latinoamericanos* N° 28. FLACSO, México. "Una visión histórica de las elecciones en Bolivia", en *Istor* No 25. CIDE, México. "Las reformas del gobierno de Evo Morales", en *Documentos de Trabajo* No 1, FLACSO, México. "Capital social o estructura política: explorando la participación ciudadana" (coaut), en *Cultura política y participación ciudadana en México antes y después de 2006*. Secretaría de Gobernación, México.

Daniel Vázquez Valencia. Doctor en Ciencias Sociales por la FLACSO-México, maestro en Sociología Política por el Instituto Mora y licenciado en derecho y en Ciencia Política y Administración Pública en ambos casos por la UNAM. Actualmente coordina la Maestría en Derechos Humanos y Democracia en FLACSO-México donde es profesor investigador de tiempo completo. Asimismo es miembro del Seminario Thomas Hobbes cuya sede se encuentra en el ITAM y en el Seminario Buen Gobierno, Populismo y Justicia Social que se desenvuelve en FLACSO. Ha participado en diversas investigaciones sobre VIH/SIDA y derechos humanos en América Latina, en la elaboración del Diagnóstico y Programa de Derechos Humanos del DF y en un mapeo de instituciones de investigación sobre democracia en México. Entre los temas de investigación que trabaja sobresalen: la relación entre la democracia y los derechos humanos; y los grupos de poder y las restricciones en la toma de decisiones gubernamentales en los regímenes democráticos.

Citlali Villafranco Robles. Profesora-investigadora de Tiempo Completo de la Universidad Autónoma de la Ciudad de México. Obtuvo Licenciatura y Maestría por la Facultad de Ciencias Políticas y Sociales de la UNAM y el Doctorado en Ciencias Sociales con especialidad en Ciencia Política por la Facultad Latinoamericana de Ciencias Sociales (FLACSO). Es directora de la revista Andamios, publicación semestral de investigación en el área de Ciencias Sociales y Humanidades de la UACM. Su línea de investigación se ha centrado en los fenómenos de comunicación política en los procesos electorales, colaborando en investigaciones de la UNAM, Academia Mexicana de Ciencias, IFE, FLACSO y el CIDE. Sobre esta temática ha publicado artículos en la revista *Estudios Políticos* de la Facultad de Ciencias Políticas y Sociales de la UNAM (1999), en la revista *Andamios* (2005) y recientemente en la revista *Metapolitica* (2007). Sobre la reciente reforma electoral ha publicado un artículo en la revista FEPADE Difunde (2008). Su tesis de licenciatura obtuvo Mención Honorífica en el Primer Concurso de Tesis Profesionales sobre Transición a la Democracia y Partidos Políticos en México en 1998 otorgado por la LVII Legislatura del H. Congreso de la Unión. Su tesis doctoral titulada "La presencia de los partidos políticos en televisión: campañas mediáticas y votos en los procesos electorales en México (2000-2003)" obtuvo el primer lugar del VII concurso de tesis, ensayo y cuento convocado por el Instituto Electoral del Distrito Federal y fue publicada por la misma institución en 2007. Se ha desempeñado profesionalmente en el Instituto Electoral del Distrito Federal y el Instituto Electoral del Estado de México. Actualmente es consejera electoral del Distrito XVIII. Participante en el proceso de selección de candidatos para consejero presidente y consejeros electorales del IFE